동방교회의 신비신학

Essai
sur la Théologie mystique
de l'Église d'Orient

by Vladmir Lossky
tr. by Park NoYang

Copyright © 1990 by Les Éditions du Cerf
Korean Edition © 2019 by Orthodox Editions

동방교회의 신비신학

블라디미르 로스키

정교회출판사

개정증보판 1쇄 인쇄	2019년 12월 20일
개정증보판 1쇄 발행	2019년 12월 20일
지 은 이	블라디미르 로스키
옮 긴 이	박노양 그레고리오스
펴 낸 이	조성암 암브로시오스 대주교
펴 낸 곳	정교회출판사
출 판 등 록	제313-2010-5호
주 소	서울시 마포구 마포대로18길 43
전 화	02-364-7020
팩 스	02-6354-0092
홈 페 이 지	www.philokalia.co.kr
이 메 일	orthodoxeditions@gmail.com

ISBN 978-89-92941-59-4 93230

정가 15,000원

이 도서의 국립중앙도서관 출판예정도서목록(CIP)은
서지정보유통지원시스템 홈페이지(http://seoji.nl.go.kr)와
국가자료종합목록시스템(http://www.nl.go.kr/kolisnet)에서 이용하실 수 있습니다.
(CIP제어번호 : CIP2019050784)

* 잘못된 책은 바꿔드립니다.

이 책의 한국어판 저작권은 Cerf사와 독점계약한 정교회출판사에 있습니다.
저작권법에 의해 한국 내에서 보호를 받는 저작물이므로 무단 전재 및 무단 복제를 금합니다.

■ 차례

1장 **서론** 동방교회 전통에 있어서 신학과 신비 007
2장 어둠 속의 하느님 031
3장 삼위일체 하느님 065
4장 창조되지 않은 에너지들 103
5장 창조된 존재 139
6장 형상과 닮음 173
7장 성자의 경륜 205
8장 성령의 경륜 237
9장 교회의 두 가지 측면 265
10장 연합의 길 299
11장 신성한 빛 331
12장 **결론** 하느님 나라의 잔치 361

역자 후기 381
교부 참고문헌 385

▣ 서론

1장   동방교회 전통에 있어서 신학과 신비

    우리는 여기서 정교회 교리 전통의 근본적인 주제들과 관련지으면서 동방교회 영성의 주요 측면을 탐구하고자 한다. 여기서 '신비 신학'(la théologie mystique)이라는 용어는 교리적 태도와 분리될 수 없는 동방교회 영성 전체를 표현한다.

    신적인 신비와 계시들을 드러내 준다는 점에서, 어쩌면 모든 신학이 신비적이라 할 수 있을 것이다. 다른 한편, 표현 불가능한 신비는 알려진다기보다는 삶 속에서 경험된다고 해야 할 숨겨진 심연(深淵)이며, 감각과 지성의 어떤 이해와 관련된다기보다는 인간 오성(悟性)의 기관을 뛰어넘는 특별한 경험과 관련된다. 그래서 사람들은 종종 접근할 수 없는 영역을 지식에 대립시키듯이, 신비를 신학과 대립시킨다. 만약 우리가 신비를 신학에 대립시키면서 이러한 개념을 채택한다면,

우리는 마침내 베르그송이 그의 『도덕과 종교의 두 가지 원천』[01]이라는 저서에서 사회적이며 보수적인 종교 즉 교회들의 '정적인 종교'(une religion statique)와, 개인적이고 혁신적인 종교, 즉 신비가들의 '역동적인 종교'(une religion dynamique)를 구분했던 것과 같은 주장에 이르게 될 것이다. 베르그송이 이러한 대립을 주장할 때, 과연 그는 어떤 점에서 정당성을 가지고 있는가? 베르그송이 종교의 영역에서 대립시킨 이 두 용어는 세상에 관한 그의 철학적 관점의 두 축, 즉 자연(la nature)과 생명의 약동(l'élan vital)이라는 개념에 기초하고 있기에, 문제는 더더욱 해결하기 곤란해진다. 그러나 베르그송의 관점에 굳이 의지하지 않고도, 사람들은 자주, 신비 속에서는 몇몇 사람에게만 제한된 영역, 공통의 관례에 대한 예외, 진리 경험을 누릴 수 있는 몇몇 영혼에게만 부여된 특권 등을 발견하려고 하는 반면, 나머지 사람들은 외부로부터 강제되는 강제적인 권위로서의 교리에 다소간 맹목적으로 복종하는 것에 만족해야 한다는 견해를 피력하곤 한다. 이러한 대립을 강조하면서, 혹자는 가끔 너무 멀리까지 나가곤 하며, 그 결과 역사적 현실을 어느 정도 왜곡하기도 한다. 이렇게 사람들은 신비가와 신학자, 영성가와 고위 성직자, 성인과 교회를 대립시키기에 이른다. 이를 위해서는 하르낙의 주장, 폴 사바티에의 『성 프란

---

01 Henri Bergson, *Les Deux sources de la morale et de la religion*, Paris, Félix Alcan, col. «Bibliothèque de philosophie contemporaine», 1932.

치스코의 생애』[02], 그리고 주로 개신교 역사가들이 저술한 여러 다른 저작을 상기하는 것만으로도 충분하다.

그러나 동방의 전통은 단 한번도 신비와 신학, 신비가의 개인적인 하느님 신비 체험과 교회가 선언한 교리를 단호하게 구별하지 않았다. 19세기, 정교회의 대(大) 신학자 모스크바의 필라렛 주교의 말은 이러한 태도를 완벽하게 표현해 준다.

> 가장 비밀스런 하느님 지혜의 신비 중 그 어떤 것도 우리에게 낯설거나 완전히 초월적이지는 않다. 반대로 우리는 참된 겸허 속에서 하느님과 관계된 것들을 관상하는 데 우리의 정신을 적용해야 한다.[03]

다시 말해, 신비를 우리의 오성의 형식으로 짜 맞추는 대신, 반대로 헤아릴 수 없는 신비로서의 계시 진리를 표현하는 교리는 우리에게 경험되어야 한다. 그리고 그것은 우리 자신을 신비 경험에 적합한 존재로 만들어 가는 어떤 심오한 변화와 정신의 내적 변화에 주의를 기울이는 일련의 과정과 상통한다. 대립되기는커녕, 신학과 신비는 서로를 지지하고 서로를 상호 보충해 준다. 둘 중 하나가 없이는 다른 것도 존재하지 않는다. 신비 경험은 공통된 신앙의 내용이 개인적 차원에서 적용되고 의미 있게 되는 과정이고, 반대로 신학은 각 개인

---

02 Paul Sabatier, *Vie de s. François d'Assise*, Fischbacher, 1894.
03 *Sermons et discours de Mgr Philarète*, Moscou, 1844, (러시아어), 2부, p.87.

이 경험한 것들을 전체를 위해서 하나의 표현으로 나타낸 것이다. 교회 전체에 의해 보존된 진리 밖에서 이루어지는 개인의 경험은 확실성과 객관성을 잃어버리게 될 것이다. 그것은 속된 의미에서의 '신비주의'와 다를 바 없는 것으로, 바른 것과 바르지 못한 것, 환상과 실재의 혼합이 될 것이다. 반대로, 만약 교회의 가르침이 신자 각 개인들이 각각 다른 방식으로 경험한 내적인 진리 경험을 어떤 방식으로든 표현해 주지 못한다면, 그것은 영혼들에게 어떤 영향력도 발휘하지 못할 것이다. 그러므로 신학 없는 그리스도교 신비는 존재하지 않으며, 특별히 신비 없는 신학은 더더욱 존재하지 않는다. 동방교회 전통이 세 명의 거룩한 저자에게 '신학자'라는 이름을 특별히 제한적으로 사용하는 것은 결코 우연이 아니다. 그 첫째 저술가는 성 사도 요한인데, 그는 4복음서 저자들 중 가장 '신비적'이다. 둘째는 나지안조스의 성 그레고리오스로 수많은 신적 관상의 시를 저술했다. 셋째는 '신(新) 신학자'(Nouveau Théologien)라 불리는 성 시메온은 하느님과의 연합을 노래했다. 그러므로 여기서 신비는 모든 신학의 완성이요 절정이며, 그 무엇보다도 탁월한 신학으로 간주된다.

지식 그 자체가 목적이 되는 영지주의의 영지(gnose)[04]와는 반대로, 그리스도교 신학은 언제나 결국 하나의 수단이며, 모

---

04 M.H.-Ch. PEUCH의 다음 논문을 보라. "Où en est le problème du gnosticisme?", *Revue de l'Université de Bruxelles*, 1934, n° 2 와 3.

든 지식을 초월하는 어떤 최종적 목표에 이바지하는 예비적 지식 전체이다. 이 최종적 목적은 하느님과의 연합(l'union avec Dieu) 혹은 신화(神化 déification)이며, 희랍 교부들에 의하면 그것은 '테오시스'(Θέωσις)이다. 우리는 이렇게 해서 상당히 역설적이고 모순적으로 보일 수 있는 하나의 결론에 이르게 된다. 그리스도교 이론은 엄청난 실천적 의미를 가질 것이며, 그것은 이론이 신비적이면 신비적일수록 또한 하느님과의 연합이라는 목적을 보다 직접적으로 겨냥하면 할수록 더욱 그러하다. 만약 순전히 영적인 차원에서만 본다면, 수세기에 걸쳐 교회에 의해 지지된 교리적 투쟁의 모든 발전은 교회의 주된 관심이 하나의 진리를 옹호하고 지키고자 하는 것이었음을 보여주는데, 그 하나의 진리란 바로, 어떤 시대 상황 속에서든 모든 그리스도인은 이 신비로운 연합의 충만함에 도달할 수 있다는 이 가능성에 대한 확고한 믿음이다. 실제로 교회는 영지주의(gnosticisme)에 맞서서, "사람이 신이 될 수 있게 하시려고 하느님은 사람이 되셨다"는 금언이 말해주듯, 육화의 보편적 목표로서의 신화(神化) 사상 그 자체를 지키기 위해 투쟁한다. 교회는 아리오스주의(arianisme)에 맞서서, 동일 본질이신 삼위일체 하느님 교리를 확인한다. 왜냐하면 신성과의 연합을 향한 길을 열어주는 것은 '말씀' 즉 로고스(Logos)이며, 만약 육신이 되신 '말씀'이 성부와 동일한 본질을 가지고 있지 않다면, 또 '말씀'이 참 하느님이 아니라면, 우리의 신화(神化)는 불가능하기 때문이다. 교회는 네스토리오스주의(nestorianisme)를 정죄하였는데, 그것은 그리스도 위격 안에서 인간과 하느님을 분리하고 했던 자들이 세워놓은 벽을 허물기 위한 것이었다. 이어서 교회는 참된 인간 본성의 충만함이 말씀에 의해서 수용될 때 인간 본성 전체는 하느님과의 연합에 들어갈 수 있다는 것을 보여주기 위해 아폴리나리오스주의(apollinarisme)와 단일본성론(monophysitisme)에 맞서서 일어선다. 교회는 또한 단일의지론(monothélitisme)과 투쟁하였는데, 그것은 하느님의 의지와 인간의 의지, 이 두 의지의 연합 밖에서는 인간이 결코 신화(神化)에 이를 수 없기 때문이다. "하느님은 인간을 그분의 의지로 창조하셨다. 그러나 하느님은 인간 의지의 협력 없이는 인간을 구원하실 수 없다." 교회는 또한, 물질로 신적인 현실을 표현할 수 있다고 이 가능성을 확인함으로써, 인간의 성화를 상징하는 것이요 그것의 한 매개인 이콘(icône 혹은 image)을 수호하기 위해 투쟁했고, 마침내 승리하였다. 우리 시대의 중요한 교리적 쟁점인 성령, 은총, 교회에 대해 지속적으로 제기된 문제들 속에서도, 주된 관심사와 투쟁의 관건은 항상 하느님과의 연합의 가능성과 양태 혹은 수단에 관한 것이었다. 그리스도교 교리의 모든 역사는, 여러 시대를 걸쳐 다양한 무기를 가지고 수많은 적대자에 맞서서 하느님과의 연합이라는 이 신비를 방어하며 발전되었다.

이러한 투쟁을 거쳐서 완성된 신학적 교리들은, 이 교리가 그것에 이르는데 도움을 줄 수 있음에 틀림없는 살아있는 목적, 즉 하느님과의 연합이라는 이 목적과의 직접적인 관련 안에서만 취급될 수 있다. 그러므로 이러한 교리들은 그리스도교 영성의 기초로 제시될 것이다. 이것이 바로 우리가 '신비신학'에 대해서 말하고자 할 때 지향하는 것이다. 엄밀하게 말해서 그것은 이른 바 신비가들, 다시 말해 영적 삶의 여러 스승들이 경험한 '신비'에 관한 것이 아니다. 더욱이 이러한 신비 경험은 비록 언어로 표현될 수 있다 해도 여전히 다가갈 수 없는 어떤 것이기도 하다. 바울로 사도의 신비 경험에 관해 과연 우리는 실제로 무엇을 말할 수 있단 말인가?

> 내가 잘 아는 그리스도교인 하나가 십사 년 전에 셋째 하늘까지 붙들려 올라간 일이 있었습니다. 몸째 올라갔는지 몸을 떠나서 올라갔는지 나는 모릅니다. 그러나 하느님께서는 알고 계십니다. 나는 이 사람을 잘 압니다. … 그는 낙원으로 붙들려 올라가서 사람의 말로는 표현할 수 없는 이상한 말을 들었습니다.(Ⅱ고린토 12:2-4)

위험을 무릅쓰고라도 이 경험의 본질에 대해 이런저런 판단을 제기하고 싶다면, "나는 모릅니다. 그러나 하느님께서는 알고 계십니다"라고 자신의 무지를 고백했던 바울로 사도보다 더욱 구체적으로 경험해야만 할 것이다. 우리는 신비경험에 대한 심리학적 논의는 따로 제쳐놓을 것이다. 또한 우리가 여기서 보여주고자 하는 것은 신학적 교리 그 자체가 아니라, 영성을 이해하는 데 필수불가결한 신학적 요소들, 신비의 바탕을 구성하는 교리들이다. 이것이 우리가 다루고자 하는 '동방교회의 신비 신학'이라는 주제의 첫 번째 정의이며 한계이다.

우리의 주제에 대한 두 번째 규정은, 굳이 말하자면, 그것을 하나의 지리적 공간에 한정한다. 신비 신학에 대한 우리의 연구 영역이 되는 것은 동방 그리스도교, 더 정확히 말하면 동방의 정교회(l'Église orthodoxe d'Orient)다. 이 제한은 조금은 인위적이라는 것을 인정해야만 한다. 실제로 동·서방 그리스도교의 분열은 단지 11세기로 거슬러 올라갈 뿐이다. 이 시기 이전에 있었던 모든 것은 이후 분열된 두 진영의 나뉠 수 없는 공동의 보고(寶庫)를 형성한다. 정교회는 카르타고의 성 키프리아누스, 히포의 성 아우구스티누스, 로마의 성 대(大) 그레고리우스 교종이 없었다면 지금의 정교회가 되지 못했을 것이다. 그것은 가톨릭교회도 마찬가지이니, 가톨릭교회는 알렉산드리아의 성 대 아타나시오스, 케사리아의 성 대 바실리오스, 알렉산드리아의 성 키릴로스가 없었다면 존재할 수 없었을 것이다. 그러므로 동방 혹은 서방의 신비 신학에 대해 말하고자 할 때, 우리는, 일정 시기까지는 단일한 그리스도교 진리를 증언함으로써 한 교회의 두 지역적 전통으로 머물러 있었지만 곧이어 서로 분리되어 여러 가지로 다르고 심지어 화해할 수 없는 교리적 태도를 보여주게 된 두 전통 중 하나의 궤적 위에 서 있게 된다. 우리는 과연 양쪽 모두에 똑같이 낯설 뿐인 중립적인 자리에서 이 두 가지 전통을 판단할 수 있겠는가? 그것은 마치 비(非)그리스도인이 그리스도교를 판단하는 것과 다르지 않을 것이다. 다시 말해 그것은 우리가 탐구하고자 하는 대상에 관해 그것이 무엇인지조차 이해하기를 거부하는 것이나 마찬가지다. 왜냐하면 객관성은 대상 밖에 서 있는 것에 있지 않고, 오히려 대상을 그 안에서 또한 그 자체에 의해 숙고하는데 있기 때문이다. 일반적으로 '객관성'이라고 부르는 것이 도리어 무차별성이 되기 십상인 몇몇 영역이 존재하는데, 거기서 무차별성은 몰이해를 의미하게 된다. 동방과 서방이 교리적으로 대립하고 있는 현재 상황에서 동방교회의 신비 신학을 탐구하고자 한다면, 우리는 가능한 두 가지 태도 중에서 어느 하나를 선택해야 할 것이다. 그것은 서방의 교리적 토양과 전통에 입각하여 동방의 전통을 검토 비판하는 것이거나, 아니면 동방교회의 빛 아래서 이 동방 전통을 소개하는 것이다. 후자의 태도만이 우리에게 유일하게 가능한 것이다.

사람들은 아마도, 동방과 서방의 교리적 분열은 우연적인 것이었을 뿐 결코 결정적인 역할을 하지는 않았고, 오히려 문제가 되었던 것은 조만간 각자 자기의 길을 추구하기 위해서 어차피 분리되어야만 했던 두 개의 역사적 세계가 이미 존재했으므로 교회의 일치는 실상 오래 전부터 존재하지 않았으며, 교리적 논쟁은 이 형식적 일치마저 결정적으로 깨기 위한 하나의 핑계에 불과할 뿐이라고 말하면서 우리에게 반대할 것이다. 동방이나 서방에서 매우 자주 듣게 되는 이러한 주장은 순전히 교회의 종교적 본성을 추상화시키는 여러 방법을 가지고 교회사를 다루는 일반화된 습관과 세속적인 생각에 기인한다. 어떤 '교회사가'에게는, 어느새 종교적 요소는 사라져버리고, 대신 정치 사회적 이해관계나 교회의 삶에서 결정적인 힘으로 간주되곤 하는 종족적 문화적 조건 등 다른 것들이 이 종교적 요소의 역할을 대체해 버린다. 이러한 요소들을 교회사의 주된 원인으로 주장함으로써, 우리는 더욱 교활해지고, 그럴수록 더욱 시대의 첨단을 걷게 된다. 이러한 조건의 중요성을 전적으로 인정하면서도, 그리스도교 역사가는 이것들을 교회 외적인 것으로 취급하지 않으면 안 된다. 또한 교회사가는 교회를 '결정론'(déterminisme)이라는 세상의 법칙과는 다른 어떤 법칙에 의해 지배되는 독립된 실체로 보지 않을 수 없다. 만약 우리가 동방과 서방을 갈라놓은 '성령의 발출'(la procession du Saint Esprit)과 관련된 교리 논쟁[05]을 생각한다면, 우

---

[05] 역자주) 삼위일체 신학에 있어서 성령의 기원과 관련된 이 논쟁은 로마 가톨릭 교회가 니케아-콘스탄티노플 공의회의 신앙고백에는 없었던 '필리오쿠에'(Filioque)라는 문구를 나중에 삽입함으로써 발단되었고, 이로부터 서로 다른 두 개의 삼위일체론, 성령론이 형성되어 나온다. 저자는 필리오쿠에가 야기한 파장을 매우 설득력 있게 주장해 나간다. 자세한 내용은 3장을 참고하라.

리는 지금까지는 비록 그러했다 할지라도 그것을 교회 역사의 우연한 현상으로 다룰 수는 없다. 종교적 관점에서 볼 때, 그것은 분열에 이르게 된 일련의 사태에서 고려될 수 있는 유일한 원인이다. 설사 여러 다른 요인의 영향을 받았다 해도, 이러한 교리 규정은 누구에게나 하나의 영적 실천에 관한 것이었고, 신앙의 이름 아래 의식적으로 어떤 하나의 태도를 취하는 것이었다.

만약 두 전통 이전의 모든 발전을 결정했던 교리 문제의 중요성을 감소시킨다면, 그것은 분명 교리를 외적이고 추상적인 어떤 것으로 간주하는 것이며, 교리에 대한 몰지각을 드러내는 것이다. 중요한 것은 영성이며 교리의 차이는 아무 것도 변화시키지 못한다고 사람들은 말한다. 그럼에도 불구하고 영성과 교리, 신비와 신학은 교회의 삶에서 결코 분리될 수 없는 것이다. 이미 말한 것처럼, 동방교회에서는 신학과 신비, 공통된 신앙의 영역과 개인적 경험의 영역을 결코 날카롭게 구분하지 않는다. 그러므로 우리가 동방 그리스도교 전통의 신비 신학에 대해 말하고자 한다면, 우리는 정교회의 교리적 틀을 벗어나서 어떤 다른 방식으로 이 주제를 다룰 수는 없다.

본격적으로 주제에 관해 말하기에 앞서, 우리는 먼저 오늘날 서방에는 거의 알려져 있지 않는 동방교회에 관해 몇 마디 첨언해야 할 필요가 있다. 이브 콩가르 신부의 책, 『분리된 그리스도인들』은 여러 관점에서 매우 주목할 만하며, 정교회에 할애된 지면에서 최대한의 객관성을 추구하려 고심했음에도 불구하고, 그것은 여전히 정교회에 대한 몇몇 지레짐작에 적지 않게 종속되어 있다. 그는 이렇게 말한다.

> 서방교회가, 발전되고 동시에 편협해진 아우구스티누스 사상에 기초해서, 교회 자신의 고유한 삶과 조직의 자율성을 주장하는 매우 긍정적인 교회론의 기초적인 방침을 정립하게 될 즈음에, 동방교회는 실천적으로만 아니라 가끔은 이론적으로도, 교회의 사회적 인간적 현실을 중시하여 종교적이기보다는 정치적인, 진정으로 보편적이기보다는 부분적인 일치의 원칙을 인정하게 되었다.[06]

이 문제와 관련하여 의견을 피력한 대부분의 가톨릭 혹은 개신교 신학자들과 마찬가지로 콩가르 신부는, 국가 교회라는 정치적 원리를 기초로 삼는 민족교회(l'eglise nationale)들의 연합이라는 측면에서 정교회를 소개한다. 하지만 동방교회의 교회법적 토대와 동방교회의 역사를 무시하지 않고는, 이러한 일면적인 일반화를 감히 시도할 수 없을 것이다. 지역 교회의 일치를 정치적 종족적 문화적 원칙 위에 세우고려 했던 모든 주장과 시도는 동방교회에 의해 '필레티즘'(phylétisme)이라는

---

06 M.-J. Congar, *Chrétiens désunis, Principes d'un "oecuménisme" catholique*, Paris, Cerf 출판사, 1937, p.15.

명칭의 이단으로 거부되었다.[07] 한 명의 대주교(archevêque)나 수도대주교(métropolite)의 주재 하에 교구(diocèse)들의 주교(évêque)들이 주교회의(synode)로 모이기 되는 바의 대주교 관구(province)는 그리스도교의 오랜 전통 속에서 분할되어 구획된 교회의 지리적 영역과 경계에 바탕을 둔다. 만약 대주교 관구들이 모여서 총대주교(patriarche)라 불리는 한 명의 주교의 관할권 아래 있는 지역 교회를 형성할 경우에도, 그것은 여전히 역사적으로 정향된 지역 전통의 공동체를 겨냥한 것이고, 또한 다수의 관구가 함께 모이는 공의회의 소집을 용이케 하려는 목적에서다. 이 관구들은 광범위한 관할권을 형성하며, 그 지리적 영역이 국가의 정치적 경계와 필연적으로 일치하는 것은 아니다.[08] 콘스탄티노플 총대주교는 여러 갈등에서 중재자가 됨으로써 일종의 '명예적 수위권'(primauté d'honneur)을 누린다. 그러나 그는 결코 세계 교회 전체를 관할하지 않는다. 동방 지

---

07 Mansi, *Col. concil.*, t. 45, col. 417-546 에 있는 "1872년 8-9월의 콘스탄티노플 주교회의의 의사록" 과 논문 M. Zyzykine, "L'Église orthodoxe et la nation", *Irénikon*, 1936, 265-277 을 보라. 역자주) 필레티즘(phylétisme, 희랍어로는 φυλετισμός) 혹은 에트노필레티즘(ethnophilétisme, 희랍어로는 εθνο-φυλετισμός)은 '민족중심주의' '종족중심주의'로서, 민족적 혹은 종족적 정체성과 종교적 정체성을 동일시하거나 혼동하여, 종교의 보편성과 세계성을 훼손하거나 약화시키고 특수한 민족적 국가적 이익에 종교를 종속시키고 동원할 우려가 있기에, 19세기 정교회 공의회에 의해 이단으로 단죄되었다.

08 그래서 모스크바 총대주교 관구는 북아메리카와 일본의 교구를 포함한다. 콘스탄티노플, 알렉산드리아, 안티오크, 그리고 예루살렘 등 총대주교 관구의 지리적 범위는 정치적으로 다양한 다수 권력에 걸쳐있다.

역 교회들은, 분열 이전 교회의 첫째 자리였고, 교회 일치의 상징과도 같았던 로마의 사도적 총대주교좌에 대해서도 다소 동일한 태도를 가져왔다. 정교회는 전체 교회의 가시적인 수장(首長)을 알지 못한다. 교회의 일치는 지역 교회 대표들 상호 간의 일치와 친교에 의해서, 그리고 지역 공의회에 대한 모든 교회의 합의 - 이를 통해서 지역 공의회는 보편적인 가치를 얻게 된다 - 에 의해서 표현된다. 끝으로 어떤 예외적인 경우, 일치는 보편 공의회(세계 공의회)에 의해 표현될 수 있다.[09] 교회의 보편성(catholicité)[10]은 한 지역 혹은 결정적인 중심 지역의 특권에서 연유하는 것이 아니라, 오히려 "항상, 모든 곳에서, 모두에 의해 보존되는 단 하나의 진리"를 만장일치로 증언하는

09 동방에서 처음 7차에 걸친 '보편적 주교회의'에 붙여진 '세계(에큐메니칼) 공의회'라는 이름은 순전히 역사적인 차원의 현실에 대응한다. 여기서 '에큐메니칼'이라는 말은, 이방인, 야만인(βάρβαρος)의 땅이 아니라 '사람이 거주하는 문명의 땅'을 의미하는 희랍어 '이쿠메니'(οἰκουμένη)에 어원을 둔 말로 로마 제국의 영토 전체를 의미했다. 그러므로 이 에큐메니칼 공의회는 그리스도교가 존재하는 세계 전체(적어도 이론적으로는)를, 다시 말해 그리스도교가 전파된 로마 제국, 특별히 비잔틴 로마 제국 전체를 포괄하는 공의회이었다. 그 후로도 정교회 역사에는 비록 '세계(에큐메니칼) 공의회'라는 명칭은 지니지 않았지만 수적으로나 중요성에 있어서나 결코 그에 못지않은 지역 공의회가 있었다.

10 역자주) '보편성'(catholicité)은 '니케아-콘스탄티노플 신조'에서 고백되는 참된 교회의 네 가지 표지 중 하나이다. "하나의 거룩하고 보편되고 사도적인 교회를 믿나이다"라고 고백되듯이, 보편성은 참된 교회의 한 척도다. 과거 한국 가톨릭교회와 현재 한국 정교회에서는 '공번된'이라는 표현을 사용하지만, 이 단어를 알고 있는 사람이 많지 않고, 국어사전에도 나오지 않는 불명료한 단어이기에 여기서는 '보편된' '보편성'이라는 단어를 사용한다.

지역 전통의 풍요함과 다양성 안에서 실현된다.

보편적인(catholique) 교회는 성직자만이 아니라 각각의 평신도에 이르기까지 교회의 모든 부분, 모든 구성원에게 전통의 진리를 고백하고 수호하도록 요청한다. 주교들이 이단에 빠질 경우에는 심지어 주교들에 대립하면서까지 그리해야 한다. 견진 성사(chrismation, 성령의 기름 바름 성사)를 통해 성령의 은사를 받은 그리스도인은 자신의 신앙에 대해 분별할 수 있는 능력을 부여받는다. 각각의 그리스도인은 언제나 교회에 대해 책임을 진다. 그래서 비잔틴, 러시아, 그 밖의 많은 나라에서 가끔은 정교회가 동요하거나 혼란을 겪는 것처럼 보인다. 그러나 그것은 종교적 활력과 굳건한 영적 삶을 위한 대가이며, 이 안에서, 교회의 성직자(hiérarchie)와 더불어 신자들 전 회중이 단 하나의 몸을 이룬다는 의식을 갖게 된다. 또한 새로운 역사적 현실에 잘 적응하고 또 외적인 조건들을 능가할 만큼 강하다는 것을 스스로 보여줌으로써, 정교회로 하여금 모든 시련과 재난과 혼란을 통과할 수 있도록 해주는 꺾을 수 없는 힘이 바로 여기로부터 흘러나온다. 러시아 공산 치하에서 자행된 그리스도교 박해는 역사상 가장 악독한 것이었지만 결코 교회 자체를 파괴할 수는 없었는데, 이는 이 세상의 것일 수 없는 정교회의 탁월한 영적 힘을 증명해 준다.

동방교회들을 공통적으로 가리키는 '정교회'는 또한 스스로를 세계적인(에큐메니칼) 교회로 생각한다. 정교회가, 주어진 문화의 유형, 헬레니즘 혹은 다른 문명의 유산들, 특별히 동방의 문화 유형에 의해 제한되지 않는 것은 바로 이러한 의미에서다. 더욱이 '동방의' 라는 말은 한꺼번에 수많은 것을 말한다. 동방은 문화적 관점에서 볼 때 서방보다 덜 균일하다. 러시아 그리스도교가 비잔틴에 그 기원을 가지고 있음에도 불구하고 헬레니즘과 러시아 문화 사이에 어떤 공통점이 있는가? 정교회 신앙은 서로 다른 수많은 문화의 누룩이었다. 그래서 정교회 신앙은 동방 그리스도교 어느 하나의 문화적 형태로 간주될 수 없었다. 그 형태는 다양하지만, 신앙은 하나이다. 정교회 신앙은 특별히 정통이라고 부를만한 어떤 하나의 문화를 여러 민족 문화에 결코 대립시키지 않았다. 때문에 10세기와 11세기에 이루어진 러시아의 그리스도교화와 이를 뒤따르는 전 아시아에 걸친 복음의 전파에서 볼 수 있듯이 선교 활동은 너무나도 경이롭게 전개될 수 있었다. 18세기 말경 정교회의 선교는, 러시아 국경 밖에서 러시아 교회의 새 교구를 건설하고 또 중국과 일본에까지 퍼져나가면서, 알류샨 열도와 알래스카에까지 이르렀고, 이어서 북아메리카로 넘어갔다. 희랍에서 아시아의 극단에 이르고 또 이집트에서 북극해에 이르는 인류학적 문화적 다양성이 서방 그리스도교와는 구별되는 동방교회 영성의 동질적인 특징을 결코 파괴하지 않는다.

정교회 안에서의 영적 삶은, 그 형태에 있어서 엄청나게 풍요로운데, 그 중에서도 수도원 제도는 가장 고전적인 형태이다. 그럼에도 불구하고 서방의 수도원 제도와는 달리 동방의 수도원 제도는 다수의 서로 다른 수도회를 가지지 않는다. 이것은 수도생활의 개념 그 자체에 의해 설명된다. 수도생활의 목표는 이 세상에서의 삶에 대한 전적인 포기를 통해서 하느님과 연합하는 것임에 다름 아니다. 재속 사제(신부와 보제) 혹은 평신도회는 사회적 활동 혹은 다른 외부적 활동에 종사함에도 불구하고, 그들 또한 여전히 또 다른 방식의 수도사들이다. 수도사는 수도원이나 은둔처에서 기도와 내적 활동에 전념하기 위해서 무엇보다도 먼저 수도복을 입는다. 공주(共住) 수도원과, 사막 교부들의 전통을 이어가는 은둔 독거(獨居) 수도 사이에, 수도원 제도의 여러 중간 유형이 존재한다. 만약 서방에서 말하는 바대로 관상(contemplatif)과 활동(actif)을 구별하여 이해한다면, 동방의 수도원 제도는 배타적으로 관상에 치우쳐 있다고 말할 수 있을 것이다. 그러나 실제로 동방의 영성에서는 이 두 가지 길이 결코 분리될 수 없는 것이다. 하나는 다른 것 없이는 존재할 수 없다. 왜냐하면 금욕적 절제, 내적 기도 훈련 또한 영적 활동이라는 이름을 갖기 때문이다. 수도사들이 때때로 육체노동을 한다 해도, 그것은 반역적인 본성을 꺾는데 더 잘 도달하기 위해서 또한 영적 삶의 적(敵)인 나태함을 피하고자 하는 금욕적 목적을 위한 것이다. 지상의 삶에서 실현 가능한 한 최대로 하느님과의 연합에 이르기 위해서는 지속적인 노력이 요구된다. 더 정확히 말하자면 '마음(le coeur)과 정신(l'esprit)의 일치'(이것은 정교회 금욕주의의 대표적인 금언이다)로 표현되는 내적 인간의 통일된 전체가 적의 모든 공격과 타락한 본성의 모든 비이성적인 운동에 저항할 수 있도록 주의를 게을리 하지 않는 것이 필요하다. 인간의 본성은 변화되어야 하며, 또 성화(聖化)[11]의 도정(道程)에서 은총을 통해 점점 변형되어감에 틀림없다. 이때 성화란 영적일 뿐만 아니라 육체적이며, 따라서 당연히 우주적인 의미를 지닌다. 공동체의 수도사 혹은 세상에서 물러나 살아가는 은둔자의 활동은, 비록 그것이 모든 사람에게 지각되는 것은 아닐 지라도, 우주 전체를 위해서 그 자체로 최대의 가치를 가지고 있다. 그래서 수도원과 수도사는 정교회가 있는 모든 국가에서 항상 커다란 존경을 누리는 것이다.

영성 본산지의 역할은 교회의 삶에서만이 아니라 문화적

---

11 역자주) '신화'(神化 déification)와 '성화'(聖化 sanctification)는 거의 동의어로 사용되고 있지만 굳이 개념적으로 구별하여 보자면, 성화가 그리스도인이 은총 안에서 그리스도교적 실천을 통해 실제적으로 거룩하게 되고 가는 과정을 일컫는다면, 신화는 그러한 성화의 궁극적인 결과 혹은 목표라고 이해할 수 있다. 또 성화는 사람에게만 적용되는 것은 아니다. 하느님을 위해 거룩하게 구별하는 모든 행위가 바로 성화이며 그 대상은 사람으로 국한되지 않는다. 하지만 신화는 오직 하느님의 형상대로 닮아가도록 창조된 사람에게만 원초적으로 주어진 소명이다. 하지만 이러한 구별 자체가 지나치게 도식적인 것은 분명하다. 오히려 이 두 개념이 서로 다른 교회 전통 안에서 어떻게 중심 개념으로 우위를 차지하게 되었는가를 이해하는 것이 더 의미 있을 것이다. 독자들은 이 책을 읽어나가면서 이 개념들의 무게 중심이 어디에 있는지를 알아차리게 될 것이다.

정치적 영역에서도 매우 컸다. 시나이(Sinaï) 산과 콘스탄티노플 근처의 스투디오스(Stoudios) 수도원, 분열 이전에는 라틴 수도사를 포함해서 모든 민족의 수도사가 모여들었던 아토스 성산(Mont-Athos)의 '수도원 공화국', 불가리아의 티르노도(Tirnodo) 수도원, 키에프의 페체르스크(Pechersk) 대수도원, 모스크바 근처의 성 트로이체 세르게이예프(세르기오스 삼위일체) 대수도원을 비롯한 러시아의 대(大)수도원은 정교회의 요새였고 영적 삶의 학교였다. 이 수도원들의 영적, 도덕적 영향력은 새 민족들이 그리스도교화되어 가는 과정에서 일차적 중요성을 차지한다.[12]

그러나 수도원 제도의 이상이 뭇 영혼들에게 이렇게도 커다란 영향력을 가지고 있다 해서, 그것이 교회가 신자들에게 제시하는 영적 삶의 유일한 형태는 아니다. 하느님과의 연합의 길은 수도원 밖 인간 삶의 모든 조건 속에서도 따를 수 있고 또 따라야 한다. 외적 형태는 변화될 수 있고, 수도원은 사라질 수도 있다. 그러나 영적 삶은 새로운 표현 양식을 발견함

---

12 동방의 수도원 제도에 관해서는 작지만 알찬 정보를 제공하는 N. F. Robinson, *Monasticisme in the orthodox churches*, 런던, 1916을 참고할 수 있다. 또 아토스 산에 관해서는 F. W. Hasluck, *Athos and its monasteries*, London, 1924.과 Franz Spunda, *Der heilige Berg Athos*, Leipzig, Insel-Verlag 출판사, 1928.을 참고할 수 있다. 러시아의 수도원에 대해서는 Igor Smolitsh, "Studien zum Klosterwesen Russlands", *Kyrios,* 1937, n° 2, p.95-112,와 1939, n° 1, p.29-38, 그리고 특별히 동일 저자의 "Das altrussische Mnchtum(11-16 Jhr.) Gestalter und Gestalten(Würzburg, 1940)", *Das stliche Christentum*, XI을 참고할 수 있다.

으로써 동일한 철저함을 가지고 지속된다.

말할 수 없이 풍부한 동방의 성인전은 거룩한 수도사들과 함께 단순한 평신도들, 결혼한 사람들이 세상에서 영적 완전을 성취한 수많은 예를 제공해 준다. 성인전은 또한 이상스럽고 별난 성화의 길도 알려주는데 그 한 예가 '그리스도의 미치광이들'(les fous en Christ)이다. 이들은 자신의 영적 은사를 사람들의 눈에 보이지 않게 하려고, 아니 오히려 사회적 '자아'라고 불리는 정신에는 가장 내밀하고 거북한 표현을 통해서 이 세상과의 인연을 끊어버리려고, 마치 미친 사람과 같은 괴상한 외모를 하고 또 기상천외한 행동도 서슴지 않는다.[13]

하느님과의 연합은 때때로 '스타레츠' 혹은 '원로들'의 영적 지도의 은사와 같은 은사(카리스마)를 통해서 발현되기도 한다. 그들은 대부분 세상과의 모든 접촉을 끊은 채 기도로 수 년 간을 보낸 후 말년에는 모든 사람들에게 자신들의 은둔 수도처를 개방했던 수도사들이었다. 그들은 인간 의식의 헤아릴 수 없는 깊이를 꿰뚫고, 우리 자신에게는 대부분 인식되지 못하는 많은 죄와 내적 곤란을 드러내 보여주며, 짓눌린 영혼들을 다시 일으켜 세워주고, 영적 도상에서만 아니라 세상에서 겪

---

13 이 내용과 관련해서는 E. Benz, "Heilige Narrheit", *Kyrios,* 1938, n° 1-2, p.1-55 와 Mme Behr-Sigel, "les Fous pour le Christ et la sainteté laque dans l'ancienne Russie", *Irénikon,* XV, 1939, p.554-565 와 Camayoun, "Etudes sur la spiritualité populaire russe : I. Les fous pour le Christ", *Russie et chrétienté,* 1938-39, I, p.57-77 을 보라.

는 인생의 모든 생사고락에서 사람들을 이끌어 주는 은사를 가진다.[14]

정교회의 대(大)신비가들이 체험한 개인적 경험 대부분은 우리에게 잘 알려져 있지 않다. 몇몇 흔하지 않은 예외를 제외하면, 동방교회의 영성 문학은, 폴리뇨의 성 안젤라(Angèle de Foligno) 나 앙리 수조(Henri Suso)의 자서전 혹은 리지외의 성 테레사(Thérèse de Lisieux)의 『한 영혼의 이야기』(L'histoire d'une âme)와 같이, 내적 삶을 다루는 자서전적 이야기를 거의 가지고 있지 않다. 신비적 연합의 길은 거의 언제나 하느님과 그 영혼 간의 비밀이어서, 고백사제(confesseur)이나 몇몇 제자를 제외하곤 좀처럼 밖으로 전해지지 않는다. 출판된 것은 이 하느님과의 연합의 열매들, 신학적 도덕적 가르침, 혹은 형제를 교화시키기에 충분한 여러 권면과 지혜, 그리고 하느님 신비에 대한 여러 지식이다. 신비 경험의 내밀하고 개인적인 면과 관련해서는 모든 사람의 눈에 감추어진 채로 남아있게 된다.

신비적 개인주의는 서방의 문학에서 좀 늦게 13세기 경에 출현했다는 것을 인정할 필요가 있다. 성 베르나르두스(Bernard)는 『아가서 설교』(Sermons sur le Cantique des cantiques)에서 한 번, 그것도 성 바울로 사도와 같이 매우 조심스럽게 자신의 개인

---

14 I. Smolitsch, *Leben und Lehre der Starzen*, Vienne, 1936.

적 체험을 직접적으로 말했을 뿐이다. 개인적 체험과 공동의 신앙 사이에, 개인적인 삶과 교회의 삶 사이에 어떤 분열이 발생하자, 영성과 교리, 신비와 신학은 구별되는 두 개의 영역이 되었고, 신학 체계 안에서 충분한 영적 양식을 발견할 수 없었던 영혼들은 다시 한번 영성의 분위기에 갈급하여 개인적인 신비 체험 이야기를 찾기 시작했다. 그러나 신비적 개인주의는 동방교회 영성에서는 여전히 낯선 것으로 남아있다.

콩가르 신부가 "우리는 서로 다른 사람이 되었다. 같은 하느님을 믿지만, 우리는 그분 앞에서 서로 다른 사람이고 그분과 우리의 관계의 본성은 일치하지 않는다"[15]고 말한 것은 분명 일리가 있다. 그러나 이 영적인 차이를 잘 판단하기 위해서는, 그것의 가장 완전한 표현 속에서 또 분열 이후 서방과 동방의 성인들이 보여주는 서로 다른 유형의 영성 안에서 그것을 판단할 필요가 있다.

우리는 여기서 교회가 고백하는 교리와 교회가 낳은 영적인 열매 사이에 언제나 존재하게 마련인 긴밀한 관련에 대해서 생각할 수 있을 것이다. 왜냐하면 한 그리스도인의 내적 경험은 교회의 가르침이라는 잘 짜인 테두리 안에서 그리고 그의 인격을 만들어 가는 교리의 틀 속에서 실현되기 때문이다. 한 정당의 정치적 교설도 도덕적이고 심리적인 일련의 체계

---

15 P. Congar, 앞의 책, p.47.

를 통해서 다른 사람들과는 다른 인간 유형을 만들어낼 정도로 정신세계를 주조해 낼 수 있다면, 종교 교리가 그것을 고백하는 사람의 정신을 변화시킬 수 있다는 것은 더더욱 당연한 일일 것이다. 그들은 다른 사람들, 즉 교리적으로 다른 개념을 가진 사람들과는 분명 구별될 것이다. 중요한 문제, 더욱이 교리 문제가 제기될 때, 문제를 있는 그대로 받아들여야지, 동방과 서방의 영성 사이에 존재하는 차이를 굳이 민족적 문화적 원인을 가지고 설명하려 해서는 안 된다. 로마 가톨릭과 정교회가 '다소간' 동일한 그리스도교 교리를 공유하고 있으니 그 안에서 '성령의 발출'이나 '은총의 본질'과 같은 문제는 중요하지 않다고 말해서는 안 된다. 이처럼 근본적인 교리에 있어서, 중요한 것은 바로 이 '다소간'이다. 왜냐하면 그것은 교리 전체의 강조점을 다르게 하며, 그것을 서로 다른 빛 아래서 제시하며, 따라서 또 다른 영성의 여지를 제공하기 때문이다.

우리는 '비교 신학'을 전개하고 싶지 않다. 교파 간의 논쟁을 재개하려는 것은 더더욱 아니다. 단지 우리는 여기서 동방교회 영성의 기초가 되는 몇몇 신학적 요소를 검토하기에 앞서 동방과 서방 그리스도교의 교리적 차이라는 현실을 확인하는 것으로 제한하고자 한다. 서방 그리스도교 세계에는 낯선 또 하나의 그리스도교 영성을 이해하는데, 정교회 신비의 신학적 측면이 어떻게 도움을 줄 수 있을 지를 판단하는 것은 독자들의 몫이다. 만약 우리가 우리 자신의 교리적 입장에 충실하게 머물러 있으면서 동시에 서로를 알 수 있게 된다면 - 특별히 우리를 다르게 만드는 것들에 대해 - 그것은 분명 서로 간의 차이를 비켜 가는 것보다 더 확실하게 일치를 향해서 나아가는 길이 될 것이다. 왜냐하면, 칼 바르트가 말했듯이, "우리는 교회의 일치를 만들어 가는 것이 아니라, 단지 그것을 발견할 뿐"[16]이기 때문이다.

---

16 K. Barth, "L'Église et les églises", *Œcumenica,* III, n° 2, juillet 1936.

2장   어둠 속의 하느님

   하느님 지식의 문제는 제목부터가 의미심장한 『신비 신학에 대하여』[01](*De la théologie mystique*)라는 한 작은 저술 속에 근본적인 방식으로 제시되었다. 이 놀라운 글은, 흔히 '아레오파고 사람'의 글이라고 불리는 일련의 저작들의 원작자인 한 무명작가가 쓴 글로서, 그리스도교 사상의 발전에 있어서 이 저작이 차지하는 중요성은 아무리 강조해도 지나치지 않는다. 일반적인 견해는 오랫동안 이 인물을 바울로 사도의 제자였던 아레오파고의 디오니시오스로 생각하려 했다. 그러나 이러한 견해의 지지자들은 하나의 혼란스런 사실을 직면해야 했다. 그것은 바로 그리스도교 역사의 첫 5세기가 이 '아레오파고의 글들'에 대해 절대적인 침묵을 지켰다는 사실이다. 이

---

01 St. Denys l'Aréophasite, *Περὶ μυστικῆς θεολογίας* (*De la théologie mystique*)

저술들은 6세기 초 이전에는 교회의 그 어떤 저술가에 의해서도 인용되거나 언급되지 않았다. 게다가 처음으로 이 저술들의 존재를 알려준 이들은 바로 이 저술의 권위에 의존하려고 했던 단일본성론자들, 즉 이단들이었다. 7세기, 고백자 성 막시모스는 자신의 주석 혹은 주해(scholie)에서 디오니시오스의 글이 가지고 있는 정통 의미를 밝혀줌으로써 이 무기를 이단의 손에서 탈환해왔다.[02] 이때부터, '아레오파고의 글들'은 서방과 동방의 신학 전통에서 이론의 여지가 없는 권위를 누려왔다.

현대의 비평들은 '위(僞) 디오니시오스'가 실제 누구인지, 그 글의 작성 연대는 언젠지에 대해 일치하지 못하고, 다양한 가정들 속에서 우왕좌왕하고 있다.[03] 그 연대에 관해 3세기에

---

02 막시모스 성인의 이름으로 알려진 스콜리들 혹은 *Corpus Dionysiacum*에 대한 주석은 대부분 스키토폴리스의 요한(Jean de Schthopolis, a. 530-540)의 것이며, 그것의 주석은 비잔틴 필사가들에 의해 막시모스의 그것과 혼합되었다. 스콜리의 본문은 성 막시모스에게 귀속되는 부분을 따로 분리해내기가 거의 불가능한 짜임새를 보여준다. 이 주제와 관련해서는 연구서 S. Epiphanovitch, *Matériaux pour servir à l'étude de la vie et des oeuvres de St. Maxime le Confesseur*(Kiev, 1917, 러시아어). 와 논문 P. von Balthasar, "Das Schollenwerk des Johannes von Scythopolis", *Scholastik*, XV (1940), p.16-38. 을 보라.

03 H. Koch는 아레오파고의 글들을 5세기의 한 위(僞) 저술가의 작품으로 추정한다 : *Pseudo-Dionysius Areopagita in seinnen Beziehungen zum Neoplatonismus und MysterienWesen. Forsch. z. christl. litter. u Dogmengeschichte*, t. 86, Bd. I, Hefte 1, 2. Mayence, 1900. Bardenhewer 또한 *Les Pères de l'Église* (불어 번역, Paris, 1905)라는 자신의 저술에서 이 연대추정을 수용했다. P.J. Stiglmayr는 '위(僞) 디오니시오스'를 6세기 단일본성론자였던 안티오키

서 6세기 사이를 표류하고 있는 비평적 연구들은 현재까지 이 신비스런 저작들의 기원 문제에 관해서 결정된 것이 거의 없다는 것을 보여주고 있다. 그러나 이 연구들의 결과가 어떠하든 간에 그것은 아레오파고 저작의 신학적 가치를 조금도 약화시킬 수 없다. 이러한 점에서 실제 저자의 문제는 거의 중요하지 않다. 중요한 것은 이 저작의 내용에 대한 교회의 판단과 사용이다. 성 바울로 사도는 다윗의 시편을 인용하면서 인용처를 밝히지 않았다. 그는 단지 "성경에 어떤 이가 이렇게 증언한 대목이 …"(히브리 2:6)라고 말했으며, 이를 통해서 성령에 의해 영감 받은 본문과 관련될 때는 어느 정도 저자 문제가 부

아의 세베로스(Sévère)와 동일시하고자 했다 : *Der sogennante Dionysius Areopagita une Severus von Antiochien, Scholastik*, III (1928). 이 주장을 비판하면서, M. Robert Devreesse는 디오니시오스 저작들의 저술 시기를 440년 이후로 미룬다 : *Denys l'Aréopagite et Sévère d'Antioche, Archives d'histoire doctrinale et littéraire du moyen Age*, IV, 1930. M.H.-Ch. Puech는 아레오파고의 글들을 5세기 말경의 것이라고 주장한다 : *Liberatus de Carthage et la date de l'ap.rition des écrits dionysiens*, Annuaire de l'Ecol. des Hautes Etudes, Section des sciences religieuses, 1930-1931. 대주교 아테나고라스(Athénagoras)는 아레오파고 위(僞)디오니시오스는 알렉산드리아의 클레멘트(Clément)의 제자였을 것이라고 주장한다. 그는 이 저술가를 3세기 중엽에 알렉산드리아 주교를 역임했던 대(大) 디오니시오스(Denys le Grand)와 동일시한다 : Athénagoras, *Ὁ γνήσιος Συγγραφεὺς τῶν εἰς Διονύσιον τὸν Ἀρεοπαγίτην ἀποδιδομένων συγγραμμάτων*, Athènes, 1932 ; *Διονύσιος ὁ μέγας, ἐπίσκοπος Ἀλεξανδρείας, ὁ συγγραφεὺς τῶν ἀρεοπαγιτικῶν σηγγραμμάτων*, Alexandrie, 1934. 마지막으로 P. Ceslas Pera는 자신의 글("Denys le mystique et la Θεομαχία", *Revue des sciences philosophiques et théologiques*, XXV, 1936)에서 아레오파고의 글들에서 카파도키아 교부들의 영향을 발견할 수 있다고 주장하면서 이 글들을 성 대 바실리오스의 익명의 제자에게 귀속시킨다.

차적인 것임을 보여주었다. 성경에 있어서 참인 것은 역시 교회의 신학 전통에 있어서도 참이다.

디오니시오스는 두 가지 가능한 신학의 길을 구별한다. 하나는 긍정으로부터 나오는 카타파시스(κατάφασις) 신학 혹은 긍정신학(théologie positive)이며, 다른 하나는 부정으로부터 나오는 아포파시스(ἀπόφασις) 신학 혹은 부정신학(théologie négative)이다. 전자는 우리를 하느님에 대한 어떤 지식으로 안내하는 불완전한 길인데 반해, 후자는 우리를 전적인 무지에 이르게 하는 완전한 길, 그 본성을 알 수 없는 하느님에 대해 유일하게 적합한 길이다. 실제로 모든 지식은 존재하는 어떤 것을 대상으로 삼는다. 그러나 하느님은 존재하는 모든 것 위에 계신다. 그분에게 다가가기 위해서는 그분에 미치지 못하는 모든 것, 다시 말해 존재하는 모든 것을 부정해야만 할 것이다. 만약 우리가 하느님을 보았고 또 그 본 것을 알 수 있다고 한다면, 그것은 하느님 그 자체를 본 것이 아니라 무언가 지성적인 것, 그분에 미치지 못하는 것을 본 것이다. 인식 가능한 모든 대상 너머에 계시는 분을 아는 것은, 바로 '무지'(ἀγνωσία)를 통해서이다. 부정을 통해 나아감으로써, 우리는 존재의 열등한 수준으로부터 그것의 절정에 이르기까지 상승해 간다. 절대적 무지의 어둠 속에 계시는 알 수 없는 분께 다가가려면 알 수 있는 모든 것으로부터 점차적으로 멀어져야 한다. 왜냐하면, 빛, 특별히 충만한 빛이 어둠을 소멸하듯이, 피조물에 대한 지식, 특별히 그러한 지식의 과잉은 하느님 자체에 이를 수 있는 유일한 길인 무지를 소멸하기 때문이다.[04]

만약 우리가 디오니시오스에 의해 확립된 긍정신학과 부정신학의 구별을 변증법적 지평 위에 옮겨 놓는다면, 우리는 하나의 모순 앞에 서게 될 것이다. 그리고 우리는 하느님 지식에 이르는 단 하나의 방법을 향해 이 두 가지 길을 이끌어 감으로써 이 모순을 해결하려 애쓸 것이고, 서로 대립되는 이 두 가지 길을 종합하려 할 것이다. 토마스 아퀴나스가 부정신학을 긍정신학에 대한 하나의 수정으로 간주함으로써 디오니시오스의 두 가지 길을 단 하나의 길로 환원한 것이 바로 그와 같은 시도이다. 토마스 아퀴나스에 따르면, 피조 존재에게서 발견하는 완전성을 하느님께 귀속시킬 때, 완전성을 의미하고자 했던 그 양태들은 부정해야 하지만, 가장 '고도의 양태'(modo sublimiori)에 따라서는 하느님과 관련해서 이러한 완전성을 주장할 수 있다고 한다. 이렇게 해서 부정들은 '의미 방식'(modus significandi), 즉 항상 적절한 것은 아닌 표현 방식과 관련될 뿐이다. 반면 긍정들은 '의미 내용'(res significata), 즉 우리가 표현하고자 하는 완전성, 피조물의 완전성과는 다른 방식으로 존재하는 하느님의 완전성과 관련된다.[05] 우리는 이러한 철학적이고도 기발한 발견이 디오니시오스의 사상과 얼마

---

04 St. Denys l'Aréophasite, *Lettre. I, P.G.,* t. 3, col.. 1065.
05 Thomas d'Aquin, *Quaestiones disputatae*, qu. VII, a. 5.

만큼이나 부합되는지 자문해 볼 필요가 있다. 아레오파고 저작들의 저자는 그가 구분한 두 가지 신학 사이에 하나의 모순이 존재한다고 해서, 과연 이 두 가지 길의 종합을 허용하는가? 보다 일반적인 방식으로 말해서, 과연 우리는 이 두 가지 길을 동일한 수준에서 다루거나 동일한 평면에 올려 놓음으로써 이들을 대립시킬 수 있는가? 디오니시오스는 수차에 걸쳐서 아포파시스 신학(부정신학)이 카타파시스 신학(긍정신학)보다 우월하다고 말하지 않는가? 부정의 길을 집중적으로 다룬 『신비 신학에 대하여』를 분석해 보면, 우리는 디오니시오스에게 이 방법이 의미하는 바가 무엇인지 알게 될 것이며, 동시에 그것은 동방교회 모든 신학 전통의 근본적인 성격을 형성하는 이 아포파시스 신학의 참된 본질이 무엇인지 판단할 수 있게 해줄 것이다.

디오니시오스는 자신의 글[06]을 삼위일체 하느님께 드리는 하나의 기도로 시작한다. 그는 삼위일체 하느님께 기도하길, "무지조차도 넘어 신비로운 성경의 가장 높은 경지, 신학(la

---

06　St. Denys l'Aréophasite, *Théologie mystique* 는 Migne, *P.G.*, t.3, col. 997-1048로 출판되었다. 그리고 비록 매우 부정확하기는 하지만 Mgr. Darboy의 프랑스어 번역이 1845년 파리에서 출판되었고, 1938년에 재출판되었다. 우리는 Maurice de Gandillac이 번역하고 서론과 주를 단 *Œuvres complètes du pseudo-Denys l'Aréopagite,* dans la collection <Bibliothèque philosophique>, Aubier, 1943 에서 디오니시오스를 인용한다. 역자주) 이 col.에 실린 아레오파고의 저작으로는『하느님의 이름들』(*Les Noms Divins*),『신비 신학』(*La Théologie Mystique*),『천상의 위계(位階)』(*La Hiérarchie Céleste*),『교회의 위계(位階)』(*La Hiérarchie Ecclésiastique*)와『서신들』(*Lettres*)이 있다.

théologie), 단순하고 절대적이며 불멸하는 신비들이 침묵의 찬란한 어둠 속에서 스스로 드러나는 곳", 바로 그 곳으로 자신을 인도해 달라고 한다. 디오니시오스는 이 글을 받아보게 될 디모테오를 '신비적 관상들'(μύστικα θεάματα)로 초대한다. 절대적 무지 속에서 모든 존재와 지식 너머에 계시는 분과 결합하기 위해서는, 모든 이성적 활동과 함께 감각을, 감각적이거나 지적인 모든 대상을, 존재하지 않는 모든 것과 함께 존재하는 모든 것을 거부해야 한다. 우리는 이미 이것이 하나의 단순한 변증법적 과정과는 다른 어떤 것임을 보았다. 정화(淨化 purification), 즉 카타르시스(κάθαρσις)가 필요하다. 우리는 모든 부정(不淨)한 것과 함께 정결한 것도 모두 버려야 한다. 우리는 이어서 성덕(聖德 sainteté)의 최고로 높은 고지를 넘어서야 하고, 또한 모든 신성한 빛, 모든 천상의 소리와 언어도 뒤에 두고 전진해야 한다. 이렇게 해서 우리는 모든 것 바깥에 계시는 분이 거주하는 어둠 속으로 들어가게 된다.[07]

우리가 알 수 있는 모든 것의 영향력을 점차적으로 뛰어넘는 이 상승의 길을 디오니시오스는 하느님을 만나기 위한 모세의 시나이 산 등정에 비유한다. 모세는 자신의 정화(淨化)로부터 시작한다. 이어서 그는 부정한 것들로부터 자신을 분리한다.

---

07 St. Denys l'Aréophasite, *Théologie mystique.*, I, 3, *P.G.*, t. 3, col. 1000.

바로 이때 그는 수많은 나팔 소리를 들었고, 셀 수 없는 광선이 찬란히 퍼져 나가는 수많은 불을 보았다. 그래서 그는 군중으로부터 분리되어 사제들과 함께 신적 상승의 정상에 이르렀다. 그러나 이 경지에서도 그는 아직 하느님과의 관계 속에 있지 않았다. 그는 하느님을 관상하지 못했다. 왜냐하면 하느님은 보이지 않고 단지 하느님의 거처만 있었기 때문이다. 내 생각에, 이것이 의미하는 바는 이러하다. 가시적 혹은 지적 차원에서 가장 신적이고 고상한 대상들조차도, 실은 전적으로 초월해 계시는 분께 진정으로 적합한 속성들에 대한 하나의 가설적 설명이요, 모든 정신적 파악을 초월해 계시고 그분의 임재 처소들 중 인식될 수 있는 최고의 지점보다 더 높이 계시는 분의 현존을 드러내 주는 설명에 불과할 뿐이다. 보이고 보는(τῶν ὁρωμένων καὶ τῶν ὁρώντων) 이 세상을 넘어서서, 모세가 진정으로 신비한 무지의 어둠을 통과한 것은 바로 이때였다. 바로 이곳에서 그는 모든 긍정적 지식에 대해 침묵하며, 모든 지각과 환영으로부터 완전히 벗어난다. 왜냐하면 그는 모든 것 위에 계시는 분께 완전히 속했기 때문이다. 또한 그는 자신의 최선의 것을 통해, 모든 지식을 벗어나는 분과 연합됨으로써, 또 모든 긍정적 지식을 포기함으로써, 그리고 이 무지 그 자체 덕분에 그 너머에 있는 완전한 지성을 알게 됨으로써(καὶ τῷ μεδὲν γινώσκειν, ὑπερ νοῦν γινώσκων), 더 이상 자기 자신에게도 낯선 그 어떤 것에도 속하지 않기 때문이다.[08]

---

08 위의 책, col. 1000-1001 : Maurice de Gandillac의 번역, p.179-180.

아포파시스의 길 혹은 '신비 신학'(왜냐하면 부정의 방법을 다룬 이 저작의 제목이 그러하기 때문에)의 대상이 절대 알 수 없는 하느님인 것은 분명하다. 그것이 하느님을 대상으로 삼는다고 말하는 것은 어쩌면 부정확한 것일 수도 있다. 우리가 지금 막 인용한 글의 마지막 부분은 단 한번 인식 가능한 것의 정점에 이른 후, 볼 수 있는 모든 것과 함께 보는 주체, 다시 말해 지각의 대상만큼이나 지각의 주체도 뛰어넘어야 함을 보여준다. 하느님은 이제 하나의 대상이 아니다. 왜냐하면 여기서 문제가 되는 것은 지식(connaissance)이 아니라 연합(union)이기 때문이다. 그러므로 부정신학은 그 본질을 결코 알 수 없는 분, 즉 하느님과의 신비한 연합을 향한 길이다.

『신비 신학에 대하여』 2장은, 존재의 높은 단계에서 낮은 단계로 내려가면서 견해를 확립해 가는 긍정의 길을, '추상' 혹은 계속적인 '분리'(détachement, ἀφαιρέσεις)를 통해 하느님의 인식불가능성을 향해 올라가는 부정의 길에 대조시킨다. 3장에서 디오니시오스는, 보다 탁월한 신현현(神顯現)에서 보다 열등한 것으로 내려갈수록 점점 길어지게 마련인 '글의 장황함'을 기준으로 자신의 신학 저작들을 분류하고 열거한다. 『신비신학에 대하여』는 모든 저작들 중 가장 짧은 것이다. 왜냐하면 그것은 침묵 안에서 하느님과의 연합을 향해 나아가는 부정의 방법과 관련되기 때문이다. 4장과 5장에서 디오니시오스는 감각적이고 인식 가능한 세계에서 차용된 일련의 모든 속성을 검토하면서, 이를 하느님의 본성과 연관 짓기를 거부한다. 우주의 원인이신 하느님은 모든 부정과 더불어 모든 긍정도 벗어난다는 것을 승인함으로써 자신의 글을 맺는다.

> 원인(이 되시는 분)보다 열등한 현실에 적용되는 모든 긍정을 제시할 때, 우리는 그 원인 자체에 대해서는 긍정도 부정도 할 수 없다. 왜냐하면 모든 긍정은 만물의 유일하고 완벽한 원인 안에 있으며, 모든 부정은 모든 것으로부터 단순하게 탈피해 계시고 모든 것 위에 계시는 분의 초월성 안에 있기 때문이다.[09]

우리는 종종 디오니시오스를 신플라톤주의자로 만들고 싶어 한다. 실제로 디오니시오스의 신비 체험을 플로티노스의 『엔네아데스 6』(*VIe Ennéades*) 마지막에 묘사된 것과 비교해 볼 때, 우리는 충격적인 유사성을 확인하게 된다. 플로티노스에 따르면, 일자(一者 l'Un, ἕν)에 접근하기 위해서는 "자신을 만물의 최하에 있는 감각적인 대상으로부터 최고의 대상에게로 이끌어 가야한다. '선'(善 le Bien)'을 향해 나아가야 하기 때문에 모든 악덕은 극복되어야 한다. 또한 우리가 원리(原理), 일자(一者)를 관상해야 한다면, 우리는 자기 자신의 내적인 원리로 올라가서 다수의 존재 대신에 단 하나의 존재가 되어야 한다."[10]

---

09 위의 책, col. 1048 B. Maurice de Gandillac의 번역, p.184.
10 Plotin, *Ennéade*, VI, IX, 3, Collection Guillaume Budé, VI², p.174-175. 우리는 플로티노스를 M. Émile Bréhier의 번역에서 인용한다.

이것은 상승의 첫 번째 단계인데, 여기서 우리는 자신을 지성(intelligence) 안에 집중시킴으로써 감각적인 것으로부터 해방되게 된다. 그러나 지성을 또한 넘어서야 한다. 왜냐하면 문제는 지성보다 위에 있는 대상에 이르는 것이기 때문이다.

> 실제로 지성은 어떤 것이고, 한 존재다. 그러나 이 궁극은 어떤 것이 아니다. 왜냐하면 그것은 모든 것 이전에 있기 때문이다. 그것은 또한 한 존재가 아니다. 왜냐하면 존재는 존재의 형식을 가지지만, 이 궁극은 모든 형식으로부터 벗어나 있으며, 심지어 지적인 것으로부터도 벗어나 있기 때문이다. 일자(一者)의 본질은 모든 것을 발생시키는 것이기에, 그것은 그것이 낳은 것들에서 비롯되지 않는다.[11]

이 본질은 디오니시오스의 『신비 신학에 대하여』를 연상케 하는 부정적 정의들을 부여받는다.

> 일자(一者)는 사물이 아니다. 그것은 질도 양도 아니다. 그것은 지성도 영혼도 아니다. 그것은 운동 안에도 정지 안에도 있지 않다. 그것은 장소 안에도 시간 안에도 있지 않다. 그것은 그 자체로 다른 것들로부터 고립된 본질이다. 혹은 차라리 그것은 본질이 없다고 할 수 있다. 왜냐하면 그것은 모든 본질에 앞서기 때문이며 운동과 정지에 앞서 있기 때문이다. *왜냐하면 이러한 속성들은 존재들 안에서 발견되며 존재를*

---

11 위의 책, p.175.

다자(多者)가 되도록 만들어 주는 것이기 때문이다.[12]

여기서 디오니시오스에게서는 발견할 수 없는 하나의 사상, 그리스도교 신비와 신플라톤주의의 철학적 신비 사이에 경계선을 그어주는 하나의 사상이 나온다. 플로티노스가 신에 이르기를 추구하면서 존재의 고유한 속성들을 거부한다 할지라도, 그것은 디오니시오스처럼 존재 안에서 인식되는 모든 것에 의해 가려진 하느님의 절대적 인식불가능성 때문이 아니다. 오히려 그것은, 비록 가장 높은 수준에 있는 것일지라도, 존재의 영역은 필연적으로 다자(多者)일 수밖에 없으며 따라서 그것은 '일자(一者)'의 절대적 단순성을 가지고 있지 않기 때문이다. 플로티노스의 신은 본질에 있어서 알려질 수 없는 분이 아니다. 만약 우리가 지식이나 지적 직관을 통해서 일자(一者)를 이해할 수 없다면, 그것은, 지식을 통해서 하나의 대상을 파악할 때, 영혼은 단일성과 멀어지고 따라서 절대적으로 하나가 아니기 때문이다. 그러므로 그 대상 전체가 되고 그 대상과 하나가 되는 곳, 모든 다자성이 사라지는 곳, 그래서 주체가 자신의 대상과 더 이상 분리되지 않는 황홀경의 길, 연합에 의지해야만 한다.[13]

그것들이 서로 만날 때, 그것들은 하나일 뿐이고 서로 분리

---

12 위의 책, 본문의 이탤릭은 저자의 것임.
13 위의 책, VI, IX, 4, p.176.

되어 있을 때와 같이 둘이 아니다. 또 그것을 관상할 때 우리
가 그것을 구별된 것이 아닌 우리와 하나로 연합된 것으로
보게 된다면, 어떻게 그것이 우리 자신으로부터 구별되는 하
나의 대상이라고 선언할 수 있는가?[14]

플로티노스의 부정의 길에서 우리가 탈피한 것은 다자(多者)
이다. 즉 존재는 '일자(一者)'에 뒤따르는 다수성과 관련되는 것
이기에, 우리는 존재 너머에 있는 절대적 단일성에 이르게 된
다. 디오니시오스의 신비경은 존재 자체로부터 벗어나는 것
이다. 반면, 플로티노스의 신비경은 차라리 존재의 절대적 단
순성에로의 환원이다. 이것이 바로 플로티노스가 자신의 신비
를 '단순화(ἅπλωσις)'라고 매우 구체적으로 표현하는 이유다. 그
것은 관상의 대상을 단순성으로 환원하는 길인데, 이때 관상
의 대상은 일자(l'Un, ἕν)라고 긍정적으로 정의될 수 있는 것이
고, 이러한 질 규정 속에서 관상하는 주체와 질적으로 구별되
지 않는다. 특별히 용어의 공통성에서 비롯되는 모든 외형적
유사성에도 불구하고, 우리는 여기서 아레오파고의 글들이 가
지고 있는 부정신학과는 너무 멀리 있음을 알 수 있다. 본질로
는 알려질 수 없으며 "어둠을 자신의 은거지로 삼으시는"(시편
18:11 참고) 시편의 하느님이신 디오니시오스의 하느님은 신플
라톤주의의 원초적 단일성으로서의 신이 아니다. 하느님이 알

---

14 위의 책, VI, IX, 10, p.186.

려질 수 없다고 할 때, 그것은 존재와 관련된 모든 상대적 지식이 붙잡혀 있는 다수성과 어울릴 수 없는 그분의 단순성 때문이 아니다. 그것은 말하자면 더 근본적이고 절대적인 인식불가능성이다. 실제로 플로티노스처럼, 그것이 일자의 단순성을 기초로 삼는다면 하느님은 더 이상 본질에 있어서 알려질 수 없는 분이 아닐 것이다. 반대로 만약 적절한 정의가 있을 수 있다면, 디오니시오스에게 있어서 하느님께 어울리는 유일한 정의는 바로 이 '인식불가능성'이다. 긍정신학의 대상이 되는 여러 속성을 하느님께 귀속시키기를 거부할 때, 디오니시오스는 분명히 신플라톤주의적 정의를 겨냥하고 있다. 디오니시오스는 "그는 일자도 단일성도 아니다"(οὐδὲ ἕν, οὐδὲ ἑνότης)라고 말한다.[15] 『하느님의 이름들에 대하여』라는 글에서, '일자'라는 하느님의 이름에 대해 검토하면서, 디오니시오스는 그 이름의 불충분함을 보여주고 그것 대신 '가장 숭고한' 또 다른 이름, 곧 '삼위일체'(la Trinité)라는 이름을 대립시킨다. 이 '삼위일체'라는 이름은, 하나도 다수도 아니며 오히려 어떤 분인지 도무지 인식할 수 없는 분으로 계심으로써 이 모순조차 초월하시는 하느님을 우리에게 알려준다.[16]

만약 계시의 하느님이 철학자들의 하느님이 아니라면, 이 두 가지 개념을 경계 짓는 것은 하느님의 근본적인 인식불가

---

15 Pseudo-Denys l'Aréophasite, *Théologie mystique,* V, *P.G.,* t. 3, col. 1048 A.
16 Pseudo-Denys l'Aréophasite, *Les Noms Divins,* XIII, 3 ; *P.G.,* col. 981A.

능성에 대한 확인이다. 우리가 교부들의 플라톤주의, 특별히 아레오파고 저작들 속의 신플라톤주의에 대해 말한 모든 것은, 교리의 바탕으로까지 나아가지는 못하며 당시 공통의 용어 사용에서 비롯되는 외적인 유사성에 국한된다. 플라톤주의 전통의 철학자들에게는, 신에게 이르는 유일한 길로서의 황홀한 연합에 대해 말할 때조차 신의 본질은 하나의 대상이며 일자(ἕν)라고 긍정적으로 정의될 수 있는 어떤 것이다. 이때 이 본질의 인식불가능성은 특별히 다수성에 붙잡혀 있는 오성의 나약함이라는 사실에서 연유하는 것이며 또 이 황홀한 연합은, 방금 말했던 것처럼, 디오니시오스가 말했던 창조된 존재들로부터의 벗어남이 아니라 차라리 단순성으로의 환원이다. 왜냐하면 계시가 아니고서는, '창조된 것'과 '창조되지 않은 것' 사이의 차이도, 무로부터의(Ex nihilo)의 창조도, 피조물과 창조주 사이에 드리워진 심연(深淵)도 알 수 없기 때문이다. 오리게네스의 이단적 교리들은 하느님의 인식불가능성에 대해서 이 위대한 사상가가 가지고 있었던 몇몇 무감각에 그 뿌리를 두고 있다. 아포파시스 신학(부정 신학)에 철저하지 못했던 태도가 이 알렉산드리아 신학자로 하여금 동방 전통에 걸맞은 신비신학자라기보다는 차라리 종교철학자가 되도록 만들었다. 실제로 오리게네스의 하느님은 "어떤 복잡성도 허용치 않는 '단순한 지성적 본질'(une nature intellectuelle simple)이다. 그는 모든 지적 영적 본질의 원천이요 기원인 단일자(la Monade, μονάς)요, 단일성(l'Unité, ἑνάς)요, 정신(l'Esprit)이다."[17] 오리게네스가 '무로부터의(Ex nihilo)의 창조'에 대해 무관심했다는 점을 지적하는 것은 매우 흥미로운 일이다. 성경의 숨겨진 하느님(Deus absconditus)과 다른 하느님은 계시의 진리에 쉽게 들어맞지 않는다. 오리게네스를 통해서, 헬레니즘이 교회로 침투하려 했는데, 그것은 인간의 본성, 즉 '헬레네 사람들과 유대인들' 고유의 사고 유형에 그 기원을 두고 있는, 외부로부터 들어온 개념이다. 그것은 하느님이 교회에 계시하시고 말씀하시는 바의 전통이 아니다. 그래서 교회는 하느님의 인식불가능성을 침해하고, 헤아릴 수 없는 하느님의 깊이에 대한 체험을 철학적 개념으로 대체하려는 주장에 대해 늘 투쟁했던 것처럼 또한 오리게네스주의에 맞서서 투쟁해야만 했다.

'위대한 카파도키아 교부들'이 유노미오스와의 논쟁에서 수호했던 것도 바로 모든 참된 신학의 부정신학적 토대였다. 유노미오스는 하느님이 인간의 선천적 개념들을 통해서 자신을 이성에 계시하시기 때문에 이 개념들을 가지고 하느님의 본질을 표현할 수 있다고 주장했다. 케사리아의 대 바실리오스 성인에게는 하느님의 본질만 아니라 창조된 본질들도 개념에 의해서는 표현될 수 없는 것이었다. 대상을 관상할 때, 우리는 그것들의 속성들, 다시 말해 개념을 형성하도록 허용해주는

---

17 Origène, *Περὶ ἀρχῶν*, 1.I, c.1, § 6, *P.G.*, t.11, col. 125 A.

것들을 분석한다. 그럼에도 불구하고, 이 분석은 지각 대상들의 내용을 완전하게 드러낼 수는 없으며, 이 모든 분석으로부터 벗어나 있기에 개념으로는 표현될 수 없는 '비합리적인 잔여'들이 언제나 남게 된다. 그것은 사물의 인식불가능성의 토대이고 바로 이것이 사물의 정의할 수 없는 진정한 본질을 구성한다. 우리가 하느님께 적용하는 이름에 대해 말하자면, 그 이름들은 우리에게 내려오는 하느님의 에너지들(능력, 혹은 활동)을 드러내 주지만, 접근할 수 없는 하느님의 본질에 다가갈 수 있게 해주는 것은 아니다.[18] 니싸의 그레고리오스 성인에게는 하느님과 관련된 모든 개념이 환상이며 거짓된 이미지이며 우상일 뿐이다. 우리가 오성과 상식적인 견해에 따라 형성하는 개념들은, 지적인 표상에 기초하도록 함으로써, 우리에게 하느님 자신을 계시해 주는 대신에 하느님이라는 우상을 만들어낸다.[19] 하느님의 본질을 표현하는 단 하나의 이름이 존재하는데, 하느님을 생각할 때 영혼을 사로잡는 '경이(驚異)로움'이 바로 그것이다.[20] 신학자 그레고리오스 성인은, "헬레네 철학자 중의 한 사람"이라고 이름을 밝히지 않고 플라톤을 인용하

---

18 St. Basile le Grand, *Adversus Eunomium,* 1. I, c. 6, *P.G.,* t. 29, col. 521-4 ; 1. II, c. 4, col. 577-580 ; 1. II, c. 32, col. 648 ; *Ad Amphilochium,* Epist. 234, *P.G.,* t. 32, col. 869 AG. 참고. St. Grégoire de Nysse, *Contra Eunomium,* X, *P.G.,* t .45, col. 828.

19 St. Grégoire de Nysse, *De vita Moysis, P.G.,* t. 44, col. 377B (J. Danielou 역, p.112) ; *Contra Eunomium,* III, *P.G.,* t. 45, col. 604 B-D ; XII, *ibid.,* col. 944 G.

20 St. Grégoire de Nysse, *In Cantica Canticorum, homil, XII, P.G.,* t.44, col. 1028 D.

면서, 하느님을 아는 것의 어려움과 하느님을 표현하는 것의 불가능성에 대해 말한 『티마이오스』의 한 문장을 다음과 같은 방식으로 정정한다. "하느님의 본질을 표현하는 것은 불가능하다. 그러나 하느님의 본질을 아는 것은 더욱더 가능하지 않다."[21] 플라톤 신봉자로 간주되는 한 그리스도교 저자가 플라톤의 문장을 이렇게 교정한 것만 보아도 교부들의 사상이 철학자들의 사상과 얼마나 거리가 먼 지 잘 보여준다.

하느님의 인식불가능성에 대응하는 종교적 태도로서의 아포파시스 신학은 아레오파고 사람의 글만이 가지는 배타적 특징이 아니다. 우리는 그것을 대부분의 교부들에게서도 발견한다. 예를 들어 알렉산드리아의 클레멘트는 그의 저작인 『스토로마타』에서 "우리는 하느님 자체로서가 아니라 하느님이 아닌 것들 안에서만 그분에 이를 수 있다"고 천명한다.[22] 그에 의하면, '미지(未知)의 하느님'에 다가갈 수 없다는 생각은, 오직 은혜가 아니고서는, 오직 "하느님께서 주시는 이 지혜, 성부 하느님의 능력인 이 지혜가 아니고서는" 얻을 수 없는 것이다.[23] 하느님 본질의 인식불가능성에 대한 이러

---

21 St. Grégoire le Théologien, *Oration XXVII* (*theologica II*), 4, *P.G.*, t. 36, col. 29-32. 역자주) 여기서 그레고리오스 성인이 말하고자 하는 것은 하느님의 본질의 표현 불가능성이 단지 인간 언어의 한계에 기인하는 것이 아니라 더 근본적으로 하느님 본질의 인식불가능성에서 기인함을 강조하려는 것이다.

22 Clément d'Alexandrie, *Stromates,* V, II, *P.G.,* t. 9, col. 109 A.

23 위의 책, V, 13, col. 124 B-125 A.

한 인식은 그러므로 하나의 경험, 계시된 인격적 하느님과의 만남에 상응한다. 모세와 바울로 사도가 하느님의 인식불가능성을 경험한 것은 바로 이러한 은혜를 통해서였다. 모세는 접근 불가능성을 표현해주는 '어둠'을 통과했을 때 비로소 이 경험을 얻었고, 바울로 사도는 하느님의 형언불가능성을 표현해 주는 '말씀들'을 들었을 때 또한 이러한 경험을 했다.[24] 시나이 산의 어둠 안에서 하느님께 나아간 모세 이야기는 우리가 디오니시오스에게서 만났던 것이기도 하고 알렉산드리아의 필론에 의해 처음으로 신비경의 한 이미지처럼 적용된 것이기도 한데, 그것은 하느님 본질의 인식불가능성에 대한 경험을 표현하려고 할 때, 교부들이 가장 선호했던 하나의 이미지다. 니싸의 그레고리오스 성인은 하나의 특별한 글을 이 이미지에 할애하였으니, 그것이 바로 그의 역작 『모세의 생애』(*La vie de Moïse*)다.[25] 거기서 인식불가능성의 어둠을 향한 모세의 시나이 산 등정은, 불타는 가시떨기 나무 안에서 처음으로 하느님을 만났던 모세의 체험보다 더 훌륭한 관상의 길로 묘사된다. 그때 (불타는 가시떨기 나무 사건에서) 모세는 빛 안에서 하느님을 보았다. 그러나 지금 그는, 볼 수 있고 알 수 있는 모든 것을 뒤에 두고 어둠 속으로 들어간다. 그에게는 볼 수 없

---

24 위의 책, V, 12, col. 116-124.
25 St, Grégoire de Nysse, *La Vie de Moïse, P.G.*, t. 44, col. 297-430 ; Jean Danielou 의 번역, Collection <Sources chrétiennes 1> (Paris, 1942).

는 것, 알 수 없는 것만 남아있다. 그러나 하느님은 이 어둠 속에 계신다.[26] 왜냐하면 하느님은 우리의 인식과 개념이 접근할 수 없는 곳에 거하시기 때문이다. 우리의 영적 상승은 점점 분명한 방식으로 하느님 본질의 절대적인 인식불가능성을 우리에게 드러내 줄 뿐이다. 점차적으로 그것을 바라면서, 영혼은 끊임없이 성장하고, 자기 자신으로부터 벗어나며, 스스로를 넘어선다. 그리고 이렇게 스스로를 넘어섬으로써 더욱 그것을 바라게 된다. 이렇게 해서 상승은 무한한 것, 충족되지 않는 소망이 된다. 그것은 「아가서」에 나오는 신부의 사랑이다. 그녀는 문고리를 향해 손을 내민다. 알 수 없는 분을 찾는다. 다가갈 수 없는 분을 부른다. … 연합은 끝이 없을 것이며 상승은 그 끝을 알지 못할 것이라는 생각을 얻게 될 때, 그녀는 그분에게 이르게 된다.[27]

신학자 그레고리오스 성인은 동일한 이미지들, 무엇보다도 모세의 이미지를 취한다. 그는 이렇게 말한다.

> 나는 하느님을 알기 위해 전진했다. 그것이 내가 물질로부터, 육(肉)적인 모든 것으로부터 나를 분리시키는 이유다. 나는 내가 할 수 있는 한 내 자신 속으로 집중했다. 그리고 산 정상을 향해 나를 고양시켰다. 그러나 눈을 떴을 때, 나는 그

---

26 다음의 글을 참고하라. M. Henri-Charles PUECH, *La ténèbre mystique chez le pseudo-Denys l'Aréopagite et dans la traduction patristique*, Etudes Carmélitaines, octobre 1938, p.33-53.

27 St, Grégoire de Nysse, *Commentaire sur le Cantique*, P.G., t. 44, col. 755-1120.

분을 겨우 뒷모습으로만 알아 볼 수 있었다. 그리고 이 뒷모습은 바위로, 다시 말해 우리의 구원을 위해 육화되신 말씀의 인간성으로 가려져 있었다. 그분 자신만, 다시 말해 거룩한 삼위일체 하느님만 아시는 제일의 극도로 순수한 그 본질을 나는 관상할 수 없었다. 왜냐하면 나는 지성소에서 헤루빔들이 가리고 있는 보이지 않는 분이 아니라, 단지 우리를 향해 내려오셔서 피조물 안에서 드러나신 하느님의 위대함만을 관상할 수 있기 때문이다.[28]

하느님 본질 그 자체는 "가려져 있어서 헤루빔들조차 알 수 없는 '거룩 중의 거룩'(le Saint des Saints)이다."[29] 하느님의 본질은 시간과 자연의 모든 개념 너머에 있는 불확정적이고 무한한 본질의 바다와 같다. 만약 인간 정신이 하느님을 그분 자체가 아니라 그분을 둘러싸고 있는 것들을 통해 하느님에 대한 희미한 이미지를 형성하려고 한다면, 정신이 그분을 인식하려고 노력하기도 전에, 이 이미지는 마치 눈부신 빛과도 같이 정신의 가장 탁월한 기관들을 강렬하게 비춤으로써, 그로부터 벗어나게 될 것이다.[30] 다마스커스의 요한 성인도 같은 방식

---

28 St. Grégoire le Théologien, *Oration XXVIII (theologica II)*, 3, *P.G.*, t. 36, col. 29 AB.

29 St. Grégoire le Théologien, *Oration XXXVIII, In Theophaniam*, § 8, *P.G.*, t. 36 col. 320 BC. 참고. *Oration XLV. In snctum Pascha*, § 4, *P.G.*, t. 36, col. 628 D-629 A.

30 St. Grégoire le Théologien, *Oration XXXVIII*, 7, *P.G.*, t. 36, col. 317 BC ; *Oration XLV*, 3, col. 625-628 A.

으로 표현했다.

> 하느님은 무한하고 이해할 수 없다. 우리가 이해할 수 있는 유일한 것은 그분의 무한성과 그분의 이해할 수 없음이다. 우리가 긍정적인 방식으로 하느님에 대해 말하는 모든 것은 그분의 본질이 아니라 그 본질을 둘러싸고 있는 것이다. 하느님은 존재가 아니다. 이는 그분이 존재가 아니라고 말하는 것이 아니다. 오히려 그분은 모든 존재 위에, 존재 그 자체보다 더 위에 계시기 때문이다. 사실, 존재하는 것과 알 수 있는 것은 같은 질서 안에 있다. 모든 지식 너머에 있는 것은 또한 절대적으로 모든 본질을 넘어서 있다. 마찬가지로 본질 위에 있는 것은 또한 지식 위에 있다.[31]

동방의 신학 전통 안에서, 아포파시스 신학의 다양한 예는 셀 수 없이 많이 발견되지만, 우리는 14세기의 위대한 비잔틴 신학자 그레고리오스 팔라마스 성인의 문장을 인용하는 것으로 제한하고자 한다.

> 하느님의 초본질적 본질(la nature superessentielle)은 우리가 말할 수도, 생각할 수도, 볼 수도 없는 것이다. 왜냐하면 그것은, 천상 영들의 이해 불가능한 덕들(능력들)을 통해 전달되는 것이기에, 모든 것으로부터 멀리 떨어져 있고, 인식불가능 그 이상이며, 모두에게 그리고 영원히, 알 수 없고 말할 수조차 없는 것이기 때문이다. 이름이 있거나 이름 붙여 부를 수 있

---

31 St. Jean Damascène, *De fide orthodoxa,* I, 4, *P.G.,* t. 94, col.800 AB.

는 모든 것을 부정할 때 비로소 선언되는 이 완전한 인식불가능성 말고는, 그 본질에 합당한 이름도, 그 본질에 대해 영혼 혹은 입이 발설하는 말도, 감각 혹은 지성이 그 본질에 접촉하는 것도, 그 본질에 대해 이러저러한 지식을 제공해주는 이미지도, 이 세상은 물론 다가올 세상에서도 존재하지 않는다. 만약 모든 진리 위에 있는 진리를 진정으로 추구한다면, 누구도 그것을 정당하게 본성 혹은 본질이라고 이름 붙일 수는 없을 것이다.[32]

만약 하느님이 본질(la nature)이라면, 나머지 모든 것은 본질이 아니다. 만약 하느님 아닌 것이 본질이라면, 하느님은 본질이 아닐 것이다. 심지어 다른 존재들이 존재한다면, 그분은 존재하지 않는다.[33]

동방 신학 전통에 고유한 이 철저한 아포파시스 신학 정신에 대해, 그것이 하나의 신비주의적 입장에 해당되는 것은 아닌지, 또 부정의 길을 통해서 하느님을 알아 가고자 할 때 반드시 황홀경(l'extase)을 추구해야 하는지를 우리는 자문해 볼 수 있다. 부정신학은 필연적으로 '황홀경의 신학'(une théologie de l'extase)인가, 아니면 보다 일반적인 의미를 가질 수 있는가?

우리는 디오니시오스의 『신비 신학에 대하여』를 검토하면서 아포파시스의 길이 지적인 활동에 있지 않고 영의 활동조

---

32 St. Grégoire Palamas, *Theophanes*, P.G., t. 150, col. 937 A.
33 St. Grégoire Palamas, *Capita 150 physica, theologica, moralia et practia*, cap.78, P.G., t. 150, col. 1176 B.

차 넘어서는 어떤 것임을 보았다. 플라톤주의 신비가들과 플로티노스에게서처럼, 그것은 '카타르시스'(κάθαρσις), 즉 내적인 정화(淨化)와 관련되지만, 본질적인 차이를 동반한다. 다시 말해 플라톤주의에서는 정화가 특별히 지적인 본질과 관련된 것이고, 존재와 결부된 다양한 관계성으로부터 지성을 해방시키는 것을 목적으로 삼는 것인 반면, 디오니시오스에게 그것은, 소위 신적 비(非)존재(le non-être divin)를 가리키는 것으로서의 존재를 수용하지 않는 것이고, '창조되지 않은 분'(l'incréé)께 다가가기 위해 '창조된 것'(le créé)의 영역을 포기하는 것이다. 한마디로, 그것은 하느님을 알고자 하는 자의 전 존재가 포함되는 실존적인 해방이라고 할 수 있다. 두 경우 모두 연합과 관련된다. 그러나 플로티노스가 말하는 '일자(ἕν)와의 연합'은 인간과 신의 원초적이고 존재론적인 연합을 의미하는 것이라면, 디오니시오스의 '신비적 연합'은 하나의 여정, 일련의 변화, 창조된 것으로부터 창조되지 않은 것을 향한 이동, 이전에 자신의 본성을 통해서는 결코 가질 수 없었던 무언가의 획득을 전제하는 새로운 상태이다. 실제로 그는 자기 자신으로부터 벗어날 뿐만 아니라(플로티노스에게서도 이러한 것은 일어난다), 창조되지 않은 것과의 연합 안에서 '신화된 상태'(l'état déifié)를 얻게 됨으로써 인식불가능한 분께 전적으로 귀속된다. 연합은 여기서 신화(神化)를 의미하게 된다.

동시에 하느님과 친밀하게 연합되었을 때조차, 그는 하느님을 인식불가능한 분, 따라서 본질로는 무한히 멀리 계신 분으로서만 안다. 하느님은 연합 그 자체 안에서도 자신의 본질에 있어서는 '다가갈 수 없는 분'으로 남아 있게 되는 것이다. 디오니시오스가 신비경과 연합에 대해 말함에도 불구하고, 또한 순전히 지적인 활동에만 국한되지 않는 그의 부정신학이 신비스런 체험과 하느님을 향한 상승을 고려함에도 불구하고, 그는 그것들을 통해서, 창조된 존재가 다가갈 수 있는 가장 높은 정상에까지 이른다 할지라도, 우리가 하느님에 대해 가질 수 있는 유일한 이성적 개념은 그분의 인식불가능성일 것이라는 점을 분명하게 보여주길 원한다. 그러므로 신학은 하느님 존재에 대한 긍정적 지식을 위한 탐구라기보다는 모든 오성을 초월해 계시는 분에 대한 하나의 체험이어야 한다. 이를 두고 신학자 나지안조스의 그레고리오스 성인은 이렇게 말했다.

> 하느님에 대해 말하는 것은 위대한 일이다. 그러나 하느님을 위해 자신을 정화시키는 것은 더욱 위대한 일이다.[34]

아포파시스 신학이 필연적으로 '황홀경의 신학'이어야 하는 것은 아니다. 그것은 무엇보다도 하느님에 대해 어떤 개념을 만들어내는 것을 거부하는 영적인 태도다. 이것은 하느님 지혜의 신비를 인간의 사상에 적응시키려는 추상적이고 순전

---

34 St. Grégoire le Théologien, *Oration XXXII*, 12, *P.G.*, t. 36, col. 188 C.

히 지적인 신학을 엄격하게 배제한다. 그것은 오히려 인간 전체와 관련된 실존적 태도이다. 체험 밖에서는 어떠한 신학도 존재하지 않으며, 그 체험은 변화이며 새로운 사람이 되는 것이다. 하느님을 알기 위해서는 그분에게 가까이 나아가야 한다. 만약 하느님과의 연합의 길을 따라가지 않는다면 누구도 신학자라 할 수 없다. 하느님을 알아 가는 길은 필연적으로 신화(神化)의 길이다. 이 길을 가면서 어떤 주어진 순간에 자기가 하느님을 알게 되었다고 상상하는 사람은 부패한 영을 가진 사람이라고 신학자 그레고리오스 성인은 말한다.[35] 아포파시스 신학은 그러므로 진리에 부합하는 영적 자세를 가늠하는 척도요 표징이다. 이러한 의미에서 모든 진정한 신학은 근본적으로 아포파시스 신학이다.

우리는 자연스럽게 이런 질문을 던지게 될 것이다. 그러면 '카타파시스(κατάφασις) 신학' 혹은 '긍정 신학'(la théologie affirmative), 다시 말해 피조세계 안에 발현되어 나타나는 '하느님의 이름들'(les noms divins)에 관한 신학이 가지는 역할은 무엇인가? 연합을 향해 상승해가는 부정의 길과는 반대로, 그것은 우리를 향해 내려오는 길이며, 피조세계 안에서의 '하느님의 현현들'(les théophanies)로 이루어지는 사다리다. 우리는 심지어 이 긍정신학이야말로 대립되는 두 가지 길(부정과 긍정) 중 유일하게 따라

---

35 St. Grégoire le Théologien, *Carmina moralia, X : Περὶ ἀρετῆς, P.G.*, t. 37, col. 748.

갈 수 있는 길이라고 말할 수 있다. 하느님은 자신을 드러내주는, 그분의 '에너지들'(les énergies) 즉 능력들을 통해서 우리에게 내려오시고, 우리는 이 에너지들과의 '연합들' 안에서 하느님을 향해 상승한다. 그런데 이 연합 안에서도 하느님은 여전히 본질로는 알려질 수 없는 분으로 존재하신다. '최고의 신현'(la théophanie suprême)인 말씀의 육화를 통해서 세상 속에 자신을 완전하게 드러내신 하느님의 자기 현현은 우리에게는 늘 아포파시스의 특징으로 다가온다. 디오니시오스는 말한다.

> 그리스도의 인성 안에서, 초본질이신 분(le Superessentiel)은 인간의 본성(l'essence humaine) 안에 자신을 드러내신다. 그러나 그분은 이 현현 후에도 끊임없이 자신을 숨기신다. 보다 신적인 방식으로 표현한다면, 이 현현 안에서조차 그분은 자신을 숨기신다.[36]
>
> 예수 그리스도의 거룩한 인성에 대한 확언들은 가장 명백한 부정들로서의 탁월성과 가치를 가진다.[37]

하물며 보다 낮은 수준의 부분적 신현현이 본질상 하느님이 아닌 것들 안에서 하느님을 드러냄으로써, 동시에 존재하는 그대로의 하느님을 감추기도 한다는 것은 너무도 당연하다. 특별히 성경에서 취해진 하느님의 이름들로 구성되는 카

---

36 St. Denys l'Aréophasite, *Epist.* III, *P.G.*, t.3, col. 1069 B.
37 위의 책, IV, *P.G.*, t.3, col. 1072 B.

카타파시스 신학(긍정신학)의 사다리는 관상의 지침으로 이용되어야 할 일련의 단계이다. 우리가 표명코자 하는 것은 이성적 지식이 아니다. 우리의 오성에 하느님의 본질에 관한 긍정적 지식을 제공해 주는 개념이 아닌 것이다. 오히려 우리의 표명은 모든 오성을 초월하는 것에 대한 관상을 위해 우리의 능력을 고양시켜 주고 우리를 그것으로 인도해 줄 수 있는 적절한 이미지 혹은 사상에 대한 것이다.[38] 특별히 보다 낮은 단계에서, 이 이미지들은 관상 경험이 없는 영혼을 오류에 빠지게 할 위험이 더 적은 여러 물질적 대상으로부터 형성된다. 실제로 하느님을 돌이나 불과 혼동하는 것이 하느님을 지성이나 단일성이나 본질이나 선과 동일시하는 것보다 더 어렵다.[39] 예를 들어 '하느님은 돌이나 불이 아니다'라는 생각처럼 이 등정의 초기에 분명해 보였던 것마저도, 이제 "하느님은 존재가 아니다. 하느님은 선이 아니다"라고 말하는 똑같은 아포파시스의 도약에 추동되어 관상의 정상에 가까이 도달해 가면 갈수록, 점점 덜 분명한 것이 된다. 그러므로 보다 고상한 이미지 혹은 사상에 접근해 가는 이 상승의 각 단계에서도, 그것들로 하나의 개념, '하느님에 대한 우상'을 만들지 않도록 경계해야 한다. 그때 우리는 하느님의 아름다움 그 자체, 즉 피조세계 안에서 '보이시는 분'이신 하느님을 관상할 수 있게 된

---

38 St. Grégoire de Nysse, *Contra Eunomium.*, XII, *P.G.*, t. 45, col. 939-941.
39 St. Denys l'Aréophasite, *De coel. hier.*, II, 3-5, *P.G.*, t. 3, col. 140-145.

다. 사변(思辨)은 점진적으로 관상에 자리를 내어주고, 지식은 체험 앞에서 점차적으로 사라진다. 왜냐하면 아포파시스 신학은 영을 묶어놓은 개념들을 제거함으로써 긍정신학의 각 단계마다 관상의 무제한적인 지평을 열어주기 때문이다. 그러므로 신학 안에는 여러 가지 다른 단계가 존재한다. 그리고 이 단계는 하느님의 신비에 다가가려는 인간의 영들이 가진 불균등한 능력에 조응한다. 신학자 그레고리오스 성인은 두 번째 「신학 강론」에서 다시 한번 시나이 산의 모세라는 이 이미지를 이 주제와 관련하여 취급한다.

> 나는 열망과 두려움을 가지고 산을 올랐다. 첫 번째 감정은 나의 희망에서 온 것이요, 두 번째는 나의 연약함에서 온 것이다. 나는 구름을 통과할 것이고 하느님과 대화할 것이다. 왜냐하면 하느님께서 그것을 명하셨기 때문이다. 아론이 나와 함께 산에 오르지만 그는 구름 밖 지척에 머물러 있게 될 것이다. 나답과 아비후 혹은 장로들 중의 어떤 사람도 함께 오르지만 그들은 어느 정도만 정결했기 때문에 더 멀리 산 아래에 떨어져 있어야 할 것이다. 그리고 백성 중에 정결치 못해서 이렇게도 숭고한 관상에 이를 자격이 없는 사람은 결코 앞으로 나아가서는 안 된다. 그렇지 않으면 죽을 것이기 때문이다. 만약 어떤 이가 그 순간이나마 정결하다면 그는 멀리서 음성과 트럼펫 소리와 경건한 말씀을 듣게 되겠지만 그 이상은 아닐 것이다. … 그러나 만약에 관상도 신학도 인정치 않는 아주 짐승같이 고약한 사람이라면, 또 그저 숲 속

에 조용히 머물기는커녕 오히려 뛰쳐나와 거룩한 교리를 모함하고 공격하고 해할 사람이라면, 그들은 산에서 아주 멀리 떨어져 있을 일이다. 그렇지 않으면 돌에 맞아 죽거나 박살이 나고 말 것이기 때문이다. …[40]

이 단계들은 속된 것들에게는 알려주어선 안 될 보다 완벽한 교리와 관련된 비교주의(秘敎主義)를 말하고자 함도 아니오, 영과 혼과 육에 대한 영지주의적 구별도 아니다. 그것은 교회의 그리스도교적 신비 체험으로부터 각자 자신의 것을 받아 누리고 경험하는 관상의 학교다. 하느님 지혜의 비밀스런 보물을 관상하는 것은 다양한 강도로 또 여러 방식으로 다르게

---

[40] St. Grégoire le Théologien, *Oration XXVIII* (*theologica II*), 2, *P.G.*, t. 36, col. 28 AC. 역자주) 이 인용문의 번역은 로스키 번역을 따르지 않고, 최근의 불어 번역판(St. Grégoire le Théologien, *5 discours sur Dieu*, <Les Pères dans la Foi> 61, traduction et notes par Paul Gallay, Paris : Migne, 1995)과 희랍어 원문을 따라 대조해가면서 번역했다. 내용에 있어서 두 번역이 크게 다르지 않지만, 로스키의 번역이 조금 난해한 면이 있고, 또 한국말로 번역하기에도 어색했기 때문이다. 독자들의 이해를 돕기 위해서 다른 불어 번역서를 채택했음을 양해해주기 바란다. 더불어 밝혀둘 것은 로스키가 이 책을 쓸 당시 희랍 교부들의 저작은 거의 번역되지 않은 상태였고, 그래서 번역서가 있는 경우를 제외하면 - 심지어는 번역이 있는 경우에도 - 거의 모든 인용을 희랍어 원저에서 그가 직접 번역해야만 했다. 이 당시(1940년대)는 프랑스에서 교부들에 대한 연구의 바람이 불기 시작한 시기였고, 로스키는 이 신(新) 교부학 운동의 한 주자였었다. 그리고 거의 때를 같이하여 'Sources Chrétiennes'이라고 하는 교부 문헌 번역 시리즈가 출판되기 시작했으며, 그 첫 번째 번역이 바로 Jean Danielou가 번역한 니싸의 그레고리오스 성인의 『모세의 생애』다. 지금은 거의 500여 권에 이를 만큼 풍성한 결실을 맺었고, 로스키가 자주 인용하는 동방의 주요 교부들의 저작들이 거의 원문 대조번역의 형태로 출판된 상태이다. 역자는 이러한 상황을 번역에 활용하는 것이 원저자인 로스키에게 큰 실례가 되지 않을 것이라 믿는다.

수행될 수 있다. 그것은 하느님의 위대함을 투명하게 드러내 주는 피조물들을 통해서 영들이 하느님을 향해 고양(高揚)되어 가는 것일 수도 있고, 또는 성경에 대한 묵상일 수도 있는데, 하느님은 성경 안에서도 마치 칸막이 뒤에 계신 것처럼 계시의 언어적 표현 배후에 숨어 계신다(니싸의 그레고리오스 성인의 표현). 그것은 또한 교회의 도그마들 혹은 전례 생활을 통한 것일 수도 있고, 마지막으로 그것은 사람들이 하느님의 신비 안에서 통과하게 되는 황홀경 체험에 의한 것일 수도 있다. 여하튼 이 하느님 체험은 언제나 『신비 신학에 대하여』에서 디오니시오스가 우리에게 권유했던 바의 아포파시스 신학의 태도에서 비롯되는 결과다.

아포파시스 신학, 부정신학에 대해 우리가 말한 모든 것은 몇 마디로 요약될 수 있다. 부정신학은 단지 황홀경에 관한 이론이 아니다. 그것은 일반적으로 신학을 계시 신비들에 대한 관상으로 만들어주는 근본적인 태도를 표현한다. 그것은 신학의 한 지류도 아니고 신학의 한 장에 불과한 것도 아니며, 하느님의 인식불가능성을 밝히는 불가피한 하나의 서론, 즉 그 뒤부터는 마음 편하게 인간 이성과 세속 철학에 적합한 습관적인 용어로 교리를 설명할 수 있게 해주는 그런 서론도 아니다. 아포파시스 신학은 우리로 하여금 교회의 교리(도그마)들 속에서 무엇보다 먼저 하나의 부정적 방향을 볼 수 있게 해준다. 다시 말해 교회의 교리들은 영적 현실을 대체할 여러 개념을 만들어내려는 본성적이고도 습관적인 우리의 사고방식에 저항하고 있음을 우리에게 알려준다. 왜냐하면 그리스도교는 추상적 개념으로 사변하는 철학의 학교가 아니라 무엇보다도 살아계신 하느님과의 교제이기 때문이다. 이것이 바로 신학의 아포파시스 원리에 충실코자 했던 동방 전통의 교부들이, 자연스럽게 철학적 문화와 사변에 이끌릴 수밖에 없는 문화적 사상적 배경 속에서도, 신비의 경계 위에서 그들의 신앙과 사상을 지켜낼 수 있었고, 하느님을 여러 우상으로 대체하지 않을 수 있었던 이유이다. 또한 바로 이것이, 그 정도가 어떠하든지 그리스도교적이라 할 만한 철학이 존재하지 않는 이유이고, 플라톤이 아리스토텔레스만큼이나 그리스도인이 될 수 없는 이유이다. 신학과 철학의 관계에 관한 문제는 동방에서는 한 번도 제기된 적이 없다. 아포파시스 신학의 태도는 교회의 교부들에게 이 자유뿐만 아니라, 철학적인 용어을 잘 이해하면서도 '개념의 신학'이라는 위험에 빠지는 일 없이 그 용어들을 대범하게 사용할 수 있게 해주었다. 오리게네스의 경우처럼, 신학이 종교 철학으로 변질되었던 것은 언제나 모든 동방 교회 전통의 진정한 골조인 이 아포파시스 신학을 포기한 것에 뒤따른 결과였다.

인식불가능성은 불가지론(l'agnosticisme)도 아니고 하느님에 대한 인식과 지식을 포기하는 것도 아니다. 그런 것과는 아무 상관이 없다. 그럼에도 불구하고 하느님에 대한 지식은 언제나 그 목적이 지식 그 자체에 있지 않고 연합에 있으며, 신화(神化)와 같은 의미인 이 연합의 도정에서 사용된다. 그러므로 그것은 결코 개념을 가지고 이루어지는 추상적인 신학이 아니라 영혼들로 하여금 오성을 초월하는 실재들로 고양하게 해주는 '관상 신학'(une théologie contemplative)이다. 그래서 교회의 교리들은 종종 '모순(une antinomie)의 형식'을 입고 인간의 이성에 주어지는데, 이 모순이 표현하는 신비가 지고(至高)하면 할수록 그것은 더더욱 해결 불가능한 것이 된다. 문제는 교리를 우리의 오성에 적용시킴으로써 모순을 제거하는 것이 아니다. 오히려 문제는, 우리 자신을 하느님을 향해 고양시키고 상당한 정도까지 하느님과 연합시킴으로써, 우리에게 계시된 실재를 관상할 수 있을 만큼 우리의 영을 변화시키는 것이다.

계시의 절정인 성 삼위일체 하느님(la Sainte Trinité) 교리는 탁월하게 모순적이다. 이 원초적이고 신적인 실재에 대한 충만한 관상에 이르려면, 우리는 때를 기다려야 하고 신화(神化)된 상태에 이르러야 한다. 왜냐하면 신학자 그레고리오스 성인이 말한 것처럼, "성령과 완전하게 연합하는 사람은 완벽한 빛과 지극히 거룩하고 존엄하신 삼위일체 하느님을 관상하는 자가 될 것이고", 성인이 확신을 가지고 믿고 고백한 것처럼, "이것이 이루어지는 곳이야말로 하늘나라일 것"[41]이기 때

---

41 St. Grégoire le Théologien, *Oration XVI*, 9, *P.G.*, t. 35, col. 945 C.

문이다. 아포파시스의 길은 어떤 부재(不在), 어떤 절대적인 공(空)에 이르고자 하지 않는다. 왜냐하면 그리스도인들이 고백하는 '알 수 없는 하느님'은 철학자들의 비인격적 신이 아니기 때문이다. 『신비 신학에 대하여』의 저자가 완전한 현존과 충만으로 자신을 인도해주었던 이 길을 추구하면서 자신을 내맡긴 분은 바로 "신성(神性)도 넘어서고 선하심도 넘어서는 초본질"[42]이신 삼위일체 하느님이시다.

---

42 St. Denys l'Aréophasite, *Théologie mystique,* I, I, *P.G.,* t. 3, col. 997.

3장 삼위일체 하느님

　동방교회 신학 사상의 고유한 특징인 아포파시스 신학은 인간 인격[01]과 함께 위격으로서의 하느님도 사라져 버리고 마는 비인격적 신비나 절대무(絶代無)의 신성에 대한 경험이 아니다.

　아포파시스 신학이 이르러야 할 목표 - 우리가 무한을 향한 이 등정에서 감히 목표와 종착점에 대해 말할 수 있다면 - 이

01　역자주) 역자는 'personne'이라는 명사를 인간과 관련될 때는 '인격'으로 하느님과 관련될 때는 '위격'으로 번역한다. 또 이 단어의 형용사인 personnel(le)은 문맥에 따라 '인격적' 혹은 '위격적'이라는 말로 번역한다. 또한 카파도키아 교부들이 주조한 '휘포스타시스'(ὑπόστασις)라는 단어는 'personne'이라는 단어와 동의어라고 할 수 있지만 여기서는 번역하지 않고 희랍어에 따라 '휘포스타시스'라고 음역할 것이다. 독자들 스스로 이 책을 읽으면서 이 단어의 뉘앙스와 음역으로 처리하려는 역자의 의도를 이해할 수 있기를 바랄 뿐이다. 한편, 어떤 경우이든 이 단어들은 본질과는 구별되는 존재의 구체적 실체를 지칭한다.

끝없는 목표는 하나의 본질이나 하나의 위격이 아니다. 그것은 모든 본질 개념과 위격 개념을 넘어서는 무엇이다. 그것은 삼위일체에 이르는 것이다.

우리가 자주 '삼위일체의 시인'이라고 부르는 신학자 그레고리오스 성인은 자신의 신학적인 시구로 이렇게 말한다.

> 빛으로 가득 찬 천상의 것들을 관상하는 데 내 영혼이 전념하기 위해 이 세상 모든 것을 포기한 날부터, 육(肉)적인 모든 것으로부터 나를 멀리 떼어내어 천상 장막의 신비 안에 나를 가둬 놓기 위해 숭고한 지성이 나를 이곳 지상에서 앗아갔을 때, 바로 이날부터 내 눈은 삼위일체의 빛으로 너무도 눈부셨다. 그 빛의 광채는 사유가 내 영혼에 보여줄 수 있는 모든 것을 넘어서는 것이었다. 왜냐하면 삼위일체 하느님은 그분의 지극히 높은 권좌로부터 세 분 하느님 모두에게 공통된 이루 말할 수 없는 빛을 만물 위에 비추어 주시기 때문이다. 삼위일체 하느님은, 시간을 통해 이 지극히 높은 것들과 분리된 지상 만물의 원리시다. … 이 날부터, 나는 이 세상에 대해 죽었고 이 세상은 나에 대해 죽었다.[02]

생애의 마지막에, 그는 자신의 희망을 이렇게 노래했다.

> 나의 삼위일체가 계시는 곳, 그분의 찬란함으로 응집된 빛, 그분의 막막한 그림자까지도 나를 감동으로 가득 채우는

---

02 St. Grégoire le Théologien, *Poëmata de seipso*, I : Περί τῶν καθ'ἑαυτόν, *P.G.*, t. 37, col. 984-985.

곳, 나의 삼위일체가 계시는 곳에 나도 있고 싶어라.[03]

창조된 존재의 원리는 변화요, 비존재에서 존재로의 이행이며 따라서 본질상 우연적인 반면, 삼위일체 하느님은 절대적 안정성이다. 여기서 완전한 존재의 절대적 필연성에 대해 말하고 싶겠지만, 이 필연성이라는 사상도 그분에게는 적합하지 않다. 왜냐하면 삼위일체 하느님은 필연과 우연의 모순 너머에 계시기 때문이다. 전적으로 위격이시고 또한 전적으로 본질이신 분이시기에, 자유와 필연성은 그분 안에서 하나일 뿐이다. 아니 차라리 그것들은 하느님 안에서는 존재할 수 없는 것이다. 삼위일체 하느님은 창조된 존재의 그 어떤 것에도 의존하지 않는다. 이른바 "신적 위격들의 영원한 발생"은 세상 창조 행위로 인해 조금도 영향받지 않는다. 피조물이 존재하지 않았을지라도 하느님은 여전히 성부와 성자와 성령, 즉 삼위일체 하느님이실 것이다. 왜냐하면 창조는 의지의 행위인 반면, (신적) 위격들의 발생은 "본질에 따른"(κατά φύσιν)[04] 행위이기 때문이다. 하느님 안에는, 어떤 내적 과정도, 세 위격 사이의 "변증법"도, 되어감도, 신 존재의 삼위일체적 발전을 전제할 때만 극복되거나 해결될 수 있는 "절대자 안의 비극"(la tragédie dans l'Absolu)도 없다.

03 위의 책, XI : Περί τὸν ἑαυτοῦ βίον, *P.G.*, t. 37, col. 1165-1166.
04 St. Athanase d'Alexandrie, *Contra Arianos*, or. I, 18, *P.G.*, t. 26, col. 49 ; St. Jean Damascene, *De fide orthodoxa*, I, 8, *P.G.*, t. 98, col. 812-813.

지난 세기 독일 낭만주의 철학 전통의 특징이었던 이러한 개념들은 삼위일체 교리에 완전히 낯선 것이다. 설사 우리가 발생들, 내적 행위들 혹은 결정들에 대해 말한다 할지라도, '시간'(le temps)과 '형성'(le devenir)과 '의향'(l'intention)의 개념을 포함하는 이 표현들은 단지 우리의 언어, 우리의 사상 자체가 계시의 원초적 신비 앞에서 얼마나 보잘것없고 불완전한 것인지를 표현해 줄 따름이다. 한편으로는 창조된 지성이 결코 담을 수 없는 이 실재를 관상하는 데까지 상승하기 위해 요구되는 버팀목으로 이 개념들을 변형시키는 위해서, 다른 한편으로는 (인간의) 사상에 고유한 이러한 개념들로부터 자유로워지기 위해서, 우리는 다시 한번 아포파시스 신학에 호소하지 않으면 안 된다.

나지안조스의 신학자 그레고리오스 성인은 바로 이러한 정신에서 세례에 관한 기도를 다음과 같이 표현했다.

> 내가 하느님의 단일성을 생각하자마자 하느님의 삼위성은 자신의 찬란함 속에 나를 완전히 담그셨다. 또 내가 하느님의 삼위성을 생각하자마자 단일하신 하느님이 나를 다시 사로잡으셨다. 세 위격 중 한 위격이 내게 나타나셨을 때, 나의 눈은 가득 차서 그 이상은 볼 수 없었으므로 나는 그 위격이 전부라고 생각했다. 단 한 위격을 이해하기에도 너무 비좁은 나의 영혼 안에는 나머지 위격들에 주어질 공간이 더 이상 존재하지 않기 때문이다. 내가 일념 안에 세 위격을 연합시

켰을 때, 나는 단 하나의 불꽃을 보았고, 단일한 그 빛을 나누거나 분석할 수 없었다.[05]

사유는 끊임없이 움직여야 하고, 혹은 단일성을 향해 혹은 삼위성을 향해 달려가야 하며, 또다시 단일성으로 되돌아와야 한다. 우리의 생각은 또한 이 '삼위의 단일성'의 지극한 안정성(쉼)을 관상하기 위해, 멈춤이 없이, 이 모순되는 두 용어 사이에서 진동해야 한다. '운동' 혹은 '발전'과 같은 부적절한 개념을 동원하는 사유의 도움을 받지 않고, 어떻게 이 신비를 파악할 수 있을까? 신학자 그레고리오스 성인은 플로티노스의 언어를 의도적으로 차용한다. 그러나 플로티노스의 언어 사용은, 교부들의 사상에서 '플라톤주의' 혹은 '아리스토텔레스주의'를 찾는 데만 급급한 비평가들과 역사가들의 이성적인 개념과 정신에 사로잡힌 사람들에게만 기만적인 것으로 보일 뿐이다. 신학자 그레고리오스 성인은, 삼위일체 하느님에 대한 관상에 있어서, 오직 철학자들을 능가하기 위해 철학으로 철학자들에게 말한다.

> 단일성(la monade)은 자신의 풍부함 때문에 운동 속에 들어간다. 반면, 이위성(la diade)은 초월된다. 왜냐하면 신성은 질료와 형식 너머에 있기 때문이다. 그러나 삼위성(la triade)은 완

---

05 St. Grégoire le Théologien, *In sanctum baptisma, Oration XL,* 41, *P.G.,* t. 36, col. 417 BC ; -Th. de Régnon, *Etudes de théologie positive sur la Sainte Trinité,* première série, p.107-108. (인용된 텍스트는 프랑스어 번역본임)

전 속에서 더욱 강화된다. 왜냐하면 그것은 이위성의 구조를 최초로 넘어선 것이기 때문이다. 이렇게 해서 신성은 협소하게 머물러 있거나 무한정으로 퍼져나가지 않는다. 전자는 영예롭지 못할 것인 반면, 후자는 질서에 대립될 것이다. 전자가 순전히 유대적이라면, 후자는 헬레니즘적이고 다신교적일 것이다.[06]

우리는 '3'(Τρίας)이라는 숫자의 신비를 일별해 보겠다. 신성은 하나도 다수도 아니다. 신성의 완전성은 이원성(dualité)이 그 뿌리인 다수성 – 영지주의자들의 끝없는 이위성들(les diades)과 플라톤주의자들의 이원론(le dualisme)을 상기해 보라 – 을 넘어서서 삼위성으로 '자신을 표현한다'. '자신을 표현한다'라는 말은 적합하지 않다. 왜냐하면 신성은 자신의 완전성을 자기 자신에게나 혹은 다른 것들에게 표현해야 할 필요가 없기 때문이다. 그것은 그저 삼위로 존재할 따름이며, 이 사실은 다른 어떤 원리로도 환원될 수 없고, 어떠한 이유로도 충분히 설명될 수 없을 것이다. 왜냐하면 삼위일체에 앞서는 원리나 원인은 존재하지 않기 때문이다.

신학자 그레고리오스 성인은 '3'에 대해 이렇게 말한다.

> 이 단어는 본질을 통해 연합된 것들을 하나로 묶어줄 뿐만 아니라, 분리될 수 없는 것들이 분리하는 숫자로 인해 흩어

---

06 St. Grégoire le Théologien, *Oration XXIII* (*De Pace III*), 8, *P.G.*, t. 35, col. 1160 CD ; -Th. de Régnon, 앞의 책, I, 105.

져 버리는 것을 막아준다.[07]

'2'는 분리하는 수다. 그러나 '3'은 분리를 넘어서는 수다. 하나와 다수는 삼위일체 하느님 안에서 함께 모이고 서로를 포함한다.

> 하느님을 이름으로 부를 때, 나는 성부와 성자와 성령이라 부른다. 그것은 어떤 분리된 신성을 전제하기 때문이 아니다. 만약 그러하다면 거짓 신들의 혼란으로 인도하게 될 것이다. 또한 그것은 어떤 한 위격에 집중된 신성을 전제하기 때문도 아니다. 만약 그러하다면 그야말로 신성을 보잘것없는 것으로 만드는 격이 될 것이다. 그러므로 나는 하느님의 '모나르키'(la monarchie '단일기원')[08]를 이유로 하느님을 유대교적인 개념으로 만들길 원치 않는다. 또한 하느님 안에서의 다수성이라는 미명하에, 하느님을 헬레니즘적인 다신론 개

---

07 St. Grégoire le Théologien, *Oration. XXIII*, 10, *P.G.*, t. 35, col. 1161 C.
08 역자주) 단어 'la monarchie'는 번역하기가 쉽지 않다. 지금까지 그것은 성부 하느님의 '독재', '지배', '우위성' 등으로 번역되곤 했다. 그러나 이들 번역어는 삼위일체 교리를 종속론으로 변질시켜 버릴 위험이 있다. 왜냐하면 교부들이 이 단어를 통해 의미하고자 했던 바는 오늘날 이 단어가 가지는 일반적인, 특별히 정치적인 의미와는 상당히 거리가 있기 때문이다. 교부들은 이 단어로 성부 하느님이 다른 두 신적 위격인 성자와 성령의 동일하고 유일한 원천(기원)이심을 표현하고자 했다. 그것은 이 단어가 기원한 희랍어 어원적 구조 'μόνος'(mono 유일한) + 'ἀρχή'(archie 기원)와도 정확하게 어울리는 것이다. 그래서 역자는 이를 번역하기보다는 '모나르키'로 음역하기로 하고, '단일기원'이라는 의미로 사용하고자 한다. 독자들은 이 단어를 언제나 신적 위격들의 발생 기원과 관련시켜 이해해야 할 것이다.

념으로 만들고 싶지도 않다.[09]

신학자 그레고리오스 성인은 인간의 이성 앞에 위격의 삼위성을 정당화하려고 애쓰지 않는다. 그는 그저 '3' 이외의 다른 수가 가지는 불충분함을 보도록 해준다. 그러나 우리는 수 개념이 하느님께 적용될 수 있는지, 혹은 우리가 신성을 하나의 외적인 규정에, 혹은 '3'이라는 수와 같이 우리의 오성에 적합한 형식에 종속시키는 것은 아닌지 자문해 볼 수 있다. 바실리오스 성인은 이 반문에 이렇게 대답한다.

> 우리는 일, 이, 삼, 혹은 첫째, 둘째, 셋째처럼 더하기를 통해서 하나로부터 시작하여 다수를 구성하는 방식의 셈하기를 하는 것은 아니다. 왜냐하면 "나는 첫째이고 나는 그 이상"(이사야 44:6)[10]이기 때문이다. 오늘날까지 누구도 둘째 하느님이라고 말한 사람은 없다. 그러나 본질을 다수로 나누지 않으

---

09 St. Grégoire le Théologien, *In sanctum Pascha*, Oration XLV, 4, *P.G.*, t. 36, col. 623 C ; -Th. de Régnon, I, 104.

10 역자주) 이것은 칠십인역("Ἐγὼ πρῶτος καὶ ἐγὼ μετὰ ταῦτα")의 인용이다. 신구약 중간기, 신약 시대, 초기 그리스도교의 첫 몇 세기, 이어서 교회 분열이후 동방교회의 전통 안에서 차지하는 칠십인역(Septuasinta) 희랍어 구약 성경의 위치는 거의 독점적이다. 서방의 불가타(Vulgata) 라틴 성경(기원후 4-5세기 경)과 함께 칠십인역 희랍어 구약 성경은 교회 전통 속에서 신학적, 영적 영감을 제공해왔다. 그리고 불가타와 칠십인역 사이의 몇몇 번역 상의 차이는 실제 동·서방교회의 교리적 차이를 발생시키는 원인이 되기도 한다. 칠십인역(Septuasinta)이라는 명칭은 기원전 3세기경에 70명의 유대교 학자들에 의해 희랍어로 번역되었다는 전승에 기원을 두며, 번역된 도시가 당시 희랍 문명의 중심지 중의 하나였던 알렉산드리아였기에 알렉산드리아 성경이라고도 한다.

면서 동시에 휘포스타시스[11]들의 개별성을 고백함으로써 참된 하느님을 찬양할 때, 우리는 '모나르키'(la monarchie) 안에 있게 된다.[12]

달리 말하면, 여기서 문제가 되는 것은 셈하는 데나 사용될 뿐 양적인 증가가 존재하지 않는 영적 영역에서는 적용될 수 없는 그런 물리적 숫자가 아니다. 특별히 '3'이라는 그 수가 나뉠 수 없도록 연합되어 있어서, 그 '전체' - 이 개념은 우리에게 '총계'라는 부적합한 의미로 나타나기도 한다 - 가 언제나 '3=1'이라는 단일성을 이루는 신적 휘포스타시스들과 관련될 때, '3'이라는 수는 우리가 일상적으로 듣는 양(量)적 개념이 아니다. 오히려 그것은 신성에 있는 형언할 수 없는 질서를 표현한다.

삼위일체 하느님은 인격적 하느님이지만 자신 안에 갇힌 그런 인격이 아니다. 또한 삼위일체 하느님의 이 절대적 완전과 신적인 충만에 대한 관상은 '삼위일체 하느님에 대한 창백한 그림자'에 불과한 사유일 것이다. 하지만 그럼에도 이 사유는 정념으로 가득 찬 인간 영혼의 한 복판에 안정성과 '평정'(아파테이아 ἀπάθεια), 즉 신화(神化)의 시작인 고요함을 부여하고, 변화하고 동요하는 존재 너머로 인간의 영혼을 상승시킨

---

11 역자주) 이 장의 주 1을 참조하라.
12 St. Basile le Grand, *Liber de Spirita Sancto,* § 45, *P.G.,* t. 32, col. 149 B ; - Th. de Régnon, I, *op. cit.*,98.

다. 왜냐하면 본질상 변화하기 마련인 피조물은 은총에 의해 영원한 안정 상태에 이르러야 하고, 삼위일체 하느님의 빛 안에서 영원한 생명에 참여해야 하기 때문이다. 이것이 바로 교회가, 성 삼위를 단일성으로 환원하거나, 혹은 사벨리우스의 양태론처럼 성 삼위를 철학자들의 주장을 좇아 본질 개념의 세 가지 발현 형태로 만들거나, 혹은 아리우스처럼 성 삼위를 서로 분리되는 세 존재로 나누어버림으로써 그 신비를 제거하려고 애썼던 인간 이성의 모든 자연적인 경향에 맞서서, 완고하게 삼위일체 하느님의 신비를 변호하고자 했던 이유이다.

교회는 '호모우시오스(ὁμοούσιος)'라는 단어로 세 위격의 동일본질성, '단일성'과 '삼위성'의 신비한 일치, 다시 말해 '한 본질'과 '세 휘포스타시스'라는 동일성(identité)과 구별성(distinction)을 표현하고자 했다. '동일본질을 가진 존재'(τὸ ὁμοούσιον εἶναι)라는 표현이 플로티노스에게서도 발견된다는 사실은 매우 흥미롭다.[13] 플로티노스의 삼위일체도 역시 동일본질의 세 휘포스타시스를 가진다. 일자(le Un), 지성(l'Intelligence), 세상의 영혼(l'Âme du monde)이 바로 그것이다. 그러나 이들의 동일본질성은 그리스도교 교리의 삼위일체적 모순에까지 올라가지는 않는다. 그것은 단지 축소되는 위계질서로 나타나며, 하나에서 다

---

13 Plotin, *Ennéade IV*, 4, 28 (col. Guillaume. Budé, IV, p.131, I. 56). 이것은 단 하나의 동일한 본질을 가진 영혼의 정념들을 말한다.

른 것으로 나아가고 서로가 서로를 반영하는 휘포스타시스들의 끊임없는 유출에 의해 실현된다. 이것은 교부들의 용어를 헬레니즘 철학의 의미로 해석함으로써 그들의 사상을 설명하고자 하는 역사가들의 방법이 얼마나 잘못된 것인지를 우리에게 다시 한번 보여준다. 계시는 계시 그 자체가 밝혀주는 진리와 철학적 사변을 통해 발견될 수 있는 진리 사이에 엄청난 간극을 만들어 놓는다. 진리로 향하려는 본능에 의해 인도되지만 아직은 혼란스럽고 명확하지 않은 신앙일 뿐인 인간의 사유가 그리스도교 밖에서도 더듬거리며 삼위일체 하느님께 다가갈 수 있는 몇몇 사유를 형성할 수 있다 할지라도, 삼위일체 하느님의 신비는 여전히 이 인간의 사유로는 헤아릴 수 없는 것으로 남게 될 것이다. 인간의 사유에는 '영적인 변화', '참회', 다시 말해 '메타니아'(μετάνοια)가 필요하다. 그것은 마치 하느님 면전에 섰던 욥의 참회와도 같다.

> 나는 귀로만 당신에 대해 이야기하는 것을 들었습니다. 그러나 이제는 눈으로 당신을 보았습니다. 그로 인해 나는 먼지 구덩이와 잿더미 위에서 나의 잘못을 인정하고 회개합니다.(욥기 42:5-6)

삼위일체 하느님의 신비는, 철학 개념이 포착하는 것을 모두 넘어서는 곳까지 상승해서야 들어서게 되는 무지의 경지에서만 다가갈 수 있다. 그럼에도 불구하고 참된 지식이며 자애로운 이 무지는 다시 이 개념들을 향해서 하강하는데, 그것은 인간의 지혜가 빚은 이 개념들을 다듬어서 희랍 사람들에게는 어리석게만 보일 뿐인 하느님 지혜의 도구로 변형시키기 위해서다.

헬레니즘의 사유 개념들을 정화하고 그 도도한 장벽을 깨뜨리기까지, 아타나시오스 성인, 바실리오스 성인, 신학자 그레고리오스 성인, 그 밖의 수많은 교부들의 초인적인 노력이 필요했다. 그리고 그들은 한결같이 그리스도교에 아포파시스 신학을 도입함으로써 합리적인 사변을 삼위일체 하느님 신비의 관상으로 변형시키는 과제를 성취했다. 문제는, 사벨리우스의 단일신론(unitarisme)에도, 또 이교도들의 삼신론(trithéisme)에도 빠지지 않기 위해 어느 하나에 우월성을 부여하지 않으면서도 하느님의 단일성과 구별성을 표현할 수 있을 용어를 구별 정립해 내는 것이었다.

'삼위일체론의 세기'라고 불리는 4세기에, 교부들은 지성인들을 삼위일체의 신비로 인도하기 위해 '우시아'(οὐσία)와 '휘포스타시스'(ὑπόστασις)라는 용어를 즐겨 사용했다. '우시아'라는 용어는 아리스토텔레스가 자주 사용했는데, 그는 『범주론』 5장에서 '우시아'를 이렇게 정의했다.

> 우리는, 원칙적으로, 일차적으로 그리고 고유하게, 어떤 주

체에 대해 언술되지 않고 또 어떤 주체 안에 있지 않는 것을 '우시아'(οὐσία)라 부른다. 예를 들어 '이 사람' 혹은 '이 망아지'처럼 말이다. 우리는 또한 '일차적인 우시아'가 서로 조응하는 류(類)에 존재하는 종(種)을 '이차적인 우시아'(δεύτεραι οὐσίαι)이라고 부른다. 그렇게 해서 '이 사람'은 특수하게는 사람이며 종차적으로는 동물이다. 그러므로 우리는 사람과 동물을 '이차적 우시아'라고 부른다.[14]

달리 말하자면, '일차적인 우시아'는 개별적인 존재 또는 존속하는 개별자를 의미하는 반면, '이차적인 우시아'는 실재론적 의미에서의 '본질들'(essences)을 의미한다. 철학적 용어의 가치를 지니지 못했던 '휘포스타시스'는 '존속하다'(subsister)라는 의미를 가진 동사 '휘피스타마이'(ὑφίσταμαι)에서 온 말로, 유통 언어에서 '실제적으로 존속하는 것', '존속(subsistance)'을 의미했다. 다마스커스의 요한 성인은 『변증론』(Dialectique)에서 이 두 용어의 개념적 의미에 대해 다음과 같은 정의를 내린다.

> '우시아'는 스스로 존재하며 자신의 존속을 위해서 어떤 것도 필요로 하지 않는 것, 혹은 스스로 존속하며 다른 것 안에 존재하는 것이 아닌 모든 것이다. 그러므로 그것은 다른 것을 위해 존재하지도 않고, 다른 것 안에 자신의 실존을 가지지도 않으며, 자신의 존속을 위해서 다른 것을 필요로 하지도 않는다. 반대로 그것은 스스로 존재하는 것이며, 그 안에

---

14 Aristote, *Catégories*, V (l'Académie de Berlin의 편집, I, 2, 11-19).

서 우유성(偶有性 l'accident)이 실존을 가지게 된다.(39장)

'휘포스타시스'라는 단어는 두 가지 의미를 가진다. 그것은 단순히 실존을 의미한다. 이러한 의미를 따르면, 우시아와 휘포스타시스는 동일한 것이 되고 만다. 그래서 몇몇 교부들은 "본질들 혹은 휘포스타시스들"이라고 말했다. 또 한편 그것은 스스로 그리고 자신의 고유한 안정성으로 존재하는 것을 지시한다. 이러한 의미를 따르면, 그것은 예를 들어 베드로, 바울로, '이 어떤 망아지'와 같이, 다른 모든 것으로부터 숫자상으로 구별되는 개별자를 지시한다.(42장)[15]

그러므로 이 두 용어(우시아와 휘포스타시스)는 다소간 동의어인 것처럼 보인다. 우시아는 다수의 개별자들이 가지는 공통된 본질을 나타낼 수도 있고, 동시에 개별적 실체를 의미하기도 하는 반면, 휘포스타시스는 일반적으로 실존을 의미하지만 동시에 개별적 실체들에도 적용될 수 있다. 키로스의 테오도레토스의 증언에 따르면,

> 세속 철학에는 우시아와 휘포스타시스 사이에 어떠한 차이도 존재하지 않는다. 왜냐하면 '우시아'는 '존재하는 것'(ce qui est)을 의미하고 '휘포스타시스'는 '존속하는 것'(ce qui subsiste)을 의미하기 때문이다. 그러나 교부들의 가르침에 따르면 우시아와 휘포스타시스 사이에는 마치 공통된 것과 특수한 것

---

15 St. Jean Damascène, *Πηγή γνώσεως*, cap.39와 42, *P.G.*, t. 94, col. 605와 612.

과 같은 차이가 존재한다.[16]

교부들의 천재성은 이 두 동의어를 구별하여 하느님 안의 공통된 것에는 '우시아' 즉 본체(substance) 혹은 본질(essence)이라는 개념을, 특수한 것에는 '휘포스타시스' 혹은 '위격'(personne)이라는 개념을 사용했고, 이렇게 해서 하느님 안에서 공통된 것과 특수한 것을 구별하고자 했다는 사실에 있다.

이 후자의 표현과 관련해서, 서방에서 특별히 행운을 얻은 '페르소나'(persona) - 희랍어로는 '프로소폰'(πρόσωπον) - 는 동방의 격렬한 반대를 불러일으켰다. 실제로 '인격'으로 번역되는 현대적 의미와는 거리가 멀었던 이 단어 '페르소나'는, 오히려 개별자의 외적인 면 즉 '얼굴'이나 '모습', 혹은 연극에 등장하는 인물들의 '마스크'나 '역할' 등을 지칭했다. 바실리오스 성인은, 이 개념이 삼위일체 하느님 교리에 적용되면, 사벨리우스주의에서 이미 표현된 바 있었고 또 서방세계에서 특별히 발전된 경향, 즉 성부와 성자와 성령을 유일한 실체의 서로 다른 세 표현 양태로 만들어 버리는 경향이 있음을 보았다. 반대로 서방 사람들은 '휘포스타시스'라는 용어를 삼신론적 표현, 심지어는 아리우스적인 표현으로 보았다. 왜냐하면 이들은 휘포스타시스를 '본질'을 의미하는 라틴어 'substantia'로 번역하곤 했기 때문이다. 그럼에도 불구하고 교부들은 모든 오해

---

16 St. Théodoret de Cyr, *Dialogus I, Immutabilis*, P.G., t. 83, col. 33 A.B.

를 제거하는데 성공했다. 휘포스타시스는 그 구체적인 의미가 '페르소나'(personne)의 의미로 서방에 전해졌다. '페르소나' 혹은 '프로소폰'(πρόσωπον)이라는 용어도 동방에 수용되었고 적절하게 해석되었다. 이렇게 교회는 사고방식과 문화의 차이에 기인하는 자연스러운 제한으로부터 영적인 것들을 해방시킴으로 자신의 보편성(catholicité)을 과시했다. 라틴 세계가 하나의 본질(l'essence une)에서 출발하여 세 위격(trois personne)에 도달함으로써 삼위일체의 신비를 표현했다면, 희랍 세계는 구체적인 출발점으로 하나의 본질(la nature une)을 가진 세 휘포스타시스(trois hypostasis)를 선호했다. 이것이 바로 분열 이전 모든 그리스도교 세계가 고백했던 동일한 삼위일체 교리였다. 신학자 그레고리오스 성인은 다음과 같은 말로 이 두 가지 관점을 결합시킨다.

> 내가 하느님에 대해 이야기할 때, 여러분은 하나의 빛 안에 그리고 세 개의 빛 안에 잠기게 됨을 느끼게 될 것이다. 나는 고유한 특성 혹은 '휘포스타시스' 혹은 '위격'에 대해서는 '셋'을 말한다. (이 어휘들은 같은 뜻을 가진 것이니, 한 단어를 가지고 논쟁하지 말자.) 나는 '우시아' 다시 말해 신성과 관련지어서는 '하나'를 말한다. 왜냐하면 여기에는 나뉘지 않는 나뉨, 구별과 함께 결합이 있기 때문이다. '셋'으로 존재하는 '하나', 그것이 바로 신성이다. '하나' 안에 있는 '셋'으로 나는 신성이 거하는 '셋', 아니 더 정확히 말해, '셋' 모두가 신성인 '셋'을 의미한

다.[17]

또 다른 한 논고에서 그는 세 휘포스타시스의 특징을 구별하면서 이렇게 요약한다.

> 출생하지 않으심(N'être pas engendré), 출생하심(Être engendré), 발출하심(Procéder). 이 세 가지는, 유일한 신적 본질과 존귀함에 거하시는, 세 휘포스타시스의 구별을 드러내는 방식이며, 이는 각각 성부와 성자와 성령이라 불리는 분을 특징짓는다. 왜냐하면 아버지는 한 분이니 바로 성부 하느님이 그분이시며, 성자는 성부가 아니기 때문이다. 성령은 비록 하느님으로부터 발출하시지만 성자가 아니다. 왜냐하면 아들은 오직 독생자뿐이며, 성자가 바로 그분이기 때문이다. 세 분은 신성에 있어서 '하나'이고, 이 '하나'는 위격으로는 '세 분'이다. 이렇게 해서 우리는 사벨리우스의 단일성(unité)이라는 오류와 현재의 가증스런 이단들이 주장하는 삼중성(triplicité)을 피하게 되는 것이다(아리우스주의).[18]

동방 교부들의 사상에서 휘포스타시스라는 신학 개념은 아리스토텔리스적인 의미로부터 정화되어, 현대적인 의미로 볼 때 '개인'(l'individu)보다는 '인격'(la personne)을 의미하게 되었다. 실제로 '인간의 인격성', 또는 '한 개인'을 다른 개인들로부터

---

17 St. Grégoire le Théologien, *In sancta lumina*, *Oration XXXIX*, II, *P.G.*, t. 36, col. 345 CD ; - Th. de Régnon, op. cit., I, 402.

18 St. Grégoire le Théologien, *Oration XXXI* (*theologica V*), 9, *P.G.*, t. 36, col. 144 A ; - Th. de Régnon, op. cit., I, 77.

절대적인 방식으로 구별시켜주고 그 어떤 것으로도 환원될 수 없는 세상의 유일한 존재로 만들어 주는 '인격적인 것'들에 대한 사유, 즉 '인격'에 대한 사유는 바로 그리스도교 신학으로부터 우리에게 전해졌다.

고대의 철학은 '인간적 개인'이라는 개념만 알았다. 인간적 인격은 개념으로는 표현될 수 없다. 그것은 모든 이성적 정의와 설명으로부터 벗어난다. 왜냐하면 한 인격을 특징짓기 위해서 우리가 사용하는 모든 속성은 다른 개별자에게서도 발견될 수 있기 때문이다. 인격은 삶 속에서 오직 직접적인 직관을 통해서만 파악되거나 예술 작품을 통해서 해석될 수 있을 뿐이다. 우리가 "이것은 모짜르트의 것이다" 혹은 "이것은 렘브란트의 것이다"라고 말할 때, 매번 우리는 그 어디서도 등가물을 찾을 수 없는 인격적 우주와 만나게 된다. 그럼에도 불구하고 다마스커스의 요한 성인의 말대로, "인간적 인격들 혹은 휘포스타시스들은 서로 고립되어 있어서 서로에게서 서로를 발견할 수 없다"고 말할 수 있다면 "삼위일체 하느님 안에서는 반대로 휘포스타시스들이 완전히 서로가 서로 안에 있게 된다."[19] 인간 인격들의 활동은 서로 구별된다. 반대로 신적 위격들은 그렇지 않은데, 그 이유는 바로 세 위격인 단 하나의 본질을 공유하고 있어서 오직 한 의지와 한 능력과 한 활

---

19 St. Jean Damascène, *De fide orthodoxa*, I, 8, *P.G.*, t. 94, col. 828-829.

동을 가지기 때문이다. 다마스커스의 요한 성인은 또한 다음과 같이 말한다.

> 위격들은 서로 혼합되기 위해서가 아니라 서로가 서로를 지탱하기 위해서 하나로 연합되어 있다. 그래서 그들 안에는 어떤 혼합이나 혼동도 없이 하나의 회통(circumincession, τὴν ἐν ἀλλήλαις περιχώρησιν ἐχουσι)이 존재한다. 이로 인해 이 위격들은 아리우스 이단들의 주장과는 반대로 본질적으로(en substance) 분리되지도 나뉘지도 않는다. 간단히 말해, 서로가 서로를 포함하고 있는 세 개의 태양은 내밀한 상호 관통으로 인해 오직 하나의 빛을 발하는 것처럼, 신성은 각 개별 위격들 안에 나뉘어 존재하지 않는다.[20]

> 세 위격 각각은 자기 자신과의 관계에 있어서 못지않게 다른 위격들과의 관계에 있어서도 단일성을 담지한다.[21]

실제로 세 휘포스타시스 각각은 각각에게 고유한 방식, 즉 각각을 다른 두 위격과 구별시켜주면서도 동시에 셋을 연합시키는 분리할 수 없는 연관성을 상기시키는 방식을 통해서, 통일성, 즉 단 하나의 본질을 담지한다. 다마스커스의 요한은 또 말한다.

> 출생할 수 없음(l'innascibilité), 아들됨(la filiation) 그리고 발출(la

---

20 위의 책, col. 829 : Th. de Régnon, I, 417.
21 위의 책, col. 828 C.

> procession)은 … 불가분리적으로 분리된 거룩한 세 휘포스타시스를 그 본질이 아니라 각 휘포스타시스의 고유한 특성으로 구별해주는 유일한 속성이다.[22]

> 성부와 성자와 성령은 출생할 수 없음, 아들됨, 발출이라는 속성을 제외하고는 모든 것에 있어서 하나이다.[23]

우리가 각 위격의 배타적 고유성이라 정식화할 수 있고 또 동일본질이라 해도 다른 위격에게서는 발견될 수 없는 휘포스타시스 각각의 고유한 특성은, 그러므로 신적 위격의 기원과 관련된 관계다. 그러나 이 관계는 아포파시스 신학적 의미로 이해되어야 한다. 다시 말해 이 관계는 무엇보다도 우리에게 성부는 성자나 성령이 아니고, 성자는 성부나 성령이 아니며, 성령은 성부나 성자가 아니라는 것을 보여주는 부정(不定)의 방식으로만 정의된다는 말이다. 이 관계를 다른 방식으로 표현하는 것은 아리스토텔리스 논리학의 '관계' 범주에 삼위일체를 종속시켜 버리는 것이 되고 말 것이다. 부정의 방식으로 들려질 때, 이 기원 관계는 차이를 드러내고 표현한다. 그러나 그것은 여전히 신적 위격의 기원 방식 즉 '어떻게' 신적 위격의 발생이 이루어지는지에 대해서는 말하지 않는다. 다마스커스의 요한 성인은 말한다.

---

22 위의 책, col. 821-824.
23 위의 책, col. 828 D.

> 출생의 방식과 발출의 방식은 이해할 수 없다. … 우리는 출생과 발출이 다르다는 것은 분명히 알지만 그 차이가 어떠한 종류의 것인지는 알지 못한다.[24]

이미 신학자 그레고리오스 성인은 신적 위격들의 발생 방식을 정의해 보려 했던 여러 가지 시도를 경계하면서 이렇게 말했다.

> 당신은 성령의 발출이 어떻게 일어났냐고 묻는다. 그렇다면 먼저 성부의 출생하지 않으심이 어떤 것인지를 나에게 말해 보라. 그러면 내가 성자의 출생과 성령의 발출에 대해 생리학자의 입장에서 다루어 보이겠다. 하지만 이 두 가지는 모두 하느님의 신비를 천박하고 어리석게 바라보는 오류에 똑같이 빠지고 말 것이다.[25]

> 당신은 출생이 있다는 것을 알고 있다. 그러나 그것이 어떻게 일어났는지 알려고 하지 말라. 당신은 성령이 아버지로부터 발출한다는 것을 알고 있다. 하지만 그것이 어떻게 일어났는지 알려고 함으로써 당신 스스로를 피곤하게 만들지 말라.[26]

실제로, 우리로 하여금 세 휘포스타시스를 구별하게 해주

---

24 위의 책, col. 820 A, 824 A.
25 St. Grégoire le Théologien, *Oration XXXI (Theologica V)*, 8, *P.G.*, t. 36, col. 141 B.
26 St. Grégoire le Théologien, *Oration XX, II, P.G.*, t. 35, col. 1077 C ; -Th. de Régnon, I, 124-126.

는 '출생하지 않으심', '아들됨', '발출하심'이라는 기원 관계는 성자와 성령의 유일한 근원이요 '신성의 원천'(πηγαία θεότης)[27]이신 성부께로 우리의 사고를 이끌어주는 반면, 별도로 성자와 성령의 관계를 정립하지는 않는다. 이 두 위격 성자와 성령은 그 기원의 서로 다른 양태에 의해 구별된다. 성자는 '출생'하셨고, 성령은 아버지로부터 '발출'하신다. 이 두 위격을 구별하는 것은 이것으로 충분하다.

신학자 그레고리오스 성인의 위의 언급은 "성령이 '아들을 통해'(διὰ υἱοῦ) 혹은 '아들과의 관련 속에서' 발출한다"는 - 교부들에게서 흔히 발견되는 이 표현은 대다수의 경우 성령이 성자를 매개로 이 세상에 보내졌다는 것을 의미한다 - 표현으로는 만족하지 못했던, 삼위일체 하느님에 관한 여러 사변들이 결국은 이 두 위격의 기원과 관련하여 성자와 성령의 관계를 확립하려고 굳이 애썼다는 것을 잘 보여준다. 각각의 기원을 성부에 두고 있는 이 두 위격을 이러한 방식으로 관계 지으려는 경향은 성부와 성자 '둘로부터'(ab utroque) 동시에 성령이 발생했다는 서방의 교리로 정착되었다. '필리오쿠에'(Filioque)는 동방교회와 서방교회 분열에 있어서 유일한 교리적 원인임과 동시에 시원적(始原的)인 원인이며, 다른 여러 교리적 다툼은 그 결과에 지나지 않는다. 동방이 서방의 정식화에 반대

---

27 이것은 디오니시오스의 표현이다. St. Denys l'Aréophasite, *Les Noms Divins*, II, 7, *P.G.*, t. 3, col. 645 B.

해서 수호하고자 했던 것이 무엇인지 이해하기 위해서는, 9세기경에 있었던 두 가지의 삼위일체론 개념을 서로 대면시키는 것으로 충분하다.

이미 말했듯이, 삼위일체 교리의 전개에 있어서 서방의 사고는 대부분의 경우 하나의 본질에서 출발해서 이어서 세 위격을 고려하는데 반해서, 희랍적 사고는 그 반대의 길, 즉 세 위격에서 출발해서 하나의 본질로 나아간다. 바실리오스 성인은, 성경이 보여주는 바와 같이 또한 성부와 성자와 성령을 호명하는 세례의 형식에 부합하도록, 구체적인 것을 출발점으로 삼음으로써 후자의 길을 선호한다. 세 위격에 대한 숙고로부터 공통의 본질에 대한 숙고로 나아감으로써 희랍적 사고는 빗나갈 수 있는 위험을 피할 수 있었다. 그럼에도 불구하고 전자가 세 위격에 대한 한 본질의 우위성을, 후자가 한 본질에 대한 세 위격의 우위성을 전제하지 않는 한, 이 두 가지 길은 동일하게 정당하다. 실제로 이미 살펴보았듯이, 교부들은 본질과 세 위격 사이의 구별을 확립하기 위해서, 두 가지의 동의어 즉 '우시아'와 '휘포스타시스'를, 어느 하나를 다른 것에 비해 강조하지 않고 사용했다. 세 위격이나 한 위격을 말할 때 우리는 본질도 동시에 말하고, 그 역도 마찬가지이다. 다시 말해 본질은 세 위격 밖에서 혹은 세 위격에 앞서 인지되는 것이 아니다. 그것이 비록 논리적 순서일지라도 말이다.

만약 절대적 동일성과 절대적 상이성의 모순, 즉 본질과 세 위격 사이의 이 모순에서 균형을 잃고 둘 중의 어느 한 방향으로 기울게 한다면, 우리는 필연코 사벨리우스의 단일신론 - 그것은 또한 철학자들이 주장하는 '본질로서의 신' 개념과 통한다 - 이나 삼신론으로 흐르게 될 것이다. 아버지와 아들로부터 성령이 발생하였다고 주장하는 교리적 주장에서, 희랍적 사고는 세 위격 사이의 실제적인 구별을 희생시키는 대신 본질의 통일성을 강조하려는 경향을 발견했다. 성자와 성령을, 전자는 출생하심 후자는 발출하심을 통해 직접적으로 단 하나의 원천이신 성부께로 인도하지 않는다면, 기원에 대한 관계들은 마침내 한 본질 안에 있는 관계들의 체계, 즉 본질에 뒤따르는 논리적 귀결로서의 어떤 것이 되어버린다. 사실, 서방의 개념에 따르자면, 성부와 성자는 하나의 본질을 구현한다는 점에서 함께 성령을 발출시킨다. 또 성령은 '성부와 성자 사이의 관계'로서 이 두 위격 사이의 이 순수한 통일성을 의미한다. 신적 휘포스타시스들의 특징, 즉 아버지임(paternité)과 출생(génération)과 발출(procession)은 삼위일체 하느님 안에서 통일성의 원리로 작용하는 한 본질 안에 다소간 흡수되어 버린다. 이 통일성의 원리는 성자를 성부에 관련짓고, 성령은 성부와 성자에 관련짓는 그런 관계로 구별된다. 이러한 관계들은 세 휘포스타시스 각각의 특징이 되기보다는 휘포스타시스 그 자체와 동일시된다. 토마스 아퀴나스 성인은 후에 "위격의 이름은 관계를 의미한다"[28]고 말함으로써 이를 확인한다. 여기서 관계는 위격들을 다양화시키는 본질의 내적 관계를 의미한다. 우리는 이러한 삼위일체 이해와 신학자 그레고리오스 성인이 "단 한 권능과 한 신성 안에 연합된 세 거룩성"[29]이라고 묘사한 것 사이에 존재하는 차이를 부정할 수 없다. 레뇽 신부(Théodore de Régnon)는 매우 정당하게 이렇게 말했다.

> 라틴 철학은 먼저 본질을 그 자체로 다룬다. 그런 다음 구체성을 추구한다. 반면 희랍 철학은 먼저 구체성을 다룬 다음 본질을 찾기 위해 이 구체성을 파고든다. 라틴 세계는 위격을 본질의 한 양태로 간주하지만 희랍 세계는 본질을 위격의 내용으로 간주한다.[30]

희랍 교부들은 성부의 위격이 삼위일체 하느님의 통일성의 원리라고 항상 주장했다. 다른 두 신적 위격의 원리이신 성부는 또한 이로부터 휘포스타시스들을 구별시켜주는 관계의 완성이기도 하다. 위격들을 발생시킬 때, 성부는 신성의 유일한 원리와 관련된 기원 관계로서 출생과 발출을 제공한다. 그래서 동방은 '성부의 모나르키'를 약화시킨다고 이해된 '필리오쿠에' 교리를 그토록 끈질기게 반대했던 것이다. '필리오

28　Thomas d'Aquin, *Summa theologica,* Iᵃ, q. 29, a 4.
29　St. Grégoire le Théologien, *In theophaniam, Oration XXXVIII,* 8, *P.G.,* t. 36, col. 320 BC.
30　Th. de Régnon, *Études de théologie positive sur la Sainte Trinité,* I, 433.

쿠에' 교리는 신성에 있어서 두 개의 원리를 인정함으로써 신성의 통일성을 깨거나, 아니면 위격들을 본질의 통일성 안에 있는 관계로 변형시켜버림으로써 공통의 본질을 우위에 두고 이 공통의 본질 위에 통일성을 확립시키기 마련이다. 서방 신학자들에게는 관계들이 최초의 단일성을 다양화시키는 반면, 동방에서는 관계들이 다양성과 단일성을 동시에 의미한다. 왜냐하면 관계들은, 삼위일체 하느님의 원리이자 총괄(συνκεφαλαίοσις)이신 성부 하느님과 관련되기 때문이다. 아타나시오스 성인은 알렉산드리아의 디오니시오스 성인의 다음과 같은 문장을 이러한 의미로 이해했다.

> 우리는 단일성(unité)을 나누지 않으면서 그것을 성 삼위(Trinité)로 확장시킨다. 그리고 이어서 우리는 성 삼위를 축소하지 않으면서 이 단일성 안에 요약한다.[31]

아타나시오스 성인은 다른 글에서 또 이렇게 선언한다.

> 신성의 단 하나의 원리가 존재한다. 그러므로 절대적인 방식으로 모나르키(monarchie)가 존재한다.[32]

희랍 교부들의 격언에 따르자면, "오직 한 하느님인 것은 오직 한 분 성부가 있기 때문이다." 말하자면 위격들과 본질은 후자가 전자에 논리적으로 앞서지 않고 동시에 위치한다.

---

31 St. Athanase le Grand, *De sententia Dionysii*, § 17, *P.G.*, t. 25, col. 505 A.
32 St. Athanase le Grand, *Contra Arianos*, or. IV, I, *P.G.*, t. 26, col. 468 B.

삼위일체 안에서 '신성의 원천'(πηγαία θεότης)인 성부는 자신의 본질을 성자와 성령에게 부여함으로써 성자와 성령을 발생시킨다. 그러나 이때 이 본질은 세 위격 안에서도 여전히 하나여서 나뉘지 않으며, 동일한 상태로 남아 있게 된다. 희랍 교부들에게 있어서 본질의 통일성을 고백하는 것은 성부를 위격들의 유일한 원천으로 인정하는 것이고, 위격들은 성부로부터 이 동일한 본질을 받아들인다는 것을 의미한다. 신학자 그레고리오스 성인은 이와 관련하여 다음과 같이 말한다.

> 내 판단에 의하면, 성자와 성령을 혼합하거나 혼동하지 않으면서 하나의 유일한 원리와 관련시키고 또 본질의 동일성과 함께 내가 신성의 유일하고 동일한 운동과 의지라고 부르는 것을 확고하게 주장함으로써, 우리는 유일하신 하느님을 보존한다.[33]

우리에게는 유일하신 하느님이 계신다. 신앙에 따르자면, 단 하나의 신성이 존재할 뿐만 아니라 또 발생하는 위격들은 '셋'(세 위격)이면서 동시에 그들의 발생 원천인 '하나'(한 위격)와 관련되기 때문이다. … 그러므로 우리가 신성, 혹은 최초의 원인인 모나르키(monarchie)를 겨냥할 때는, 이 '하나'(한 위격)가 우리에게 나타나고, 반대로 우리가 신성이 거주하는 위격들, 동일한 영원성과 영광 안에서 이 최초의 원리로부터 나오는 위격들을 겨냥할 때, 우리는 '셋'(세 위격)을 흠숭하게

---

33 St. Grégoire le Théologien, *Oration XX, 7, P.G.*, t. 35, col. 1073.

된다.³⁴

신학자 그레고리오스 성인은 여기서 성부의 신성과 위격을 너무도 밀접하게 다루어서 마치 이 둘을 혼동한 게 아닐까 생각하게 한다. 그는 다른 곳에서 이렇게 말함으로써 자신의 생각을 구체화한다.

> '세 위격 안의 한 본질', 그것은 하느님이다. 하지만 통일성(ἕνωσις)으로 말하자면 그것은 성부이다. 다른 위격들은, 혼동됨이 없이 그러나 시간, 의지, 능력에 의해 나뉘지 않고 그(성부)와 공존하면서, 성부로부터 나와 다시 성부로 향한다.³⁵

다마스커스의 요한 성인도 교리적 엄밀성을 가지고 똑같은 사상을 표현한다.

> 성부는 그 자체로 '존재'를 가진다. 그분이 가지고 있는 어떤 것도 다른 것에 기인하지 않는다. 반대로 그분은 본질과 존재의 방식에 있어서 다른 모든 것의 원천이요 원리다. … 그러므로 성자와 성령은 가지고 있는 모든 것과 그들의 존재 자체까지도 성부로부터 취한다. 만약 성부가 존재하지 않는다면, 성자도 성령도 존재하지 않을 것이다. 만약 성부가 가지고 있지 않은 것이라면, 성자도 성령도 가지고 있지 않을 것이다. 성자와 성령이 그 가진 모든 것을 가질 수 있게 된

---

34 St. Grégoire le Théologien, *Oration XXXI (theologica V)*, § 14, *P.G.*, t. 36, col. 148 D - 149 A ; Th. de Régnon, I, 393.
35 St. Grégoire le Théologien, *Oration XLII*, *P.G.*, t. 36, col. 476 B.

것은 바로 성부 덕택이다. 왜냐하면 이 모든 것을 가지는 분은 바로 성부이기 때문이다. 우리가 최초의 원인, 모나르키(monarchie) 등을 하느님이라고 생각할 때 … 우리는 단일성(l'unité)을 본다. 그러나 우리가 신성이 거하는 위격들, 혹은 신성 그 자체인 위격들, 최초의 원리로부터 나온 위격들, 다시 말해 성자와 성령의 휘포스타시스를 생각할 때, 우리는 '셋'을 흠숭한다.[36]

막시모스 성인의 말을 빌자면, "사랑의 영원한 운동"(ἀχρόνως καὶ ἀγαπητικῶς)[37] 안에 있는 휘포스타시스를 구별하는 것은 바로 성부이시다. 성부는 자신의 본질을 성자와 성령 모두에게 동일하게 제공하신다. 그리고 이 셋 안에서 본질은 여전히 하나요 나누어지지 않으며 분할 점유되지 않는다. 이때 본질을 제공받는 방식은 서로 다른데 왜냐하면 성령이 성부로부터 발출하는 것은 성자가 성부로부터 출생하는 것과 같지 않기 때문이다. 성자를 통해 또 성자와 함께 발현됨에도 불구하고, 성령은 성부로부터 발출한 신적 위격으로서 존속하신다. 바실리오스 성인은 분명히 말한다.

> 성부로부터 성자가 나오고, 성자에 의해 만물이 존재하며, 성령은 항상 성자와 함께 불가분리적으로 알려지신다. 왜냐하

---

36 St. Jean Damascène, *De fide orthodoxa*, I, 8, *P.G.*, t. 94, col. 821 C - 824 B, 829 B.
37 St. Maxime le Confesseur, *Scholia in lib. de Divin. nomin.*, II, 3 : ἑνώσεις τέ καὶ διακρίσεις, *P.G.*, t. 4, col. 221 A.

면 성령에 의해 조명되지 않는다면, 우리는 성자에 대해 생각할 수 없기 때문이다. 이렇게 해서 한편으로 피조물에 분여(分與)되는 모든 선의 원천이신 성령은 성자와 결부되고 성자와 함께 불가분리하게 인지되지만, 다른 한편으로 성령의 존재는 그분이 발출되어 나오는 성부와 결부되게 된다. 결과적으로 성령의 위격적 속성의 특징적 개념은 성자에 이어서 그리고 성자와 함께 발현되며 또한 성부로부터 발출된 것으로 존속한다는 데 있다. 성부로부터 발출하는 성령을 자신을 통해 또 자신과 함께 발현시키는 성자에 관해 말하자면, 오직 성자만이 독생자로서 출생하지 않으신 빛으로부터 빛나니, 이렇게 성자에게 고유한 개념이 성자를 성부와 성령으로부터 구별해주며 위격적으로 표현해 준다. 지존하신 하느님에 관해 말하자면, 그의 휘포스타시스의 탁월한 개념은 오직 그분만이 성부이며 어떠한 원리로부터도 발생하지 않는다는 점에 있다. 바로 이 특징을 통해서 그분은 위격적으로 표현되는 것이다.[38]

다마스커스의 요한 성인도 성 삼위 하느님의 각 위격을 관계의 범주에 종속시키지 않으면서 엄밀하게 구별하여 표현한다.

우리가 성부를 무엇으로부터도 발출되지 않은 분이라고 믿는다는 것은 반드시 알아두어야 할 사항이다. 오히려 우리는 성부를 성자의 아버지로 부른다. 성자에 관해 말하자면, 우리

---

38 St. Basile le Grand, *Épist. XXXVIII*, 4, *P.G.*, t. 32, col. 329 C - 332 A ; - Th. de Régnon, III, I, p.29-30.

는 그분을 원인(αἴτιον)이나 성부라고 부르지 않고, 반대로 성
부로부터 비롯된 성부의 아들이라고 말한다. 우리는 또한 성
령이 성부로부터 비롯되었다고 말하며, 그분을 성부의 영이
라고 부른다. 그러나 우리는 성령이 성자로부터 비롯되었다
고 말하지 않고 다만 성자의 영이라고 부른다.[39]

 동일한 하나의 태양에서 나오는 두 광선, 아니 "오히려 새로운 두 개의 태양"[40]이라고 해야 할 말씀(성자)과 영(성령)은 성부를 드러내주는 그들의 활동 속에서 불가분리하게 존재한다. 그럼에도 불구하고 성자와 성령은 성부로부터 비롯된 두 위격으로서 뚜렷하게 구별된다. 만약 우리가 라틴 세계의 공식에 부합하게 성령을 성부와 성자 모두에게서 비롯된 분으로 만듦으로써 여기에 새로운 기원 관계를 도입하고자 원한다면, 단일성(l'unité)과 삼위성(la Trinité)을 동시에 창조하는, 위격들 간의 관계로서의 성부의 모나르키(monarchie du Père)는 '하나의 실체'(substance une)라는 또 다른 개념에 자리를 양보하게 될 것이다. 이 '하나의 실체' 개념 안에서는 관계들이 위격 사이의 구별을 확립하기 위해 개입될 것이고, 성령의 휘포스타시스는 성부와 성자의 상호적인 연결에 지나지 않게 될 것이다. 우리가 이 두 삼위일체 교리의 서로 다른 강조점을 잘 감지했다면, 우리는 왜 동방 교부들이, 성부와 성자를 성령의

---

39 St. Jean Damascène, *De fide orthodoxa*, I, 8, *P.G.*, t. 94, col. 832 AB.
40 St. Grégoire le Théologien, *Oration XXXI*, § 32, *P.G.*, t. 36, col. 169 B.

공통의 원리로 삼음으로써 공통적인 것을 위격적인 것 상위에 위치시키는 보다 '합리적인' 교리에 반대해서, 다시 말해 성령의 발출 행위 속에서 성부와 성자의 위격을 혼동하고 또 성령의 위격을 둘 사이의 연결로 만듦으로써 휘포스타시스를 약화시키려 하는 교리에 반대해서, 위격들의 유일한 원천인 성부로부터 성령이 발출한다고 하는 교리의 형언할 수 없는 부정(아포파시스)신학적 특징을 그토록 방어하려고 했는지 잘 이해하게 될 것이다.

신성의 유일한 원천이요 세 위격의 통일성의 원리인 성부의 모나르키를 주장하면서, 동방 교부들은 보다 구체적이고 보다 인격적인 삼위일체 하느님 교리를 방어했다. 그럼에도 불구하고 희랍 교부들이 라틴 교부들을 향해 비난했던 것과 정반대의 방향에서 이 삼위일체론이 또 하나의 과잉에 떨어지는 것은 아닌지 혹은 위격을 본질에 앞세우는 것은 아닌지, 우리는 반문해 볼 수 있다. 이러한 경향은 예를 들어 본질을 세 위격의 공통 계시라고 특징지을 때 생길 수 있다. 현대 러시아 신학자인 불가코프[41]의 지혜론(La sophiologie)이 바로 그러한 경우인데, 그의 교리는 오리게네스의 것과 마찬가지로 동

---

[41] 불가코프는 하느님을 '우시아'(οὐσία) 즉 '지혜'(Sagesse) 안에서 계시되는 "세 휘포스타시스를 가지는 한 위격(personne)"으로 이해한다. 그의 저작 *Agnus Dei*, ch. I, § 2와 3 을 보라. 불어 번역본 : S. Boulgakov, *Du Verbe incarné* (Agnus Dei), éd. Aubier, 1948, ch. II, "L'Esprit de Dieu", p.13-20.

방적 사고의 위험을, 아니 오히려 러시아적 사고의 위험을 폭로해 준다. 그러나 정교회 전통은 서방의 견해만큼이나 이러한 동방적 과잉과도 거리가 멀다. 실제로 이미 보았듯이 위격들이 존재한다면, 그것은 정확히 이 위격들이 본질을 가지고 있기 때문이며, 이 위격들의 발생 그 자체도 성부의 본질을 수용하는 것에 있다.

또 다른 이견(異見)이 더욱 그럴싸하게 제시될 수도 있다. 성부의 모나르키는 종속론(subordinationisme)의 한 표현은 아닌가? 이렇게 이해하게 되면, 유일한 원천인 성부는 다른 위격보다 더 탁월한 신적 위격으로서의 특징을 부여받게 되는 것은 아닌가? 이미 신학자 그레고리오스 성인은 이러한 곤란을 이미 일찍부터 예견하였다.

> 나는 성부를 가장 크신 분으로 찬양하기를 원한다. 바로 그분으로부터 두 동등한 위격이 그들의 동등성과 그들의 존재를 취하기 때문이다. … 그럼에도 불구하고 나는 이 원리(이신 성부)를 보다 열등한 위격들의 원리로 만들지나 않을지 그리하여 이 원리(이신 성부)를 찬양하려다 오히려 모독하게 되지는 않을지 두렵기만 하다. 왜냐하면 원리(이신 성부)의 영광은 그(성부)로부터 비롯되는 두 위격을 폄하하는 것에 있지 않기 때문이다.[42]

---

42 St. Grégoire le Théologien, *In sanctum baptisma*, Oration XL, 43, *P.G.*, t. 36, col. 419 B.

신성에는 우열의 등급이 없다. 그것은, 완전히 동등하고 동일한 방식으로, 마치 하늘의 광대함과 아름다움이 하나인 것처럼, 하나이다. 그것은 '세 무한자'(trois infinis)의 '무한한 공통본질'(l'infinie connaturalité)이다. 성부 못지않게 성자가, 성자 못지않게 성령이 각각 자신의 위격적 특징을 유지하면서도 그 자신 안에서 각각이 하느님 전체로 이해된다. 셋 모두가 하느님으로 이해된다. 각각의 위격은 바로 동일본질(la consubstantialité)이기 때문에 하느님이다. 그리고 셋은 바로 (성부의) 모나르키(monarchie)로 인해 하느님이다.[43]

이렇게 교부들의 아포파시스 사상은 삼위일체 하느님 교리를 정식화할 때, 본질과 휘포스타시스를 구별함으로써 신묘한 균형을 유지할 수 있었다. 막시모스 성인의 말대로 하느님은 "단 하나(monade)이시며 동시에 셋(triade)이시다."[44] 그것은 결코 끝이 없는 길의 끝이요, 최정상이 없는 상승의 최정상이다. '이해할 수 없는 분'(l'Incognoscible)은 이런 방식으로 스스로를 '이해할 수 없는 분'으로 계시하신다. 왜냐하면 그분의 이해할 수 없음은 하느님이 단지 한 본질일 뿐만 아니라 세 위격이라는 사실에 있기 때문이며, 또한 그 본질을 인식할 수 없다는 것은 그것이 성부와 성자와 성령의 본질인 한에서 그러하

---

43 위의 책, § 41, col. 417 B, - P. de Régnon I, 107.
44 St. Maxime le Confesseur, *Capita theologica et oecumenica 200, Centuria II*, I, *P.G.*, t. 90, col. 1125 A.

기 때문이다.

하느님은 이해할 수 없는데, 그 이유는 그분이 삼위일체 하느님이시고 또한 삼위일체 하느님으로 스스로를 계시하시기 때문이다. 아포파시스 신학의 종착점은 바로 삼위일체 하느님의 계시이며, 이 계시는 최초의 사건이요, 절대적 현실이요, 또 다른 진리로부터 추론되거나 설명될 수 없는 근원적 소여(所與)이다. 왜냐하면 그분에 앞서는 것은 아무 것도 없기 때문이다. 어떤 것에도 기대기를 거부하는 아포파시스 사상은 성 삼위로 존재하시고 계시되시는 이해할 수 없는 한 하느님 안에서 하나의 지주를 발견한다. 여기서 사상은 절대로 동요하지 않는 안정성을 얻고, 신학은 자신의 토대를 발견하며, 무지는 지식이 된다. 동방교회에서 하느님에 대해 말한다는 것은, 언제나 구체적인 하느님, 즉 "아브라함과 이삭과 야곱의 하느님이요, 예수 그리스도의 하느님"이며, 또한 언제나 성부, 성자, 성령이신 삼위일체 하느님이시다. 반대로 삼위일체 하느님 교리에서 공통의 본질이 우선적인 첫 자리에 나서게 되면, '성 삼위' 하느님의 현실은 이러저러한 본질 철학에 자리를 내줌으로써 약화될 수밖에 없다.[45] 지복 관념(l'idée de la béatitude)조차도 서구에서는 신적 본질에 대한 관조로 소개됨으

---

[45] "우리 시대에는 유일신 교리가 삼위일체 하느님 교리를 흡수해 버린 듯하다. 삼위일체 하느님에 대해 우리는 단지 기억에 의존해서만 말한다." (Th. de Régnon, *Etudes de théologie positive sur la Sainte Trinité*, série I, p.365.)

로써 다소간 지적 특징이 강조될 것이다. 살아 계신 하느님과 인간의 인격적 관계는 더 이상 성 삼위 하느님과 연관되지 않을 것이며, 오히려 신적 본질을 우리에게 계시해준 그리스도의 인격을 대상으로 삼게 될 것이다. 그리스도교적 사상과 삶은 특별히 육신이 되신 말씀의 인간성에 천착함으로써 그리스도 중심적[46]으로 될 것이며, 그것이 구원의 닻이라고 말할 수 있게 될 것이다. 실제로 서방의 교리적 전제 안에서는, 신 중심적인 모든 사변이 위격들에 앞서 본질을 겨냥하고, 그래서 '신적 심연(深淵)'[47]의 신비나 혹은 삼위일체에 앞서는 무(無)로서의 신성이라는 비인격적 아포파시스 사상이 되어버릴 위험을 안고 있다. 이런 역설적인 후퇴를 통해 우리는 그리스도교에서 다시 신플라톤주의적 신비로 되돌아가게 될 것이다.

동방교회 전통에서는, 신적 본질에 관한 신학을 찾아볼 수 없고, 신적 본질의 신비적 관상은 더더욱 찾아볼 수 없다. 이러한 영성에서, 종말에 있을 것과 천국의 지복은 본질의 관조가 아니라 무엇보다도 삼위일체 하느님의 신적 삶에 참여하

---

[46] 지나친 일반화로 잘못을 범하지 않기 위해서, 다음과 같은 사실을 주목할 필요가 있다. 예를 들어 시토회의 신비는 그 영감의 근원에 있어서 여전히 삼위일체적이다. 특별히 생티에리의 귀욤(Guillaume de Saint-Thierry)의 경우가 그러하다. 그의 교리는 희랍 교부들에게 강하게 영향을 받았다. 동방의 신학 노선 안에서 전진해 나가면서, 귀욤의 사상은 필리오쿠에 사상을 완화하려고 노력했다. 이를 위해서는 다음을 보라. J.-M. Déchanet, o.s.b., *Guillaume de Saint-Thierry, l'homme et son oeuvres*, (Bibliothéque médiévale, Spirituels préscol.stiques. I), Bruges, 1942, p.103-110.

[47] 에크하르트(Maître Eckhart)의 "Gottheit"개념을 참고할 것.

는 것, 신의 성품을 공동 상속받는 신화(神化)의 상태에 이르는 것, 삼위일체 하느님께서 가지신 것을 은혜로 소유하게 됨으로써 '창조되지 않으신 하느님'에 의해 '창조된 신'이 되는 것에 있다.

정교회가 고백하는 삼위일체 하느님은 모든 종교적 숙고, 모든 경건, 모든 영적 삶과 체험의 흔들릴 수 없는 토대다. 하느님, 존재의 충만, 실존의 의미와 목적 같은 것을 추구 할 때, 우리가 추구하는 것은 바로 이 삼위일체 하느님이다. 원초적 계시이며 모든 계시와 모든 존재의 원천이신 삼위일체 하느님은 우리의 신앙에서 이론(異論)의 여지가 없는 확실성이다. 우리는 확실성과 필연성이 확립되는 토대로서 삼위일체 하느님을 받아들이지 않으면 안 된다. 현대 러시아 신학자인 플로렌스키에 의하면, 인간의 사유가 절대적 평정을 발견하려면 삼위일체 하느님의 모순을 받아들이는 것 외에 다른 어떤 출구도 존재할 수 없으며, 삼위일체 하느님을 모든 현실과 모든 사고의 유일한 토대로 받아들이기를 거부한다면 우리는 출구 없는 길에 맞닥뜨리게 될 것이요 하나의 논리적 궁지, 광기, 존재의 파열, 영적 죽음에 이를 수 밖에 없다.[48] 삼위일체 하느님과 지옥, 이 둘 사이에는 다른 어떤 선택도 있을 수 없다. 진실로, 이것은 문자 그대로 치명적인 문제가 아닐 수 없다.

---

48 P. Florensky, *Colonne et ap.i de la Vérité*, Moscou, 1911 (러시아어) 특별히 삼위일체에 할애된 이 책의 제 5장을 참고할 것.

삼위일체 하느님 교리는 인간의 모든 사상을 심판하는 십자가다. 아포파시스를 통한 상승은 갈보리를 향해 올라가는 것이다. 이것이 바로 어떠한 철학적 사변도 삼위일체 하느님의 신비에 이르기까지 상승하지 못한 이유이다. 이것이 또한 인간의 영들이 죽음과 지옥의 심연을 정복하신 그리스도의 십자가 아래서만 신성의 충만한 계시를 얻을 수 있는 이유이기도 하다. 마지막으로 이것이 바로 삼위일체 하느님의 계시가 교회 안에서 순전히 신앙적인 사건으로 또한 탁월하게 보편적인 진리로 다시 솟아나는 이유이기도 하다.

4장 창조되지 않은 에너지들[01]

성부, 성자, 성령, 삼위일체 하느님의 계시(啓示)는 모든 그리스도교 신학의 기초다. 교부들이 '신학'(la théologie)이라는 단어에 부여했던 의미에 따르자면, 그것은 신학 그 자체다. 교부들 대다수에게, 신학이란 교회에 계시된 삼위일체 하느님의 신비를 의미했기 때문이다. 그것은 신학의 토대일 뿐만 아니라 궁극적 목표이기도 하다. 왜냐하면, 나중에 막시모스 성인에 의해 더욱 발전된 바 있는 폰투스의 에바그리오스의 사상에서 볼 수 있듯이, 삼위일체 하느님의 신비를 충만하게 깨

---

01 역자주 '에너지'(희랍어로는 '에네르기아')는 힘, 능력, 권능, 활동, 기(氣) 등 다양한 의미로 번역될 수 있다. 하지만 동방교회에서 에너지는 동방교회의 교리 전통을 이해하는 데 필수불가결한 단어이며, 어떤 한 번역어로 일관되게 번역할 경우, 뜻이 협소해져서 본래의 뜻을 파악하기 힘들게 될 위험이 있다. 따라서 이를 번역하기보다는 음차하여 그대로 사용한다.

닫는 것은 하느님과의 완벽한 연합에 들어가는 것, 인간 존재의 신화(神化)에 다다르는 것, 다시 말해 신적 생명, 삼위일체 하느님의 생명 안에 들어가는 것, 베드로 성인에 따르자면 "하느님의 본성에 참여하는"(θείας κοινωνοί φύσεως)[02] 자가 되는 것이기 때문이다. 그러므로 삼위일체 하느님 신학은 체험을 요청하고, 창조된 본성의 점진적 변화의 여정을 거쳐 인간이 삼위일체 하느님과 점점 더 친밀한 교제에 들어가는 것을 전제한다.

베드로 성인의 말은 분명하다. "하느님의 본성에 참여하는" 자, 이 말은, 우리에게 약속되고 선언된 마지막 목표요 장차 올 세상의 지복인 하느님과의 실제적인 연합에 대해 조금도 의심의 여지를 남기지 않는다. 이를 하나의 과장된 표현 혹은 하나의 은유로 보는 것은 진정 성숙치 못하고 속된 것임에 틀림없다. 실제로 그것은 지나치게 용이한 주석 방법에 안주하는 것이다. 다시 말해 계시의 말씀이 우리의 사고와 모순되고 또 우리가 하느님께 적합하다고 생각하는 것들과 불일치할 때마다, 그것의 본래 의미를 제거해버림으로써 어려움을 회피하려는 것이 될 것이다.

하지만 하느님과 교제하는 것이 절대적으로 불가능성하다고 증거하는 성경 본문이나 혹은 전통의 여러 증언에 언뜻 모

---

02 II베드로 1:4.

순되어 보이는 베드로 사도의 이 표현이 무엇을 의미하는지 알아보는 것은 전적으로 정당하다. 우리는 성경과 교부들로부터 두 계통의 모순되는 본문을 내세울 수 있다. 한 계통은 신적 본질의 접근불가능성을 증언하는 것이요, 또 다른 하나는 하느님은 교제하시고 체험에 자신을 내어주시며 연합을 통해 실제적으로 다가갈 수 있는 분임을 확인해 주는 것들이다. 이집트의 마카리오스 성인[03]은 하느님과의 연합에 들어가는 영혼에 대해 말하면서, 이 연합에서조차 두 본질은 여전히 절대적으로 차이가 있는 것임을 주장한다.

> 그분은 하느님이고, 인간은 하느님이 아니다. 그분은 주님이시고, 인간은 그분의 종이다. 그분은 창조주이지만 인간은 피조물이다. … 두 본질 사이에는 한 치의 공통성도 존재하지 않는다.[04]

그러나 또 한편으로, 마카리오스는 "영혼의 신적 본질로의 변화"[05]에 대해 말한다. 그러므로 하느님은 전적으로 다가갈 수 없는(inaccessible) 분이심과 동시에 피조물과 실제적으로 교제하실 수 있는(communicable) 분이시다. 이때 우리는 이 모순된 두 용어의 어느 하나를 제거하거나 약화시켜서는 안 된다. 진

---

03 혹은 위(僞) 마카리오스, 그러나 인물의 진위 문제는 마카리오스의 것으로 알려져 온 이 신비 저작의 위대한 가치를 변화시키지 못한다.
04 St. Macaire d'Egypte, *Hom.* 49, 4, *P.G.*, t. 34, col. 816 B.
05 위의 책, 44, 8, *P.G.*, t. 34, col. 784 C.

실로, 그리스도교 신비가 하느님의 초월성과 어울리지 못한다면, 하느님의 내재성, 피조물에 개방하신 하느님과는 더더욱 어울릴 수 없을 것이다. 에티엔느 질송은 영적 삶의 근본적인 이 원리를 잘 표현했다.

> 존재의 우연성이 인간과 하느님 사이에 세워 놓은 장벽을 한 순간, 한 치라도 낮춘다면, 당신은 그리스도교 신비를 그리스도교의 하느님과 그 하느님의 신비로부터 박탈하게 될 것이다. 그리스도교 신비는 쉽게 다가갈 수 있는 신들을 가지고 있지 않아도 가능하다. 그러나 본질상 접근 불가능한 유일하신 하느님은 그리스도교 신비에 없어서는 안 될 유일한 것이다.[06]

하느님과의 실제적인 연합, 아니 보다 일반적으로 말해서 신비 체험은 그리스도교 신학을 '접근 불가능한 본질에의 접근 가능성'이라는 모순적인 문제 앞에 세운다. 어떻게 삼위일체 하느님이 연합 혹은 신비 체험의 대상일 수 있는가? 이 질문은 14세기 중엽 동방교회에서 활발한 신학 논쟁을 불러 일으켰고, 이어서 이 주제와 관련해서 동방교회 전통을 명쾌하게 천명하게 될 공의회의 결정에 계기를 제공했다. 비잔틴 신학의 황금기인 이 시대, 데살로니카의 대주교이자 공의회의 진정한 대변자였던 그레고리오스 팔라마스 성인은 『테오파

---

06 E. Gilson, *La théologie mystique de saint Bernard*, p.143-144.

니스』라고 명명된 한 대화에서 '교제할 수 없으면서 동시에 교제할 수 있는 신성'(la divinité incommunicable et communicable)의 문제를 다루었다. "하느님의 본성에 참여하는 자"라는 베드로 사도의 말의 의미를 검토하면서, 팔라마스 성인은 이 표현이 모순적 성격을 가지고 있으며, 바로 이 모순적 성격이야말로 역으로 이 표현을 삼위일체 하느님의 교리와 연결시킨다고 주장한다.

> (하느님이 '유일'하면서 동시에 '셋'인 것처럼,) 신적 본질은 '참여할 수 없으면서' 동시에 어떤 의미에서는 '참여할 수 있는' 것이라고 말해야 한다. 우리는 하느님의 본질에 '참여할 수' 있지만 그럼에도 그것은 전적으로 '접근 불가능한' 것으로 남아 있다. 우리는 이 두 가지를 동시에 주장해야 하고, 이 모순을 신앙의 한 척도로 보존해야만 한다.[07]

우리는 어떻게 삼위일체 하느님과 연합할 수 있는가? 만일 우리가 어떤 주어진 시점에 하느님의 본질과 연합되어 있고, 조금이라도 그것에 참여하고 있음을 깨달을 수 있다면, 우리는 그때 더 이상 우리 자신일 수 없을 것이며, 우리는 본성에 있어서 하느님이 될 것이다. 그렇다면 하느님은 성 삼위가 아니라 수천의 휘포스타시스를 가지는 하느님이 될 것이다. 왜냐하면 하느님은 자신의 본질에 참여하는 인격만큼의 많은

---

07 St. Grégoire Palamas, *Théophanès, P.G.*, t. 150, col. 932 D.

휘포스타시스를 가질 것이기 때문이다. 그러므로 하느님은 우리에게 본질로서는 접근 불가능한 분으로 계신다.

그렇다면 우리는 하느님의 세 위격 중 어느 한 위격과 연합한다고 말할 수 있는가? 그러나 그것은 오직 성 삼위 하느님의 두 번째 위격이시며 동시에 '인간이 되신 하느님', 즉 성자와만 관계되는 위격적 연합일 것이다. 그리스도의 인간 본성에 참여하고 또 그분 안에서 하느님의 자녀라는 이름을 얻음에도 불구하고, 우리가 성육신 사건을 통해 성자의 신적 휘포스타시스가 되는 것은 아니다. 그러므로 우리는 삼위일체 하느님의 한 본질에도, 세 휘포스타시스에도 참여할 수 없다.

그럼에도 불구하고 하느님의 약속은 환상이 아니다. 우리는 진정으로 하느님의 본성에 참여하도록 부름 받았다. 그러므로 우리는 하느님 안에는 헤아릴 수 없는 또 하나의 구별, 즉 본질이나 위격과도 다른 또 하나의 구별이 있음을 고백해야만 한다. 이 구별에 따르면, 하느님은 여러 다양한 관계 하에서 전적으로 '접근 불가능'하면서 동시에 '접근 가능'한 분이다. 그것은 바로 접근 불가능하고 인식 불가능하며 교제 불가능한 하느님의 본질을, '에너지들'과, '하느님의 활동들'과, '본질과 분리될 수 없는 본질의 능력들'과 구별하는 것이다. 후자를 통해서 하느님은 외부로 나아가시고 스스로를 드러내시고 교제하려 하시며 스스로를 내어주신다. "하느님의 신화(神化)시키는 조명(照明)과 은총은 본질이 아니라 하느님의 능력이며"[08], "삼위일체 하느님의 공통된 하나의 능력이요 하나의 활동이다."[09] 그레고리오스 팔라마스 성인의 말을 빌자면, "하느님의 본질은 그 자체로 참여 가능한 것이 아니라 그 본질의 능력들(에너지들) 안에서 그러하다고 말할 때, 우리는 신앙의 경계 안에 머물게 된다."[10]

이미 살펴본 바와 같이 동방교회로 하여금 하느님의 본질과 그 에너지들의 실제적인 구별을 정식화하게 만든 결정적인 요인은 바로 '하느님과의 연합' 교리의 기초를 확립해야할 필요성이었다. 그러나 그레고리오스 팔라마스 성인이 이 교리의 창안자는 아니다. 교리적으로 볼 때, 보다 덜 명쾌하긴 하지만 이 구별은 이미 희랍 교부 대다수들에게서 발견되며, 그 시점은 교회의 초기 몇 세기로까지 소급된다. 그것은 삼위일체 하느님 교리와 밀접하게 연결된 동방교회의 전통 그 자체다.

교부들의 사상은 하느님 존재 자체와 삼위일체 하느님에 관한 가르침을 고유한 의미에서의 '신학'(la théologie)이라고 보았다. 반면에 피조물에게 알려진 삼위일체 하느님의 외적 현시들은 '경륜'(經綸, l'économie)[11]의 영역에 속한다고 생각한다. 니

---

08 St. Grégoire Palamas, *Capita physica, theologica, moralia et practica* (68과 69), *P.G.*, t. 150, col. 1169.
09 St. Grégoire Palamas, *Théophanès, P.G.*, t. 150, col. 941 C.
10 위의 책, *P.G.*, t. 150, col. 937 D.
11 희랍어 "Οἰκονομία"는 문자적으로는 집을 건축하는 것, 집을 다스리는 것, 질서(ordonnance), 분배(dispensation)와 같은 의미를 가진다.

케아 공의회(325년) 이전의 저술가들은 말씀의 위격에 대해 말할 때, 성부의 신성을 드러내는 '말하여진 말씀(로고스)'(Λόγος προφορικός)이라는 표현에서 볼 수 있듯이, 종종 이 두 지평을 뒤섞곤 했다. 그들은, 이런 경륜의 차원에서, '로고스'를 종종 성부의 '힘' 혹은 '능력'(δύναμις) 혹은 '활동(에너지 ἐνέργεια)이라고 말했다. 아테나고라스는 로고스를 "피조 세계 안에 드러난 하느님의 '사유 혹은 에너지'"라고 불렀다.[12] 하느님의 비가시성, 하느님의 영원한 권능과 신성(ἥ τε ἀΐδιος αὐτοῦ δύναμις καὶ θειότης)이 천지 창조 이래 볼 수 있는 것이 되었다고 하는 바울로 사도의 글(로마 1:20)은, 성부를 현시하는 "능력과 지혜"로서의 로고스라는 의미로, 혹은 보다 구체적인 의미에서의 '에너지들' - 즉 바울로 사도가 같은 글에서 "하느님을 알 수 있게 하는 것"(τὸ γνωστὸν τοῦ θεοῦ)이라고 말한 바, 피조물들 안에서 스스로를 현시하는 삼위일체 하느님의 공통의 활동들 - 로 해석되게 된다. 이러한 의미에서 바실리오스 성인은 에너지들을 인식 불가능한 본질에 대립시키면서 그것들의 현시적 역할에 대해 말한다.

> 우리는 하느님의 에너지들 안에서는 우리 하느님을 안다고 분명히 확언하지만 그분의 본질로 보자면 그분께 접근할 수 있다고 장담하지는 않는다. 왜냐하면 그분의 에너지들은 우리에게까지 내려오지만 그분의 본질은 여전히 접근 불가능

12 St. Athénagore, *Πρεσβεία περὶ ὦ Χριστιανῶν*, § 10, *P.G.*, t. 6, col. 908 B.

하기 때문이다.[13]

동일본질이신 성 삼위 하느님은 그 본질의 에너지들을 통해서 피조 세계에 알려지신다.

'아레오파고 저작들'의 저자는 하느님 안에서 '연합'(ἑνώσεις)을 '구별'(διακρίσεις)과 대립시킨다. '연합'은 비밀스러운 거처요 절대로 현시(顯示)되지 않는 것이요, 어떤 현현(顯現) 사건들 속에서도 외부로 발현(發顯)되지 않고 절대적 휴식 안에 머물러 계시는 하느님의 초본질적 본질이다. 반대로 '구별'은 하느님의 외부로의 발현(πρόοδοι)과 현시(ἐκφανσεῖς)이다. 디오니시오스는 그것들을 '덕(德)' 혹은 '힘'(δυνάμεις)이라고 불렀는데, 피조물들을 통해서 하느님을 알게 해줌으로써 존재하는 모든 것은 그 '힘'에 참여한다고 한다.[14] 디오니시오스에게 있어서, 하느님 인식의 두 가지 길, 즉 부정의 길과 긍정의 길의 대립은 인식 불가능한 '본질'과 신성을 계시해 주는 '에너지들'의 구별, 혹은 '연합'과 '구별' 사이의 형언할 수 없는 구분 위에 기초한다. 성경은 '에너지들'에서 비롯되는 하느님의 이름들을 제공함으로써 우리에게 하느님을 계시해준다. 이 '에너지들' 안에서, 하느님은 자신의 본질에 관한 한 완전히 접근 불가능한 분으로 계시지만 또한 스스로를 교제에로 내미시고, 단순하

---

13 St. Basile le Grand, *Epistola 234 (ad Amphilochium)*, P.G., t. 32, col. 869 AB. 참고. *Adversus Eunomium*, II, 32, P.G., t. 29, col. 684.
14 St. Denys l'Aréophasite, *De divin. nomin.*, II, 4, P.G., t. 3, col. 640.

4장 창조되지 않은 에너지들

게 존재하시지만 또한 스스로를 구분하시며, 자신의 단일성을 버리지 않으시지만 또한 스스로를 다양화시키신다. 왜냐하면 그분 안에서는 "연합이 구별보다 우월하기 때문이다."[15] 다시 말해 하느님 존재 안에서 구별은 분리나 분열이 아니다. 하느님의 외적 발현으로서의 '능력들' 혹은 '에너지들'은 하느님 자신이다. 그러나 그것은 하느님의 본질에 의거해 그런 것은 아니다. 고백자 막시모스 성인은 동일한 사상을 다음과 같이 말했다.

> 우리에게 내어주신 것들 안에서 하느님은 참여 가능한 분이시다. 그러나 교제 불가능한 본질에 있어서는 하느님은 참여할 수 없는 분으로 머물러 계신다.[16]

다마스커스의 요한 성인은 더 구체화시키면서 신학자 그레고리오스 성인의 사상을 계승한다.

> 하느님에 대해 긍정적인 용어로 말하는 모든 것은 그분의 본질이 아니라 그 본질을 둘러싸고 있는 것을 선언한다.[17]

---

15 위의 책, col. 649-652.
16 "Μεθεκτὸς μὲν ὁ Θεὸς κατὰ τὰς μεταδόσεις αὐτοῦ, ἀμέθεκτὸς δὲ κατὰ τὸ μηδὲν μετέχον αὐτῆς τῆς οὐσίας αὐτοῦ." - Autorité de Maxime dans *Panoplia dogmatica* d'Euthimius Zigabène, titulus III, *P.G.*, t. 130, col. 132 A.
17 St. Grégoire le Théologien, *In Theophaniam, Oration XXXVIII*, 7, *P.G.*, t. 36, col. 317 B ; St. Jean Damascène, *De Fide orthodoxa*, I, 4, *P.G.*, t. 94, col. 800 BC.

그는 '운동'(κίνησις) 혹은 '하느님의 약동'(ἔξαλμα Θεοῦ)과 같은 분명한 이미지로 하느님의 에너지들을 지시한다.[18] 디오니시오스와 더불어 교부들은 '에너지'를 피조 세계를 관통하는 '신성의 광선'이라는 이름으로 부른다. 그레고리오스 팔라마스 성인은 그것들을 더 짤막하게 '신성'(les divinités) 혹은 '창조되지 않은 빛'(la lumière incréée) 혹은 '은총'(la grâce)이라 부른다.

에너지 안에서의 하느님의 현존은 실재적인 의미로 이해되어야 한다. 그것은 결과 속에 있는 원인의 활동적 현존이다. 에너지는 피조물과 같이 신적 원인에 의한 결과가 아니다. 그것들은 창조되거나 무로부터 만들어진 것이 결코 아니다. 오히려 그것은 성 삼위 하느님의 본질로부터 영원히 흘러나오는 것이다. 제한될 수 없고 본질조차도 초월하는 신적 본질의 흘러넘침이다. 에너지들은 삼위일체 하느님이 접근 불가능한 그 본질 밖에서 존재하는 양태라고 말할 수 있다. 그러므로 하느님은 자신의 본질 안에서만 아니라 본질 밖에서도 동시에 존재하신다. 알렉산드리아의 키릴로스 성인을 참조하면서 팔라마스는 "창조하는 것(créer)은 에너지에 속하는 것이고, 낳는 것(engendrer)은 본질에 속하는 것이다"[19]라고 선언한다. '본질'과 '에너지'의 현실적인 구분을 부정한다면, 우리는 신적 위격

---

18 St. Jean Damascène, *De fide orthodoxa*, I, 14, *P.G.*, t. 94, col. 860 B.
19 St. Grégoire Palamas, *Capita physica,* etc. (143), *P.G.*, t. 150, col. 1220 D.

들의 발생과 세상의 창조 사이에 분명한 경계를 제시할 수 없을 것이고, 둘 다 본질의 행위가 되고 말 것이다.[20] 15세기 에페소의 마르코스 성인에 의하면, 하느님의 존재와 행동은 동일한 것이고 똑같이 필연적인 것으로 제시될 수 있다.[21] 그러므로 하느님 안에서 하나의 본질과 세 위격만이 아니라, 이 본질의 현시적(顯示的) 발현 속에서 본질과 분리되지 않으면서 본질로부터 전개되어 나오는 '창조되지 않은 에너지'(l'énergie incréée)를 구별해야 한다.

이 신적 에너지들 안에서 우리가 각자의 역량에 따라 하느님에 참여한다고 말할 때, 이 말은 하느님이 이 외적(ad extra) 발현에서 자신을 충만하게 현시하지 않으신다는 것을 의미하지 않는다. 하느님은 그분의 에너지 안에서도 결코 작아지시지 않는다. 그분은 그 신성의 모든 광선 안에서 충만하게 존재하신다. 그러므로 우리는 하느님의 에너지에 관한 견해를 정립할 때 발생할 수 있는 두 가지 잘못된 견해를 피해야 한다.

첫 번째로, 하느님이 만물을 관통하는 그분의 에너지들을 통해 창조하시고 활동하신다고 해서, 이 에너지들이 필히 피조물에 대응하는 신적 능력인 것은 아니다. 피조물이 존재하지 않았다 해도, 하느님은 그분의 본질 밖으로 자신을 현시하

---

20 위의 책, (96), col. 1189 B.
21 *St. Marci Eugenici Ephes. Capita syllogistica,* dans W. Gass. *Die Mystik des N. Cabasilas,* Creiswald, 1849, ap.nd. II, p.217.

셨을 것이다. 자신의 빛을 지각할 존재가 없다 해도 태양이 그 표면 밖으로 퍼져나가는 광선으로 빛나는 것과 마찬가지다. 확실히 '현시하다' 혹은 '외부로'와 같은 표현은 그리 적절치 않다. 왜냐하면 '외부'는 단지 창조와 더불어 존재하기 시작하며, '현시'란 스스로를 현시하는 자에게 낯선 곳에서만 감지되는 것이기 때문이다. 비록 어느 정도 왜곡된 표현이나 부적합한 이미지를 사용하게 되지만, 이를 통해서 우리는 본질의 확장력이라는, 상대적이지 않고 절대적인, 하느님의 고유한 특성을 표현한다.

두 번째로, 본질의 발산들 혹은 신적 에너지들이 무한하고 영존(永存)하는 것이라 해서, 창조된 세계도 하느님처럼 그렇게 되어야 하는 것은 아니다. 신적 에너지들은 창조의 필연성을 조금도 내포하지 않는다. 창조는 신적 에너지들을 통해 실현된, 그러나 성 삼위 하느님의 공통된 의지의 결정으로 확정된 지극히 자유로운 행동이다. 그것은 하느님 존재 밖에, 다시 말해 '무(無)로부터'(ex nihilo) 또 하나의 새로운 주체를 상정하시려는 하느님의 의지적 행동이다. 현시의 '무대'는 이렇게 자신의 시초를 가지게 되지만, 현시(顯示) 그 자체로 말하자면 그것은 영원하다. 그것이 바로 하느님의 영광이다.

모스크바의 필라렛 주교는 성탄 축일 설교에서 '지극히 높은 곳에서 하느님께 영광'(Gloria in excelsis Deo)이라는 천사들의 찬송에 대해 설교하면서 다음과 같이 동방교회의 이 독특한 교리를 표현했다.

> 하느님은 그분의 영광의 장엄함을 영원 전부터 누리셨습니다. … 그 영광은 그분의 내적 완전함의 계시이고 현시이며 반사이고 옷입니다. 하느님은 영원 전부터 동일 본질이신 성자의 영원한 출생과 동일 본질이신 성령의 영원한 발출을 통해서 자기 자신을 계시하시며, 이렇게 해서 성 삼위 하느님의 통일성은 본질적이고 꺼지지 않으며 변하지 않는 영광으로 빛납니다. 성부는 "영광의 성부"이십니다.(에페소 1:17) 하느님의 성자는 "그 영광의 광채"이십니다.(히브리 1:3) "그분은 세상이 창조되기 전에 성부 안에서 영광을 얻으셨습니다."(요한 17:5) 마찬가지로 하느님의 성령 또한 "영광의 영"이십니다.(Ⅰ베드로 4:14) 이 내재적이고 고유한 영광 속에서, 하느님은 아무런 증인도 필요 없고 어떠한 나뉨도 허용될 수 없는, 모든 영광조차도 넘어선 완전한 지복(至福)을 누리십니다. 그러나 무한한 인자(仁慈)와 사랑 안에서 하느님은 자신의 지복을 나누어주시고 또 자신의 영광의 복된 참여자들이 나오기를 원하십니다. 그분은 또한 그 참여자들의 한없는 완전을 추동하시고 그 완전함을 피조물들에게 드러내십니다. 그분의 영광은 천상의 권능들 안에 현시되고 인간 안에 반사되며 가시적 세계의 위대성으로 옷 입습니다. 하느님은 영광을 주시고, 하느님이 그 영광의 참여자로 삼으신 자들은 그 영광을 받습니다. 영광은 다시 하느님께로 돌아갑니다. 하느님 영광의 이러한 영원한 순환 속에 복된 삶, 피조물들의 지복이

있습니다.[22]

하느님의 의지에 의해 무로부터 만들어진 제한적이고 변화무쌍한 피조물들 안에 무한하고 영원한 에너지들이 임재한다. 이 에너지들은 만물 안에서 하느님의 위대함이 빛나도록 해주며, 만물 바깥에서도 피조 세계는 감당할 수도 없는 하느님의 빛으로 나타난다. 바울로 사도가 「디모테오에게 보낸 첫째 편지」 6장 16절에서 "그분은 홀로 불멸하시고 사람이 가까이 갈 수 없는 빛 가운데 계시며 사람이 일찍이 본 일이 없고 또 볼 수도 없는 분이십니다"라고 말한 바와 같이 하느님은 바로 이 '접근할 수 없는 빛' 안에 거하신다. 구약 성경의 의인들에게도 하느님은 이 영광 안에서 나타나신다. 바로 이 영원한 빛이 그리스도의 인간성을 관통하며, 산상 변모(變貌) 시 제자들이 그분의 신성을 볼 수 있었던 것도 바로 이 영원한 빛을 통한 것이었다. 하느님과의 연합 속에 거하는 '살아있는 교회'의 수많은 성인들이 공유했던 것도 바로 이 창조되지 않은 신화(神化)의 은총이다. 끝으로 의인들이 마치 태양과 같이 광채를 발하는 곳, 그곳이 바로 하느님의 나라다.(마태오 13:43) 동방교회 전통에 따르자면, 성경은 신적인 에너지에 관련되는 본문을 많이 가지고 있다. 예를 들자면 예언자 하바꾹의 다

---

22 *Choix de sermons et discours de Son Éminence Mgr. Philarète*, traduction française par A. Serpinet, Paris, 1866, I, p.3-4.

음과 같은 본문을 들 수 있다.

> 거룩하신 분께서 파란 산에서 오신다. … 그분의 광채는 빛과 같고 두 줄기 빛이 그분 손에서 뻗어 나온다. 거기에 그분의 힘이 숨어 있다.(하바꾹 3:3-4)

우리는 에너지에 관한 교리가 추상적 개념이나 순전히 지적인 구별이 결코 아님을 보게 된다. 이 글에서는 비록 어렵게 포착되었을 망정 실상 그것은 종교적 차원의 아주 구체적인 실재다. 이것이 바로 이 교리가 모순적으로밖에 표현될 수 없는 이유다. 그 발생에 있어서 에너지는 하나의 설명할 수 없는 구별을 드러낸다. 먼저 그것들은 본질로서의 하느님 자신은 아니다. 그러나 동시에 그것들은 본질과 분리될 수 없는 것이기에 단순한 존재로서의 하느님의 통일성을 증언해준다. 이탈리아에서 공부했던 칼라브리아 출신 발람(Barlaam) 수사, 『신학대전』의 희랍어 번역자였던 아킨디노스(Akyndine) 등 그레고리오스 팔라마스 성인의 적대자들, 다시 말해 토마스 아퀴나스 신학에 강하게 영향 받은 동방의 일부 신학자들은 본질과 에너지들의 실제적인 구별이 하느님의 단순성을 해친다고 보았고, 그래서 팔라마스를 이신론자(二神論 dithéisme) 혹은 다신론자(polythéisme)로 고발했다. 동방 신학이 지니는 아포파시스(부정)와 모순의 정신에 낯설었던 이 신학자들은 동방 신학에 반대해서, 우선 하나의 단순한 본질이며 이어서 그 본질 안에서는 휘포스타시스들조차 본질의 관계적 특성을 부여받게 되는 그런 하느님 개념을 옹호했다. '순수 현실태'(acte pur)로서의 하느님을 말하는 철학은 하느님의 본질 자체가 아니면서 하느님일 수 있는 어떤 것을 허용할 수 없었다. 말하자면 하느님은 그 본질에 의해 제한된다. 본질이 아닌 것은 하느님의 존재와 무관하다. 그러므로 발람과 아킨디노스에 의하면, '에너지들'은 '순수 현실태'로서의 본질 그 자체이거나 아니면 본질의 외적 행위의 산물들이다. 다시 말해 본질을 원인으로 두는 결과, 즉 피조물이다.

그레고리오스 팔라마스 성인의 적대자들에게는 신적인 본질도 있고, 창조된 결과들도 있지만, 신적 활동 즉 에너지들은 존재하지 않는다. 그들의 비판에 응답하면서 데살로니카의 대주교 그레고리오스 팔라마스는 동방의 토마스주의자들을 다음과 같은 딜레마 앞에 세워 놓았다. 본질과 '활동들'(에너지들) 사이의 구별을 수용하지만 본질에 대한 그들의 철학적 개념에 부합하기 위해 피조물들로부터 하느님의 영광, 변모의 빛, 은총과 같은 것들을 축출하든지, 아니면 이 구별을 부정해야 할 것이고 그렇게 되면 그들은 인식불가능성과 인식 가능성, 교제 불가능성과 교제 가능성, 본질과 은총을 동일시하지 않을 수 없게 될 것이다.[23] 하지만 이 두 경우 모두 실제

---

23 St. Grégoire Palamas, *Théophanès, P.G.*, t. 150, col. 929 BC.

적인 신화(神化)는 불가능하다. 이렇게 해서 본질에 관한 철학적 개념으로부터 출발하여 하느님의 단순성을 방어하려 했던 그들의 시도는 결국 동방교회의 전통과 반대될 뿐만 아니라 신앙에 있어 결코 용납할 수 없는 결론에 이르게 되었다.

근본적으로 아포파시스 정신에 기초한 모든 동방 신학처럼 그레고리오스 팔라마스 성인에게도, 하느님의 단순성은 '단순 본질'(l'essence simple)이라는 개념 위에 세워질 수 없다. 신학적 사유의 출발점은 언제나 본질과 세 위격 사이의 구별, 더 나아가 세 위격 사이의 구별에도 불구하고 지극히 단순하신 삼위일체 하느님이다. 이 단순성은 하느님에 관한 모든 교리적 진술이 그러한 것처럼 모순적이다. 단순성은 구별을 배제하지 않는다. 그러나 단순성은 또한 하느님 존재의 분리나 파편화도 허용하지 않는다. 니싸의 그레고리오스 성인은 다음과 같이 확언할 수 있었다. 즉 인간의 지성(intelligence)은 그 기능(faculté)의 다양성에도 불구하고 단순하다. 실제로 그것은, 분리되지도 또 그 본성에 있어서 다른 실체들로 전이되지도 않지만, 그것이 인식하는 대상을 향해 나아가면서 스스로 다양화된다. 그럼에도 공통의 에너지들 안에서 하느님의 본질에 귀속될 수 있는 모든 것을 소유하시는 하느님의 세 위격처럼, 인간의 지성 또한 "이름들 위에" 있지 않다.[24] 단순성은

---

24 위의 책, col. 949 AC. 그레고리오스 팔라마스가 주목한 니싸의 그레고리오스의 본문은 의심의 여지없이 *De hominis opificio* 의 것이다. St. Grégoire de

획일성이나 무차별성을 의미하지 않는다. 그렇다면 그리스도교는 결코 삼위일체 하느님의 종교일 수 없을 것이다.

여기서 우리는 우리가 한 가지 사실을 자주 망각하고 있음을 솔직히 인정해야 한다. 그것은 바로 하느님의 단순성이라는 사상이 적어도 신학 교과서에서는 신적 계시가 아니라 인간의 철학으로부터 비롯되었다는 점이다.[25] 에페소의 마르코스 성인은, 본질로서의 존재 양태와는 다른 어떤 존재 방식을 허용하거나 구별성과 단순성을 화해시키는 것이 철학적 사고 안에서는 매우 어려운 일임을 인정하고 동의하면서, 진리를 수용함에 있어서 교회의 경륜적 지혜가 각 시대를 거치면서 인간의 태도에 어떻게 적절하게 부합해 나갔는지를 하나의 묘사를 통해서 잘 보여준다. 그는 말한다.

> 선조들에게서 하느님의 본질과 활동에 대한 분명하고 명쾌한 구별을 만나지 못한다고 해서 놀랄 필요가 없다. 우리 시대에도, 진리의 장엄한 확인과 하느님의 모나르키(monarchie)에 대한 보편적 승인에도 불구하고, 세속 학문의 지지자들은 이 주제와 관련하여 교회에 수많은 장애를 조성하고 교회를 다신론주의라고 고발했지만, 이전에도 자신들의 헛된 지혜

Nysse, *De hominis opificio*, ch. XI, *P.G.*, t. 44, col. 153-156.

25 '하느님의 단순성'과 같은 지나친 개념적 단순화만큼 짜증나는 것도 없다. P. Sébastien Guichardan, *Le problème de la simplicité divine en Orient et en Occident aux XIVe et XVe siècles : Grégoire Palamas, Duns Scot, Georges Scholarios* (Lyon, 1933)은 신앙의 본질적인 신비들 앞에서 신학적 몰상식을 적나라하게 드러내는 대표적인 예이다.

로 교만해진 자들은 하지 않은 일이 없다. 그들은 우리의 박사들을 오류에 빠뜨릴 기회만을 추구하지 않았는가? 그래서 신학자들은 더더욱 하느님 안에서 발견되는 구별성 못지 않게 하느님의 단순성을 주장했다. 휘포스타시스들의 구별을 수용하기 어려웠던 사람들에게는 활동(opérations)의 구별을 강요할 필요도 없었을 것이다. 바로 이러한 지혜로운 신중함과 함께 하느님에 관한 교리들은 시대를 거치며 점점 더 명확해져 왔다. 그리고 하느님의 지혜는 이를 위해 늘 이단들에게 어리석다고 공격당한 그런 사람들을 사용하셨다.[26]

하느님 안에서 '세 휘포스타시스', '한 본질', 그리고 한 본질의 '에너지들'을 구별하지만, 정교 신학은 그분 안에 어떤 구성도 설정하길 허용치 않는다. 위격들과 마찬가지로 성 삼위 하느님 공통의 현시이며 영원한 방사인 '에너지들'은, 삼위일체 하느님과 분리되어, 별도로 고려되어야 하는 하느님 존재의 또 다른 구성 요소들이 결코 아니다. 그것들은 '순수 에너지들'(énergies pures)로 질적 규정되는 바, 본질의 우연성들(συμβεβηκοί, accidents)이 아니다. 왜냐하면 그것들은 하느님 안에서 어떠한 종류의 수동성(passivité)도 함축하지 않기 때문이다.[27]

---

[26] 이 본문은 W. Gass의 위의 책에는 들어있지 않다. 우리는 그것을 *Canon. Oxoniensis*, 49에서 발견할 수 있다. 그리고 이 본문은 M. Jugie가 자신의 논문 'Palamas', *Dictionnaire de théologie catholique*, XI, col. 1759 s.에서 인용했다.

[27] St. Grégoire Palamas, *Capita physica*, etc. (127과 128), *P.G.*, t. 150, col. 1209 C-1212 A.

'에너지들'은 세 위격과 유사한 위격적 존재는 더더욱 아니다.[28] 성자에 대해 말하면서 그분을 '성부의 지혜요 권능'이라고 말한다 해도, 우리는 어떤 하나의 에너지를 세 신적 휘포스타시스 중의 어느 한 위격에 배타적으로 귀속시킬 수 없다. 우리는 통상 "에너지들은 하느님의 속성이다"라고 말할 수 있다. 그러나 이때에도 이 역동적이고 구체적인 속성들은 교과서에 나타나는 추상적이고 메마른 신학이 하느님께 부여하는 그런 속성 개념과는 어떤 공통점도 없다.

아레오파고의 디오니시오스의 가르침에 따르면, 에너지들은 지혜, 생명, 권능, 정의, 사랑, 존재, 하느님 등과 같은 하느님의 수많은 이름을 계시한다. 더 나아가 우리에게 알려지지 않은 헤아릴 수 없이 많은 이름이 있다. 왜냐하면 에너지 안에서 자신을 계시하시는 신현의 충만함을 세상은 결코 다 포함할 수 없기 때문이다. 그것은 마치 예수께서 하신 모든 일을 글로 옮기려면 수많은 책으로도 부족할 것이라고 고백한 사도 요한의 말과 같다.(요한 21:25) 하느님의 이름은 에너지들처럼 수없이 많지만, 그 에너지들이 계시해 주는 본질은 이름 없고 알 수 없는 것으로 남는다. 그것은 마치 빛에 가려지는 어둠과도 같다.

정교회 사상에서, 에너지들은 삼위일체 하느님의 외적 현

---

28 St. Grégoire Palamas, *Théophanès*, *P.G.*, t. 150, col. 929 A.

시이고, 따라서 그것은 하느님의 본질 규정처럼 하느님 존재 내부로 내면화되거나 도입될 수 있는 것이 아니다. 그런데 불가코프의 신학적 발전에 있어서 출발점인 동시에 근본적인 오류가 바로 이것이었다. 그는 지혜(Sophia)라는 에너지를 본질과 동일시했으며, 그 안에서 신성의 원리 자체를 보고자 했다. 그러나 실제로 하느님은 그분의 속성 그 어떤 것에 의해서도 규정되지 않는다. 모든 규정은 그분에게 미치지 못할 뿐만 아니라 논리적으로도 본질로서의 현존 그 자체에 뒤따르는 것이다. 우리가 "하느님은 지혜, 생명, 진리, 사랑이시다"라고 말할 때, 우리는 에너지들, 본질에 뒤따르는 것들, 하느님의 본질에서 비롯되었지만 성 삼위 하느님의 존재 자체의 외적 현시들을 의미한다. 이것이 바로 서방 신학과는 반대로 동방교회 전통이 속성의 이름을 가지고 성 삼위 하느님의 세 위격 간의 관계를 표현하지 않는 이유이다. 예를 들어 우리는, 성자는 지성(intelligence)의 양태로 발생하고 성령은 의지(volonté)의 양태로 발생한다고 결코 말하지 않을 것이다. 또 성령을 절대로 성부와 성자 간의 사랑과 혼동하지 않을 것이다. 우리는 아우구스티누스 성인의 심리적 삼위일체론에서 하나의 유비적 이미지, 아니 오히려 세 위격의 관계를 설명해주는 하나의 긍정신학을 보게 된다. 고백자 막시모스 성인은 삼위일체 하느님 교리에서 의지와 관련되는 심리적 차원의 질적 규정들을 용인하길 거부했다. 그는 오히려 이 규정들 안에서 하느님의 본질에 뒤따르는 것들, 그분에 대한 외적 규정들, 그분의 현시들을 본다.[29] "하느님은 사랑이시다", "하느님의 세 위격은 상호 사랑으로 연합된다"고 말할 때, 우리는 하나의 공통된 현시, 즉 세 휘포스타시스가 공통으로 소유하는 에너지로서의 사랑을 본다. 왜냐하면 세 위격의 연합은 사랑보다 고차적인 것이기 때문이다. 이따금 그레고리오스 팔라마스 성인은 본질에 대해서는 '고차적 신성'(ὑπερειμένη θεότης)이라 부른 반면, 하느님의 실제적인 속성들, 에너지들에 대해서는 삼위일체 하느님에 뒤따르는 것이라는 점에서 '저차적 신성'(ὑφειμένη θεότης)이라는 이름을 붙인다. 이 표현은 당시 그의 적대자들을 몹시 흥분시켰다. 하지만 스스로를 현시하는 존재에 논리적으로 후행하는 현시 그 자체를 생각할 때 그것은 정당하다. "왜냐하면 하느님은 활동하시는 분인 반면, 에너지로서의 신성이란 그분의 활동을 의미하기 때문이다."[30]

우리가 이미 말한 바와 같이, 삼위일체 하느님은 그 자체로 고려될 수 있다. 교부들의 용어법을 빌자면, 그것이야말로 고유한 의미에서의 '신학'(la théologie)이다. 삼위일체 하느님은 또한 피조물과 관련해서 고려될 수 있는데, 이때 이것은 '경륜'(l'économie), 즉 하느님의 행위 혹은 하느님의 분배에 해당

---

29 St. Maxime le Confesseur, *De ambiquis, P.G.*, t. 91, col. 1261-1264.
30 *Concile de 1341, Synopsis Nili,* Mansi, *Col. concil.*, t. 25, col. 1149.

하는 영역이다. 위격들의 영원한 발생은 이런 제한적 의미로서의 '신학'의 대상인 반면, 창조와 섭리의 활동에서 그 위격들이 현시되는 것, 시간 안에서 성자와 성령이 행하신 사역들은 '경륜'의 영역에 해당한다. 몇몇 현대 신학자들이 사용하는 부정확한 표현에 의하면, 그것은 '경륜적 삼위일체론'(Trinité économique)에 해당한다.

교리적 차원에서의 이 구분법에 따르자면, '하느님의 에너지들'은 중간 자리, 즉 신학과 경륜 사이에 위치할 것이다. 다시 말해 세상 창조 행위와는 독립적으로 존재하시는 삼위일체 하느님 자체로부터 결코 분리될 수 없는 영원한 권능으로서의 에너지들은 '신학'에 속할 것이지만, 다른 한편 바실리오스의 표현대로, "우리에게까지 내려오는" 그분의 에너지 안에서 하느님은 피조물들에게 자신을 현시하시기 때문에, 하느님의 이 '에너지들'은 또한 '경륜'의 영역에 속한다 할 것이다.

삼위일체 하느님의 세상 안에서의 경륜적 현시의 차원에서 볼 때, 모든 신적 에너지는 "성부로부터 성자에 의해 그리고 성령 안에서"(ἐκ πατρὸς, διὰ υἱοῦ ἐν ἁγίῳ πνεύματι) 전해진다. 그러므로 성부는 성자를 통해 그리고 성령 안에서 모든 것을 창조하신다고 말할 수 있을 것이다. 알렉산드리아의 키릴로스 성인은 이 표현을 특별히 부각시켜 사용했다. 그는 말한다.

창조되지 않은 실체의 활동은 비록 그것이 각 위격에 고유하게 적용될지라도 일종의 공통된 것이다. 그러므로 어떤 활동이 완전히 한 위격의 특징처럼 적용되는 경우라도, 그것은 결국 세 휘포스타시스 모두에 의한 것이 된다. 그러므로 성부는 활동하신다. 그러나 그 활동은 성자를 통해 성령 안에서이다. 성자 또한 활동하신다. 그러나 이때 성자는, 그 휘포스타시스에 있어서 성부로부터 비롯되고 그 안에 있는 한, 성부의 권능으로 활동하신다. 성령 또한 활동하신다. 왜냐하면 성령은 성부와 성자의 영이요, 전능의 영이기 때문이다.[31]

하느님을 현시하는 에너지들이 배분될 때, 성부는 현시된 속성의 담지자로, 성자는 성부의 현시로, 성령은 현시하는 자로 나타날 것이다. 그래서 신학자 나지안조스의 그레고리오스 성인에게, 성부는 참된 분(Ἀληθινός), 성자는 진리(Ἀλήθεια), 성령은 진리의 영(Πνεῦμα τῆς Ἀληθείας)이시다.[32] 마찬가지로 니싸의 그레고리오스 성인에게도 "권능의 원천은 성부요, 성부의 권능은 성자요, 권능의 영은 성령이시다."[33] 바로 이런 차원에서 성 삼위 하느님에게 공통된 속성인 지혜는, 하느님의 경륜 차원에서는 성자를 지칭하는 것이 될 수 있다. 따라서 우리는

---

31 St. Cyrille d'Alexandrie, *De Sancta Trinitate, dial.* VI, *P.G.*, t. 75, col. 1056 A.
32 St. Grégoire le Théologien, *Oration XXIII (De Pace III)* § II, *P.G.*, t. 35, col. 1164 A.
33 St. Grégoire de Nysse, *De spiritu Sancto, adversus Macedonianos*, § 13, *P.G.*, t. 45, col. 1317 A.

성자는 성부의 위격적 지혜(la Sagesse hypostatique du Père)라고 말할 수 있다. 성자에게 귀속된 '말씀' 즉 '로고스'(Λόγος)이라는 이름도, 성부의 본질을 현시해주는 분으로서의 두 번째 위격을 지칭하는 '경륜적인' 명칭이다. 이것이 바로 신학자 그레고리오스 성인의 다음과 같은 말이 의미하는 바이다.

> 성자가 '로고스'라고 불리는 이유는 단지 그분이 정념 없이 출생하셨기 때문만이 아니라, 그분이 성부와 늘 연합되어 있고 또 성부를 계시해주기 때문이라고 나는 생각한다. 또한, 정의(定義 définition)가 정의(定義)된 주체와 관련되는 것처럼 성자가 성부에 관련되기 때문이라고도 말할 수 있을 것이다. 왜냐하면 로고스는 정의(定義)를 뜻하기도 하기에, "성자를 아는 자는 성부를 알기 때문이다".(요한 14:7) 그러므로 성자는 성부의 본성에 대한 간결하고도 명쾌한 선언이다. 왜냐하면 모든 출생된 존재는 자신을 출생시킨 존재에 대한 암묵적 정의(定義)이기 때문이다. 마지막으로 만약 우리가 '로고스'라는 단어로 각 사물의 본질적 이유(raison)을 의미한다면, 이 이름을 성자에게 귀속시킨다 해서 잘못을 범하지는 않을 것이다. 왜냐하면 로고스에 의존하지 않고 존재할 수 있는 것은 아무것도 없기 때문이다.[34]

성자가 성부의 본성을 외적으로 현시해 준다는 의미에서 '로고스'라는 이름이 가지는 이 경륜적 특징을 우리는 이보다

---

34 St. Grégoire le Théologien, *Oration XXX(theologica IV)*, § 20, *P.G.*, t. 36, col.129 A.

더 이상 명확하게 표현할 수 없다. 이레네오스 성인은, 초기 몇 세기 그리스도교적 사유의 전형이었던 이 같은 방식의 사유를 통해서, "성자의 비가시적 존재(l'invisible du Fils)는 성부요, 성부의 가시적 존재(le visible du Père)는 성자다"[35]라고 표현했다. 성부의 은밀한 본질을 보여주는 성자는 여기서 거의 현시적 에너지들과 동일시된다. 마찬가지로 바실리오스 성인도 "성자는 성부의 모든 영광을 찬란하게 흘러넘치게 하여 자신 안에서 온전히 성부를 보여준다"[36]고 말함으로써 성자에 의한 성부의 현시가 에너지(찬란함, 영광)와 유사한 특징을 가짐을 강조한다.

하느님의 완벽한 형상으로 간주된, 말씀(로고스)과 성령이라는 두 위격에 관한 교부들의 가르침은 이와 같이 삼위일체 하느님이 에너지를 통해서 세상에 현시되는 이런 외적 차원에서만 설명될 수 있다. 바울로 사도가 「히브리인들에게 보낸 편지」 1장 3절에서 말한 "하느님 영광의 광채이시며 하느님 본질의 모상"이라는 본문의 사상을 발전시키면서, 다마스커스의 요한 성인은 "성자는 성부의 형상이요 성령은 성자의 형상이다"[37]라고 말한다. 그런데 여기서 '형상'(이콘 εἰκών)은 다마스커스의 요한에게 있어서 가려져 있는 것에 대한 하나의 현

---

35 St. Irénée de Lyon, *Contra Haereses*, 1, IV, c. 6, § 6, *P.G.*, t. 7, col. 989 C.
36 St. Basile le Grand, *Adversus Eunomium*, II, 17, *P.G.*, t. 29, col. 605 B.
37 St. Jean Damascène, *De fide orthodoxa*, I, 13, *P.G.*, t. 94, col. 856 B.

시오 선포다.[38] 그는 성부로부터 나오는 두 위격의 현시적 활동에 대한 자신의 사상을 다음과 같이 구체화한다.

> 성자는 성부의 형상, 본질적이고도 구체적인 형상, 출생되지 않음과 아버지이심을 제외한 모든 면에서 성부와 완전히 동일한 형상이다. 왜냐하면 성부는 출생되지 않고 출생시키는 반면, 성자는 출생되었기에 결코 성부가 아니기 때문이다. … 성령은 성자의 형상이다. 왜냐하면 "누구도 성령 안에서가 아니라면 예수를 주님이라고 말할 수 없기 때문이다."(Ⅰ고린토 12:3) 그러므로 우리가 하느님의 아들이신 그리스도를 아는 것은 성령을 통해서이고, 우리가 성부를 보는 것은 바로 아들 성자 안에서다.[39]

그러므로 성자와 성령, 동일본질이신 이 두 위격은 세상에서 활동할 때 자기 자신을 현시하는 것이 아니다. 이 두 위격은 자기 자신의 고유한 의지에 의거해서 활동하지 않기 때문이다. 오히려 성자는 성부를 알려주며, 성령은 성자를 증언해준다. 매우 중요한 특징 하나를 발견할 수 있는데, 그것은 성령은 현시되지 않은 채로 존재하며 다른 위격 안에 자신의 형상(이미지)을 가지지 않는다는 것이다. 우리는 뒤에서 성령의 문제를 다룰 때 다시한번 이 주제로 돌아가게 될 것이다. 당분간 다음과 같은 언급으로 만족하자. 동방교회는 서방교회

---

38 St. Jean Damascène, *De imaginibus*, III, 17, *P.G.*, t. 94, col. 1337 B.
39 위의 책, III, 18, col. 1340 AB.

가 성령을 이해할 때 삼위일체 하느님의 외적인 차원과 내적인 차원을 혼동한다고 비판한다. 삼위일체 하느님의 외적인 차원에서 성령은 성부와 성자에 의해 파견된 동일본질의 한 위격이고 세상 안에서 성자를 계시해주는 현시적 활동으로 나타나지만, 삼위일체 내적인 차원에서 성령은 성자와는 그 어떠한 기원 관계도 갖지 않고 오직 성부로부터만 발출되어 나오는 하나의 온전한 위격으로 나타난다. 이 두 차원의 차이는 의지(la volonté)에 의해 확립되는데, 동방 신학 전통에 따르면, 이 '의지'란 것은 삼위일체 하느님의 내적 관계에는 조금도 개입하지 않고 오직 피조세계와 관련된 신적 위격들의 외적 활동만을 규정짓는다. 여기서 이 의지는 세 위격에 공통된 것이다. 그렇기 때문에 성자와 성령의 사역에서 각 위격은 다른 두 위격과의 협력 속에서 활동하게 된다. 성자는 성부에 의해 파견되어 성령의 도움으로 육(肉)을 취함으로써 성육하신다. 성령은 성부로부터 성자에 의해 강림한다. 하느님 경륜의 이러한 차원에서 볼 때, 십자가의 신비에 현시된 삼위일체 하느님의 사랑은, 모스크바의 필라렛 주교가 말한 것처럼, "십자가에 못 박는 성부의 사랑, 십자가에 못 박힌 성자의 사랑, 굴하지 않는 능력 안에서 십자가를 이기는 성령의 사랑"[40]으로 표현될 수 있다.

---

40 Mgr. Philarète, *Oraisons funèbres, homélies et discours*, trad. par A. de Stourdza, Paris, 1849, p.154.

그러므로 동방교회의 신학은 하느님 안에서 1) 세 휘포스타시스와 위격의 발생들(processions personnelles), 2) 본질(essence) 혹은 본성(nature), 3) 에너지들과 본질의 발출들(processions naturelles)이라는 세 가지 차원을 구별한다. 에너지들은 본질과 분리될 수 없다. 본질은 세 위격과 분리될 수 없다. 이 모든 것은 동방 전통의 신비적 삶에 있어서 엄청난 중요성을 가진다.

첫째로 '형언할 수 없는 방식으로 본질과 구분되는 에너지들'에 관한 교리는 모든 신비 경험의 실제적 특징을 떠받치는 교리적 기초이다. 본질에 있어서 근접할 수 없는 하느님은, 그 자체로는 여전히 볼 수 없는 분으로 남아있으면서도, "마치 거울 속에서와 같이" 그분의 에너지들 안에 현존하신다. 그레고리오스 팔라마스 성인의 이 '거울 비유'에 따르자면, 이것은 마치 "우리가 거울을 통해서 우리의 얼굴을 볼 수 있지만, 우리 자신에게는 우리의 얼굴이 언제나 볼 수 없는 것"과 마찬가지다.[41] 본질로는 전적으로 알 수 없는 분이신 하느님은 그분의 에너지들 안에서 전적으로 자신을 계시하신다. 그러나 이 에너지들은 결코 본질을 '알 수 없는' 부분과 '알 수 있는' 부분으로 나누지 않는다. 오히려 이 에너지들은 '본질 안에서'와 '본질 밖에서'라는 하느님 존재의 두 가지 방식을 알려줄 뿐이다.

---

41 St. Grégoire Palamas, *Sermon sur la Présentation de la Sainte Vierge au Temple*, ed. Sophoclès, Athènes, 1861, p.176-177.

둘째로 이 교리는, 어떻게 삼위일체 하느님은 자신의 본질 안에서는 여전히 교제할 수 없는 분이지만 동시에 그리스도의 약속(요한 14:23)에 따라 우리에게 다가오시고 우리 안에 거하실 수 있는지를 이해할 수 있게 해준다. 그것은 피조세계 안에서의 신적 편재와 같이 원인적 현존(présence causale)과는 다르다. 또한 그것은 정의(定義)상 교제 불가능한 것인 본질 그 자체로 현존하는 것은 더더욱 아니다. 반대로 이 현존은 삼위일체 하느님이 가지고 있는 교제 가능한 것들을 통해, 즉 세 휘포스타시스에 공통된 신적 에너지들 곧 '은총을 통해'(우리는 성령이 우리에게 공급하시는 신화(神化)시키는 에너지들을 은총이라고 부른다.) 우리 안에 실제적으로 거하시는 방식의 현존이다. 은사를 공급하시는 성령을 가지신 분(성부)은 동시에 성자도 가지시는데, 그 성자를 통해서 모든 은사가 우리에게 전달된다. 성자 역시 성부를 가지는데, 그분(성부)으로부터 모든 완전한 은사가 비롯된다. 은사 즉 신화(神化)시키는 에너지들을 받음으로써, 우리는 삼위일체 하느님의 내주를 받아들인다. 삼위일체 하느님은 이 본질적 에너지들과 분리될 수 없고, 본질 안에서와는 다르게 하지만 그와 똑같이 실제적으로 이 에너지들 안에서 현존하시기 때문이다.

셋째로 '본질'과 '에너지들'의 구별은 은총(grâce)에 관한 정교회 교리의 기초로서 사도 베드로가 언급한 "하느님의 본성(본질)에 참여하는 자"라는 표현의 참된 의미를 보존할 수 있게 해준다. 우리 모두가 부름 받은 이 연합은, 그리스도의 인간적 본성이 성자의 휘포스타시스 안에서 신적 본성과 연합되듯이 휘포스타시스에 관계되는 것도 아니고, 세 신적 위격이 동일한 본질 안에서 연합되듯이 본질에 관련된 것도 아니다. 그것은 에너지들 안에서 하느님과 연합하는 것, 혹은 우리를 하느님의 본성에 참여토록 해주는 은총을 통해 연합하는 것으로서, 이 때 이 연합을 이루기 위해 우리의 본성이 하느님의 본성으로 변화되어야 하는 것은 아니다. 고백자 막시모스 성인의 가르침에 따르자면, 신화(神化) 속에서, 은총에 의해, 다시 말해 신적인 에너지들에 의해, 우리는 '본성의 동일성 그 자체를 제외하고는'(χωρὶς τῆς κατ'οὐσίαν ταυτότητα) 하느님이 본성상 가지고 있는 모든 것을 소유할 수 있다.[42] 우리는 은총에 의해 온전히 신이 되면서도 동시에 피조물로 남아있게 된다. 그것은 마치 그리스도가 성육신을 통해 인간이 되셨지만 동시에 온전히 하느님으로 남아 계신 것과 같다.

동방교회 신학이 하느님 안에서 허용한 이러한 구별은 계시 현실들에 대한 아포파시스의 태도에 역행하는 것이 결코 아니다. 반대로 이 모순적 구별은 계시로 주어진 것들을 교리 안에 표현하면서도 신비를 고스란히 보존하고자 하는 신학적 종교적 관심에서 비롯된다. 이미 삼위일체 하느님 교리에서 우리

---

42 St. Maxime le Confesseur, *De ambiguis*, P.G., t. 91, col. 1308 B.

가 살펴본 것처럼, 위격들과 본질 사이의 구별은, 본질의 단일성이 휘포스타시스의 삼중성을 압도하지 않고도, 또 이 동일성-구별성의 시원적 신비를 제거하거나 약화시키지 않고도, 하느님을 하나(monade)요 동시에 셋(triade)으로 표현하려는 경향에 빛을 던져 주었다. 마찬가지로, 본질과 에너지들 간의 이 구별은, 알 수 없음과 알 수 있음, 교제 불가능함과 교제 가능함의 모순에 기인하는 것으로, 모든 종교 사상과 모든 신적 체험은 결국 이 모순에 부딪히게 마련이다. 이 실제적인 구별은 하느님 존재 안에 어떠한 구성도 도입하지 않는다. 반대로 그것은, 본질에 있어서는 절대적으로 하나요 위격에 있어서는 절대적으로 셋이며 지존하시고 근접할 수 없는 삼위일체 하느님의 신비, 다가올 세상의 신화(神化)된 상태를 물려받을 모든 이들이 들어갈 영원한 왕국이요 창조되지 않은 빛 그 자체인 영광의 발현 속에 살아계시는 하느님의 신비를 표현해준다.

삼위일체 하느님 교리에서도 한 본질에 강조점을 두는 서방 신학은 본질과 에너지들 간의 실제적인 구별을 덜 인정하는 편이다. 반면 서방 신학은 동방 신학에는 낯선 또 하나의 다른 구별을 확립하는데, 창조된 영광의 빛과 창조된 은총의 빛 간의 구별, 그리고 은사들, 주입된 덕들, 상존은총(grâce habituelle), 도움의 은총(grâce actuelle) 등과 같은 '초자연적 질서'(l'ordre surnaturel)의 제 요소들 간의 구별이 바로 그것이다. 동방 전통은 피조세계에다가 또 하나의 새로운 피조세계를 보태게 될 수 밖에 없는, 하느님과 피조세계 사이에 설정된 '초자연적 질서'를 알지 못한다. 동방 전통은 여기서 단지 창조된 것과 창조되지 않은 것 사이의 구별만 인정할 뿐, 그 밖의 다른 어떤 구별이나 분리를 알지 못한다. 동방 전통에서 '창조된 초(超)자연'(le surnaturel créé)이란 존재하지 않는다. 서방 신학이 '초자연적'이라는 단어로 지시하고자 하는 것은, 동방에서는 '창조되지 않은' 다시 말해 하느님의 본질과 심오하게 구별되는 신적인 에너지들을 의미한다. 차이는 다음과 같은 사실에 있다. 즉, 서방의 은총 개념은 신적 원인의 한 결과이고 창조의 행위 안에서 표현된 것으로 이해되며 인과성의 사상을 함축하고 있는 반면, 동방 신학에서의 은총 개념은 본성적 발생, 에너지들, 신적 본질의 영원한 빛남이라는 것이다. 하느님이 원인으로서 행동하시는 경우는 단지 창조에서다. 이 창조에서 하느님은 신적 충만에 참여하도록 부름 받은 또 하나의 새로운 주체를 만들고, 그를 보호하고, 그를 구원하며, 그에게 은총을 선사하며, 그를 종착점을 향해 이끌어 가신다. 하느님은 에너지들 안에서 존재하시며 실존하시며 영원히 자신을 드러내신다. 그것은 우리가 은총을 받음으로써 다가갈 수 있는 하느님의 존재 양태이다. 그것은 또한 썩어 없어질 피조세계 안에 '창조되지 않은 영원한 빛'이 현존하는 것이요, 하느님이 원인으로 현존하는 것 이상으로 만물 안에서의 하느님의 실제적인 편재다.

> 그 빛이 어둠 속에서 비치고 있지만 어둠은 그를 깨닫지 못
> 하였다.(요한 1:5)

신적 에너지들은 만물 안과 밖에 두루 존재한다. 아레오파고의 디오니시오스의 말을 빌자면, '신성의 빛줄기'와의 연합에 이르려면, 창조된 존재들 너머로 고양되어 피조물들과의 모든 접촉을 떠나야한다. 그러나 이 신적 빛줄기들은 피조세계를 두루 관통할 뿐만 아니라 그것의 지속적 실존의 원인이기도 하다.

> 말씀이 세상에 계셨고 세상이 이 말씀을 통하여 생겨났는데
> 도 세상은 그분을 알아보지 못하였다.(요한 1:10)

하느님은 신적 에너지들을 통해서 만물을 창조하셨다. 창조 행위는 하느님의 에너지들과 하느님 아닌 것들과의 관계를 확립한다. 유한하고 우연적인 존재의 원인은 바로 무한하고 영원한 하느님 광채의 어떤 제한 혹은 어떤 결정(προορισμός)이다. 왜냐하면 에너지들은 그 존재 자체 혹은 그것이 본질로부터 본성적 발생한 것들이라는 사실 자체로 인해 피조세계를 만들지는 않기 때문이다. 만약 그렇다면 세상은 하느님처럼 무한하고 영원한 것이거나, 아니면 신적 에너지들이 하느님의 제한적이고 순간적인 현시들이 될 것이다. 그러므로 하느님의 에너지들은 그 자체로 피조 세계와 하느님의 관계가 아니라, 오히려 하느님의 의지에 따라 하느님이 아닌 것들과

의 관계 안에 들어가고 세상을 존재로 이끌어낸다. 그런데 고백자 막시모스 성인에 따르면, 의지는 항상 자신과 다른 어떤 것, 행동하는 주체의 외부에 존재하는 어떤 사물과의 능동적인 관계이다. 이 의지가 바로 에너지들을 통해서 만물을 창조했다. 그것은 창조된 존재가, 에너지들 안에서, 자유롭게 하느님과의 연합에 다가갈 수 있도록 하기 위해서이다. 그 이유를 막시모스 성인은 이렇게 설파한다.

> 존재하는 모든 것을 만들어 내고 존재하지 않는 모든 것을 존재로 이끌어내는 은총을 통해 신화(神化)됨으로써 신적 본질에 참여하는 자들이 되게 하시려고 또 영원성 안에 들어갈 수 있게 하시려고 그리하여 그분과 닮아가게 하시려고, 하느님은 우리를 창조하셨다.[43]

---

43 St. Maxime le Confesseur, *Epist.* 43, *Ad Joannem cubicularium, P.G.*, t. 91, col. 640 BC.

5장 창조된 존재

 하느님 존재의 충만으로부터 반대로 이 충만을 얻으라고 부름 받은 것으로, 우리 자신으로, 충만하지 못하고 그 자체로는 비존재인 피조세계로 관심을 돌릴려고 할 때, 우리는 다음과 같은 사실을 고려해야만 한다. 즉 하느님에 대한 사유로까지 고양되는 것이 힘든 것이라면, 또 가능한 범위 안에서나마 삼위일체 하느님의 계시를 받아들이기 위해서는 아포파시스(부정)를 통한 상승이 필요했었다면, 하느님 존재라는 개념에서 창조된 존재의 개념으로 옮겨가는 것 또한 그 못지않게 힘든 일임은 당연하다는 사실이다. 왜냐하면 하느님의 신비가 있다면, 피조물의 신비도 있기 때문이다. 여기서도 역시 하느님 밖에 하느님과 나란히 존재하고 하느님과 다를 뿐 아니라 절대적으로 새로운, 그러한 한 주체를 인정하려면, 진정

신앙의 도약이 필요하다. 그리고 무로부터의(ex nihilo) 창조에 관한 계시 진리에 이르려면 일종의 역(逆)방향의 아포파시스(부정)가 필요하다.

우리는 종종 세상의 창조가 철학적 차원의 진리가 아니라 신앙의 한 조항이라는 것을 잊곤 한다. 고대 철학은 절대적인 의미에서의 '창조'라는 용어를 알지 못한다. 플라톤의 '데미우르고스'(Δημιουργός)는 창조주 하느님이 아니라 오히려 우주의 지휘자 혹은 장인이며, 질서 혹은 장식을 의미하는 코스모스(κόσμος)의 한 요소다. 헬레니즘 사고에서 '존재하다'(Être)란, 정해진 방식으로 있는 것 혹은 하나의 본질을 가지는 것을 의미한다. 데미우르고스는 자신 바깥에 영원히 존재하는 무정형의 질료(matières)에, 다시 말해 무질서하고 질적으로 규정되지 않았지만 모든 종류의 형식(forme)과 질적 규정을 수용할 준비가 되어 있는 장(場)과 같은 질료에 '형식을 부여함으로써'(informant) 실체를 창조한다. 질료는 그 자체로는 비존재요 어떤 것으로 존재할 또는 어떤 것이 될 순수가능성이다. 그것은 '절대 무(無)'로서의 '우크 온'(οὐκ ὄν)이 아닌 '메 온(μὴ ὄν)'이다.[01] '무(無)로부터의(ex nihilo) 창조' 사상은 성경에서 처음으로 표현되었다.(마카베오하 7:28) 이 본문에서 한 어머니는 아들에게

---

01 역자주) 희랍어에 부정을 나타내는 말은 '우'(ου, ουκ)와 '메'(μη) 두 가지가 있는데, 전자는 직설법 부정에서 사용되는 반면, 후자는 주로 조건법(조건, 양보, 목적 등) 부정에서 사용된다.

신앙을 위해 순교할 것을 권고하면서 이렇게 말한다.

> 하늘과 땅을 바라보아라. 그리고 그 안에 있는 모든 것을 살펴라. 하느님께서 무엇인가를 가지고 이 모든 것을 만들었다고 생각하지 말아라. (ὅτι οὐκ ἐξ ὄντων ἐποίησεν αὐτὰ ὁ θεός).

모스크바의 필라렛 주교는 이와 관련하여 다음과 같이 말한다.

> 피조물들은, 위로는 하느님의 무한성의 심연이 펼쳐지고 아래로는 피조물 고유의 무(無)의 심연이 드리워진, 마치 다이아몬드 가교(架橋)와도 같은 하느님의 창조적 말씀 위에 놓여 있다.[02]

피조물들의 무(無) 또한 부정신학의 신적인 무(無)만큼이나 신비적이고 헤아릴 수 없는 것이다. '절대 무(無)'라는 사상 자체가 모순적이고 부조리하다. '무(無)가 존재한다'는 말도 그 자체로 모순이거니와 '무는 존재하지 않는다'는 말도 동어 반복에 지나지 않을 것이다. 비록 적절한 방법은 아니지만 적어도 이러한 표현을 통해서 하느님 바깥에는 아무 것도 존재하지 않는다는 사상, 더 나아가 하느님께는 '바깥'이라는 것 자체가 존재하지 않는다는 사상을 표현하려는 것이 아니라면 말이다. 그러나 '무로부터의 창조'는 정확히 하느님 밖에 어떤

---

02 P. Florovsky, *Les voies de la théologie russe*, Paris, 1937, p.180 (러시아어)에서 인용됨.

것을 만들어 내는 행위, 절대적으로 새로운 한 주체를 만들어
내는 것을 의미한다. 이때 이 새로운 주체는 신적 본질에도,
질료 혹은 하느님 바깥에 있는 어떤 존재 가능성에도 근거하
지 않는다. '무로부터의 창조'를 통해서 하느님은 자신 바깥에
있는 무언가를 위해 자리를 만들어 주며, 또 '바깥'을, 다시 말
해 자신의 충만(充滿)과 나란히 무(無)를 설정한다고 우리는 말
할 수 있다. 하느님은 절대적으로 다른 한 주체, 다마스커스
의 요한 성인의 말을 빌자면, "공간적으로가 아니라 본질에
있어서"(οὐ τόπῳ, ἀλλὰ φύσει)[03] 그 자신으로부터 한없이 떨어져 있
는 하나의 절대 주체를 위해 자리를 내어주신다.

창조는 하느님의 전개나 확산이 아니다. 그것은 또한 신적
본질의 필연성으로 말미암아 존재들을 산출하지 않을 수 없
는 에너지들의 자발적 분여(分與) 같은 것도 아니다. 신플라톤
주의가 말하는 "그 자신 스스로 확산되는 선(善, le Bien)"은 "없
는 것을 있게 만드시는"(로마 4:17) 바울로 사도의 하느님이 아
니다. 피조세계는 의지(volonté)의 작품이지 본질(nature)의 소산
이 아니다. 바로 이러한 의미에서 다마스커스의 요한 성인은
세상 창조를 말씀의 출생에 대립시킨다.

> 출생은 본질(nature)의 소산이며 하느님의 본질 그 자체로부
> 터 비롯된다. 그래서 출생은 반드시 시작이 없는 영원한 것

---

03 St. Jean Damascène, *De fide orthodoxa*, I, 13, *P.G.*, t. 94, col. 853 C.

이지 않으면 안 된다. 그렇지 않다면, 출생시키는 분은 변화를 겪을 것이고, 그러면 이전의 하느님과 이후의 하느님이 존재하게 될 것이며, 따라서 하느님도 성장하게 될 것이다. 창조에 대해 말하자면, 그것은 의지(volonté)의 작품이며, 따라서 하느님처럼 영속하는 존재가 아니다. 왜냐하면 무(無)로부터 존재로 이끌려 나온 것은, 시작이 없이 항상 존재하시는 분과 똑같이 영속하는 존재일 수는 없기 때문이다.[04]

창조는 시작을 가지며 또 시작은 무로부터 존재에로의 통과와 변화를 전제한다. 그러므로 피조물은 기원이 있다는 점에서 변화하는 존재이며 한 상태에서 다른 상태로 지나가는 존재다. 피조물은 무로부터 창조된 자신 안에도 또한 신적 본질 안에도 자신의 토대를 두지 않는다. 왜냐하면 하느님은 창조의 필연성에 의해 추동되지 않았기 때문이다. 하느님의 본질 안에는 피조물을 만들어야 할 필연적 원인이 존재하지 않는다. 피조물은 존재하지 않을 수도 있었다. 마찬가지로 하느님은 창조하지 않을 수도 있었다. 창조는 하느님 의지의 자유로운 행위이며 이것이야말로 모든 존재들의 유일한 근본이다. 하느님이 그것을 원할 때, 또한 자신의 지혜와 창조의 덕 안에서 무언가 원하기만 하면 그것을 실현시키지 않은 채 원의(願意)를 그냥 내버려두는 법이 없는 전능자의 권능에 의해서, 신적 의지의 의향 자체는 하나의 작품이 되고 그의 의지는

04 위의 책, I, 8, col. 813 A.

실현되며 즉각적으로 하나의 존재가 되는 것이다. 바로 이 원의(願意)의 실현이 창조된 존재라고 니싸의 그레고리오스 성인은 말한다.[05] 그 기원에 있어서 우연적인 피조물은 존재의 시작을 가지지만, 또한 그것은 영원히 존재하게 될 것이다. 죽음과 파괴는 무(無)로의 회귀일 수 없다. 왜냐하면 주님의 말씀은 영원하며(I 베드로 1:25), 하느님의 의지는 변하지 않기 때문이다.

창조는 의지의 자유로운 행위이지 신적 에너지들처럼 본질의 흘러넘침은 아니다. 그것은 공통의 의지를 소유하는 삼위일체 하느님, 즉 인격적 하느님의 특성이다. 이때 이 공통의 의지는 본질에 속하는 것이며 사유의 결정을 행동으로 옮긴다. 바로 이를 두고 다마스커스의 요한 성인은 "하느님의 영원하고도 변화지 않는 협의"(le Conseil éternel et immuable de Dieu)[06]라고 불렀다. 창세기는 우리에게 다음과 같이 말씀하시는 하느님을 보여준다.

> 우리의 형상(image)을 따라서 우리의 모양(ressemblence)대로 사람을 만들자.(창세기 1:26)

여기서 삼위일체 하느님은 창조하시기 전에 먼저 서로 협

---

05 St. Grégoire de Nysse, *In Hexaemeron*, P.G., t. 44, col. 69 A.
06 St. Jean Damascène, *De imaginibus*, I, 20, P.G., t. 90, col. 1240-1241.

의하시는 것처럼 묘사된다. 이 '협의'는 하나의 자유롭고 깊이 숙고된 행위를 의미한다. 다마스커스의 요한 성인은 "하느님은 사유로 창조하시고, 사유는 작품이 된다"[07]고 말한다. 그는 또 이렇게 말한다.

> 하느님은 자신의 사유로 이 만물을 상상하심으로써 만물의 존재 이전에 이미 그것을 보셨다. 그리고 각각의 존재는 정해진 순간에, 예정(προορισμός)이고 형상(εἰκών)이고 본보기(παράδειγμα)라 할 수 있는 그분의 영원한 '사유(思惟)-의지(意志)'에 따라(κατὰ τὴν θελητικὴν αὐτοῦ ἄχρονον ἔννοιαν) 존재를 부여받는다.[08]

우리가 '사유-의지'(아마도 '의지적 사유'가 더 정확할 수도 있다)라고 번역한 '텔레티케 에노이아'(θελητικὴ ἔννοια)라는 용어는 매우 의미심장하다. 그것은, '신적인 사유'(idées divines)에 관한 동방 교리와 함께, 동방교회 신학이 하느님의 '피조물에 대한 사유'에 부여하는 위상을 완벽하게 표현해 준다. 이 개념에 따르자면, 사유는 하느님 존재 자체 안에 있는 피조물의 '영원한 이성'(les raisons éternelles)이나, 피조물들에게 모형(母型)적 원인으로 작용하는 '본질의 결정'(les déterminations de l'essence)이 아니다. 이러한 견해는 오히려 아우구스티누스 성인에게서 발견되는 것으로, 나중에는 모든 서방 전통에 공통적인 가르침이 되었고, 토마

---

07 St. Jean Damascène, *De fide orthodoxa*, II, 2, *P.G.*, t. 94, col. 865 A.
08 위의 책, col. 837 A.

스 아퀴나스 성인에 의해 더욱 분명한 모습으로 정식화되었다. 희랍 교부들의 사상에 의하면, 신적 사유(idées divines)는 보다 역동적이고 의식적(意識的)인 특징을 가진다. 그것들은 본질이 아니라 본질에 뒤따르는 것에, 다시 말해 신적 에너지들 안에 자리 잡는다. 왜냐하면 사유들은 의지 혹은 의지들(θελήματα)과 동일시되고, 이때 의지들은 창조된 존재들이 창조적인 에너지들에 참여하는 여러 양태를 결정짓기 때문이다. 이와 같이 디오니시오스는 "사유들 혹은 본보기들"을 "사물들을 실체화시키는 이성들"이라고 규정했는데, "그 이유는 이 이성들을 통해서 초(超)실체이신 하느님이 모든 것을 결정하시고 창조하셨기 때문이다."[09] 신적 사유들이 하느님의 본질 그 자체가 아니라면, 또 그것들이 의지에 의해 본질로부터 분리되었다면, 창조의 행위와 하느님의 사유는 본질에 따른 필연적 결정이나 하느님 존재의 지적 내용은 더더욱 아니다. 그러므로 창조된 우주는 플라톤주의나 플라톤주의화된 사상처럼 하느님의 불완전한 복제라는 창백하고 허약한 면모 아래 제시될 것이 아니라, 오히려 하나의 새로운 절대 존재로, 또는 "보시기에 참 좋았다"고 말씀하신 창세기의 하느님의 두 손으로부터 새롭게 튀어나온 창조로, 혹은 하느님이 원하셔서 창조되고 하느님 지혜의 큰 기쁨이 되는 우주로, 또 니싸의 그레

---

09 St. Denys l'Aréophasite, *De div. nomin.*, V, 8, *P.G.*, t. 3, col. 824 C.

고리오스 성인의 말을 빌어 "하나의 음악과 같은 조화"로, 또 "전능자의 권능으로 현묘(玄妙)하게 작곡된 하나의 성가"[10]로 보이게 될 것이다.

사유들을 하느님의 내적 존재 안에 들여놓으려 함으로써, 사람들은 신적 본질에 하나의 이상적인 내용(contenu idéal)을 부여하고, 그 안에 플라톤의 '지성적 우주'(κόσμος νοητός)를 갖다 놓는다. 그러면 하느님 안에 있는 이 이상적 세계(monde idéal)에 어떤 강조점을 두느냐에 따라 다음과 같은 선택에 봉착하게 된다. 그것은, 창조 세계가 창조적 지혜의 고유한 작품이라는 특징을 상실해 버리고 가치가 하락된 것으로 이해되든지, 아니면 피조물이 하느님의 내적 삶 안에 편입되고 '지혜론적(sophiologique) 교리'에서처럼 그 존재론적 근본이 삼위일체 하느님 자신 안에 뿌리를 둔 것으로 이해되든지, 둘 중의 어느 하나가 될 것이다. 전자는 아우구스티누스 성인의 경우가 그 예인데, 이 경우 신적 사유들은 부동하며, 하느님의 확고부동한 완전이 강조된다. 반면, 후자의 경우는 동방의 지혜론이 그 예로, '우시아'(οὐσία) 즉 하느님의 본질조차도 역동적인 것이 된다. 요하네스 스코투스 에리우게나(Jean Scot Erigène)의 신학 체계는 동방적 요소와 서방적 요소의 기묘한 뒤섞임이요 희랍 교부들의 교리를 아우구스티누스적 사고의 바탕 위에

---

10 St. Grégoire de Nysse, *In Psalmorum inscriptiones, P.G.,* t. 44, col. 441 B. 참고. St. Grégoire de Nysse, *Oration catechetica magna,* c. 6, *P.G.,* t. 45, col. 25 C.

옮겨 놓은 것인데", 바로 그가 신적 사유들을 피조물들로 혹은 하느님이 우주를 창조하실 때 도구로 삼은 "창조된 최초의 원리들"(natura creata creans)로 소개했다는 것은 매우 흥미 있는 일이다. 동방 교부들처럼 그는 사유들을 신적 본질 바깥에 놓는다. 그러나 동시에 그는 아우구스티누스 성인처럼 본질로서의 사유들의 특징을 유지하길 원한다. 그 결과 사유들은 '창조된 최초의 본질들'이 된다. 요하네스 스코투스 에리우게나는 본질과 에너지들 사이의 구별을 이해하지 못했다. 이점에서 그는 여전히 아우구스티누스주의에 충실하다. 이 때문에 그는 사유들을 하느님의 창조적 의지와 동일시할 수 없었다.

디오니시오스가 '본보기'(παράδειγμα), '예정'(προορισμός), '섭리'(προνοίαι)¹²라고 부른 '사유-의지'(idées-volontés)는 창조된 사물과 동일하지 않다. 사유들은 단순한 광채요, 혹은 에너지들 안에서 하느님의 의지에 의해 정초된 만물의 토대요, 또한 하느님과 그분의 창조물의 관계의 토대로 머물러 있으면서도 피조물로부터 분리되어 존재한다. 그것은 마치 장인(匠人)의 의지가 그것이 구현되어 있는 그의 작품과 분리되어 있는 것

---

11 요하네스 스코투스 에리우게나의 체계의 형성은 A. Brilliantov가 자신의 역작에서 잘 소개했다. A. Brilliantov, *L'influence de la théologie orientale sur la pensée occidentale dans les oeuvres de Jean Scot Érigène*, Saint Pétersbourg, 1898.

12 St. Denys l'Aréophasite, *De div. nomin.*, V, 2, 8, P.G., t. 3, col. 817 et 824.

과 마찬가지다. 이 사유들은 에너지에 참여하는 여러 가지 방식과, 또한 하느님의 사랑에 의해 추동되고 또 각각 자신의 본성에 비례하여 이 사랑에 응답하게 되는, 존재의 다양한 범주의 불균등한 고양(高揚)을 미리 확립한다. 창조는 이렇게 해서 실제적 유사(類似)들(analogies réelles)의 위계 구조로 나타난다. 디오니시오스에 따르면, 이 위계 구조 안에서, "위계적 배열의 각 층은, 각각 자신의 고유한 유사에 따라, 하느님이 주신 은총과 덕을 통해 그분이 본질상 넘치게 소유하신 것을 성취함으로써, 하느님과의 협력에로 고양된다."[13] 그러므로 모든 피조물은, '협력'(la synergie), 다시 말해 창조된 의지와 하느님의 사유-의지의 협력 안에서 성취될 하느님과의 완벽한 연합에로 부름 받았다. 그러나 디오니시오스가 주장하듯이, 이 연합은 '협력', 즉 의지들의 동의와 자유를 전제하는 것이다. 그렇기 때문에 우리는 창조된 코스모스의 최초 상태 안에서 아직은 충만한 연합에 이르지 못한, 따라서 창조된 존재들은 하느님의 사유-의지를 충만하게 이루기 위해 사랑 안에서 성장해가야 하는 불안정한 완전을 보게 되는 것이다.

이러한 사상은 고백자 막시모스 성인에 와서 크게 발전하는데, 그에 따르면, 피조물은 무엇보다도 먼저 제한된 존재로 규정된다. 다시 말해, 막시모스에 의하자면, 피조물은 자신

---

[13] St. Denys l'Aréophasite, *De coel. Hier.*, *III*, 3, P.G., t. 3, col. 168.

바깥에 자신의 목적을 가지고 있고 무언가를 향해 정향되어 있으며 따라서 영원한 운동 속에 있다. 다양성과 복수성이 존재하는 곳에 운동이 존재한다. 창조된 세상에서는 모든 것이, 감각적인 것만이 아니라 지적인 것 또한 운동 속에 존재한다. 이 제한, 이 운동은 공간과 시간이라는 형식을 가진다. 하느님만이 절대 휴식 안에 계시며, 그분의 완벽한 부동성은 시간과 공간 바깥에 그분을 상정토록 만든다. 만약 우리가 창조된 존재와의 관계 속에서 하느님을 말하면서 운동을 그분에게 귀속시키는 경우, 그것은 대개가 하느님은 피조물에게 사랑을 넣어 주셔서 하느님을 향해 나아가도록 추동하신다는 것, 또한 하느님은 "우리가 그분을 원하기를 기대하시고 또 우리가 그분을 사랑하기를 애원하심으로써"[14] 피조물을 끌어당기신다는 것을 말하고자 하는 것이다. 그분의 의지는 우리에게 하나의 신비다. 왜냐하면 의지는 타자에 대한 관계인데, 실로 하느님 외에는 다른 어떤 것도 존재하지 않기 때문이다. 무로부터의 창조는 우리에게 이해될 수 없는 어떤 것이다. 우리는 하느님의 의지가 이미 창조된 세상에 대한 그분의 관계라는 점에서만 그것을 알뿐이다. 그것은 무한과 유한의 접촉점이며, 이러한 의미에서 신적 의지들은 사물을 창조하는 사유들, 즉 '로고이'(λόγοι) 혹은 '말씀들'이다. 용어의 동일성에도 불

---

14 St. Maxime le Confesseur, *De ambiguis, P.G.*, t. 91, col. 1260 C.

구하고, 이 '말씀들'은 스토아 철학자들이 말하는 '종자 이성들(raisons seminales)'과는 전혀 공통점도 없다. 우리가 창세기나 시편(147편)에서 만나는 것은 오히려 창조와 섭리의 '말씀들'이다. 모든 피조물은 신성과의 접촉점을 가진다. 피조물이 자신의 궁극적 목적으로 가지고 있는 바, 피조물의 사유, 피조물의 이성, 피조물의 로고스가 바로 그것이다. 개별적 사물들의 사유는, 일반적으로 종(種)들이 류(類)에 포함되듯이, 보다 고차의 사유 안에 포함된다. 만물은 모든 피조물의 처음 원리요 마지막 목표인 삼위일체 하느님의 제 2 위격이신 로고스(le Logos)에 포함된다. 로고스, 즉 말씀이신 하느님은, 니케아 이전 신학이 대부분 그랬던 것처럼, 여기서 경륜적 차원에서 강조된다. 로고스는 신적 의지의 현현이다. 왜냐하면 성부는 로고스를 통해서 성령 안에서 만물을 창조하셨기 때문이다. 피조물의 본질을 검토할 때, 또 피조물의 존재 이유를 파고들 때, 우리는 결국 원인적 원리인 동시에 만물의 목적인 로고스에 대한 지식에로 안내된다. 신적 중심이요, 모든 창조적 광채와 모든 피조물의 특수한 로고이(logoï)가 그로부터 흘러나오는 광원(光源)이요, 역으로 모든 피조물이 마치 자신의 최종적 목표를 향하듯이 향해 있는 중심으로 현존하시는 로고스에 의해, 만물은 창조되었다. 피조물은 최초의 상태에서부터 하느님과 분리되어있었기에, 신화(神化) 즉 하느님과의 연합은 피조물의 목표이며 최종적 완성이기 때문이다. 그러므로 최초 상태의

복은 신화(神化)된 상태가 아니다. 오히려 그것은 자신의 최종 목표를 향해 배열되고 정향된, 일종의 명령으로서의 창조가 가지는 완전성이다.[15]

하느님은 창조적 사유-의지들을 통해 스스로를 계시하시기에, 우리는 피조물 안에서, 또 피조물을 수단으로 해서 하느님을 알 수 있다. 그러나 우리는 또한 신비적 관상이나 하느님 얼굴의 광채인 '창조되지 않은 에너지들'(énergies incréees)을 통해서도 즉각적인 방식으로 하느님을 알 수 있다. 그리스도가 다볼 산 위에서 자신의 신성을 제자들에게 나타나 보이신 것이 바로 이러한 경우이다. 또한 하느님과의 연합에 이르기 위해 유한한 사물에 대한 모든 지식을 거부함으로써 피조물로부터 벗어난 성인들이 하느님 인식에 도달하게 되는 것도 바로 그와 같은 경우이다. 비록 모든 것을 포기하지만, 성인들이 결국 피조물에 대한 완전한 지식을 습득할 수 있게 되는 것도 바로 이 때문이다.[16] 왜냐하면 하느님에 대한 관상으로 고양되어 감으로써, 그들은 하느님의 단순한 에너지들 안에 함축된 그분의 사유-의지들 안에서, 즉 피조물의 원초적 이유

---

15 발타자르가 피조물의 존재론에 관한 막시모스 성인의 주요 본문에 대해 쓴 글을 보라. Hans Urs von Balthasar, *Kosmische Liturgie,* Freiburg im Breisgau, 1941. 특별히 이 책의 108-160 쪽, "Die Kosmologischen Synthesen"을 보라.

16 St. Maxime le Confesseur, *De ambiguis, P.G.,* t. 91, col. 1152 C-1156 B. 1160 AD.

안에서, 존재의 모든 영역을 이해할 수 있기 때문이다. 이것은 우리에게 누르시아의 베네딕투스(Benoit de Nursie) 성인이 경험했던 신비경을 떠올리게 하는데, 그는 우주 전체를 마치 신성한 빛의 한 광선 안에 집합된 것으로 보았기 때문이다.[17]

만물은 로고스(Logos)에 의해 창조되었다. 사도 요한 성인은 "모든 것은 말씀을 통하여 생겨났다"(요한 1:3)고 말하며, 우리도 니케아 신조를 통해 그것을 되풀이하여 고백한다. 그러나 니케아 신조는 또한 하늘과 땅과 보이는 것과 보이지 않는 모든 것을 만드신 분은 성부이시며 더 나아가서 성령은 '생명을 주시는 분'이라고 우리에게 가르쳐준다. 아타나시오스 성인은 말한다.

> 성부는 성자를 통해서 그리고 성령 안에서 만물을 창조하셨다. 왜냐하면 말씀이 있는 곳에 영이 있으며, 성부가 만드신 모든 것은 말씀에 의해 성령 안에서 자신의 존재를 획득하기 때문이다. 실제로 시편 말씀은 이렇게 증언한다. "주님의 말씀으로 하늘이 펼쳐지고, 그의 입김으로 별들이 돋아났다."(시편 33:6)[18]

이것은 삼위일체 하느님의 경륜적 현현이다. 성부는 성자를 통해서 성령 안에서 활동하신다. 이것이 바로 이레네오스

---

17 St. Grégoire le Grand, *Dialogorum liber II, cap.*35, *P.L.*, t. 66, col. 198-200.
18 St. Athanase le Grand, *Epistola III ad Serapionem,* § 5, *P.G.*, t. 26, col. 632 BC.

성인이 성자와 성령을 '하느님의 두 손'이라고 부른 이유다.[19]
창조는 삼위일체 하느님 공동의 사역이다. 그러나 세 위격은
비록 연합되어 있지만 서로 다른 방식으로 피조물의 원인이
되신다. 바실리오스 성인은, 천사의 창조에 대해 말하면서,
다음과 같은 방식으로, 창조 사역에서의 세 위격의 현현을 묘
사한다.

> 창조된 만물의 최초인(τὴν προκαταρτικὴν αἰτίαν)에 대해 숙고해
> 보라. 그것은 바로 성부이다. 작동인(τὴν δεμιουργικήν), 그것은
> 성자요, 완성인(τὴν τελειωτικήν), 그것은 성령이다. 그러므로 천
> 상의 영들은 성부의 원의(願意)에 의해 존재하고, 성자의 작동
> 시킴에 의해 실존하고, 성령의 현존 안에서 완전에 이른다.[20]

작동시키고 완성시키는 말씀과 영의 이중적 경륜을 통해
나타나는 삼위일체 하느님의 이 공동의 사역은 피조물에게
'존재'(l'être)만 아니라 선, 완전에 따라 존재할 능력, 즉 '선한
존재'(l'être bon, τo εὖ εἶναι)도 제공한다.

동방의 전통에는 은총이 마치 초자연적 은사처럼 그 위에
추가되는 '순수 본질'(la nature pure)과 같은 것이 없다. 은총은 이
미 창조 행위 그 자체에 함축되어 있기 때문에 동방 전통에서
는 '정상적인' 본성의 상태란 존재하지 않는다. '신적 협의'의
영원한 결의 혹은 신적 사유는, 타락한 자연 밖에는 알지 못하

---

19 St. Irénée de Lyon, *Contra Heareses*, IV, praefatio, *P.G.*, t. 7, col. 975 B.
20 St. Basile le Grand, *Liber de Spiritu Sancto*, XVI, 38, *P.G.*, t. 32, col. 136 AB.

는 아리스토텔레스를 비롯한 철학자들이 말하는 '사물의 본질들'과 상응하지 않는다. 그러므로 동방 신학의 견지에서 볼 때, '순수 본질' 개념은, 창조의 첫 상태에도, '반(反) 본질'(contre nature)인 현재의 상태에도, 또 다가올 세상에 나타날 신화(神化)된 상태에도 대응하지 않는, 하나의 철학적 허구에 불과하다. 신화(神化)되도록 창조된 세상은, 하느님의 사유-의지들 안에서 이미 결정된 자신의 최종적 목표를 향해 나아가는 것이기에, 역동적이다. 하느님의 사유-의지들은, 만물 안에 표현되고 만물을 성령 안에서 하느님과의 연합에로 이끌어 가는 성부의 위격적 지혜 즉 말씀 안에 집중되어 있다. 왜냐하면 피조물에게 '자연적인 지복'이란 존재하지 않으며, 신화(神化) 이외의 다른 목표를 가질 수 없기 때문이다. 각자의 본성에 따라 최초의 피조물들에게 주어졌던 본래 상태와, 지속적이고도 점증적으로 신적 에너지들에 참여함으로써 피조물들이 이르게 될 상태를 구별하려는 모든 시도는 허구일 뿐이다. 실제로 이 구별들은, 언제나 동시적으로 나타나서 도무지 분리할 수 없는 현실을 몇 가지 구별되는 국면으로 분리시키고자 한다. 피조물은 하느님께 연합될 수 있는 자질을 타고나는데, 그것은 그들의 목표가 그러하기 때문이다.

창세기는 하늘과 땅과 우주 전체가 태초에 창조되었다고 말한다. 바실리오스 성인에게 그것은 시간의 시작을 의미한

다. 그러나,

> 여정의 시작이 아직은 여정이 아니고, 집짓기의 시작이 아직 집이 아닌 것처럼, 시간의 시작 또한 아직 시간이 아니며 시간의 작은 부분도 아니다.[21]

하느님의 의지가 '태초에' 창조하셨다는 것은 "그분의 행위는 즉각적이고도 비(非)시간적이라는 것"을 의미한다. 시간은 우주와 함께 시간이 시작된다. 고백자 막시모스 성인에 따르자면, 감각적 존재들(τὰ αἰσθετά)의 형식인 시간을 야기한 것은 운동, 피조물의 고유한 속성인 변화이고, 그것의 기원 또한 하나의 변화에서 찾아진다. 시간은 시작되서 지속되고 결국 자신의 목적에 이르게 될 것이다. 그러나 시간 바깥에, 지성적 존재들(τὰ νοητά)에게만 고유하게 적용되는 피조물의 또 다른 존재 형식이 있는데, '에온'(αἰών)이 바로 그것이다. 막시모스에 의하면, "시간은 '운동에 의해 측정된 에온'인 반면, '에온'은 '부동의 시간'이다."[22] 지성적 존재는 영원하지 않다. 그것은 비존재에서 존재로 넘어감으로써 '에온 안에서'(ἐν αἰῶνι) 자신의 시초를 갖지만 변화하지 않고 비(非)시간적 존재 방식 안에 머물러 있다. '에온'은 시간 바깥에 있다. 그러나 그것은 시간과 마찬가지로 하나의 시초를 가짐으로써 시간과 공통분

---

21 St. Basile le Grand, *In Hexaemeron,* homilia, I, 6, *P.G.,* t. 29, col. 16 C.
22 St. Maxime le Confesseur, *De ambiguis, P.G.,* t. 91, col. 1164 BC.

모를 갖는다. '하느님의 영원성'만이 측정될 수 없으며, 이는 시간뿐만 아니라 에온에 대해서도 동일하게 그러하다.

바실리오스 성인에 의하면[23], 하느님은 바로 이 초(超)시간적 조건 속에 천사의 세계를 창조하셨다. 천사들이 더 이상 죄에 빠질 수 없는 것은 바로 이 때문이다. 천사가 확고부동하게 하느님께 속해 있느냐 아니면 하느님을 거슬러 영원히 적대하느냐 하는 것은 천사들이 창조될 때 찰나적으로 실현되었고 영원히 지속된다. 막시모스 성인과 마찬가지로 니싸의 그레고리오스 성인에게도, 천사의 본질은 영원한 선(善)들을 획득함으로써, 또 모든 피조물들의 속성인 운동, 물론 여기서는 시간적 연속성이 배제되겠지만, 하여튼 그런 운동 속에서 끊임없이 성장할 수 있다.

막시모스 성인도 동의한 니싸의 그레고리오스 성인의 교리에 따르면, 물질의 본성은 그 자체로는 단순하고 지성적인 질(質)들이 집합되어 나타난 결과이며, 이 질(質)들의 합(合)과 협력과 응결이 모든 감각적 사물의 기반인 기체(基體)와 육체성(corporéité)을 낳는다.

몸 안의 그 어떤 것도, 즉 그것의 형식, 연장, 부피, 무게, 색깔, 그 밖의 어떤 질(質)도 그 자체로는 몸이 아니며 단지 순수하게 지성적인 것일 뿐이다. 하지만 그것들의 결합(συνδρομή)이

---

23 St. Basile le Grand, *In Hexaemeron*, homil, I, 5, *P.G.*, t. 29, col. 13 ; St. Basile le Grand, *Adversus Eunomium*, IV, 2, *P.G.*, t. 29, col. 680 B.

몸이 된다.[24]

물질에 대한 이러한 역동적인 이론은 물질성의 여러 가지 등급, 따라서 보다 물질적인 혹은 덜 물질적인 몸들을 알게 해준다. 그것은 또한 타락 이후 최초의 인간 본성에 생겨난 변화와 더불어 장차 있을 몸의 부활을 보다 더 잘 이해할 수 있게 해준다. 물질적 요소들은 한 몸에서 다른 몸으로 이동하고 그래서 우주는 한 몸이 된다. 니싸의 그레고리오스 성인은 말하기를, 만물은 서로가 서로 안에 존재하고 서로를 지탱하게 되는데, 그 이유는 유전(流轉)시키는 어떤 힘이 일종의 회전 운동 안에서 물질적 요소들을 다시 한번 그것들의 출발점으로 이끌어가기 위해 끊임없이 이것에서 저것으로 이동시키기 때문이다. "이 회전 안에서 어떤 것도 감소되거나 증가되지 않고, 반대로 모든 것은 최초의 수준 안에 머물러 있게 된다."[25] 그럼에도 불구하고 몸의 각 요소들은, "마치 파수병에 의해"[26] 보호되듯이, 이 요소에 자신의 흔적을 표시하는 영혼의 지적 능력에 의해 보존된다. 왜냐하면 영혼은 몸의 요소들이 세상에 흩어져 버렸을 때조차, 자신의 몸을 알기 때문이다. 이렇게 타락으로 인한 죽음의 조건 안에서도, 영혼의 영적인 본성은 몸의 흩어져 버린 요소들과의 확실한 연관을 유지해서 부

---

24 St. Grégoire de Nysse, *De anima et resurrectione, P.G.,* t. 46, col. 124 C.
25 St. Grégoire de Nysse, *In Hexaemeron, P.G.,* t. 44, col. 104 BC ; St. Grégoire de Nysse, *De anima et resurrectione, P.G.,* t. 46, col. 28 A.
26 St. Grégoire de Nysse, *De anima et ressurectione, P.G.,* t. 46, col. 76-77.

활의 시기에 이 요소들을 되찾을 것이다. 그리고 이 요소들은, 하느님이 타락한 아담과 이브에게 만들어 주신 '가죽 옷'인 우리의 부패할 육체와는 달리, 진정한 의미에서의 몸인 '영적인 몸'으로 변형될 것이다.

희랍 교부들의 우주론(cosmologie)은 그 시대의 과학적 지식이 가지고 있었던 우주에 대한 특수한 이미지들을 불가피하게 반영한다. 그러나 이것은 성경의 창조 이야기에 대한 그들의 주석이 가지는 고유한 신학적 깊이를 조금도 감소시키지 않는다. 언제나 구원론적인 정교회의 신학은 단 한 번도 교리적 종합을 위해 철학과 동맹을 맺은 적이 없다. 모든 풍요로움에도 불구하고 동방의 종교 사상은 결코 스콜라적이지 않다. 니싸의 그레고리오스 성인이나 막시모스 성인, 또 그레고리오스 팔라마스 성인의 『자연과 신학에 대하여』(*Chapitres physiques et théologiques*)』와 같은 경우처럼, 비록 그것이 그리스도교적 영적 지식의 제요소들을 가지고 있다 할지라도, 이러한 사변은 언제나 하느님과의 연합이라는 중심 사상에 종속되며, 결코 하나의 체계로서의 특징을 갖지는 않는다. 어떠한 철학을 선호하지 않으면서, 교회는 항상 충만한 자유를 가지고 변증적인 목표 안에서 철학과 제 학문을 이용해 왔다. 그러나 교회는 상대적이고 변화무쌍한 이 진리들을, 부동의 진리인 교리들(dogmes)처럼 수호하려 하지는 않을 것이다. 고대나 현대의 우주론에 관한 교설들이 교회에 계시된 보다 근본적인 진리를 조금도 오염시킬 수 없는 것도 다 이 때문이다. "성경의 진리는 우리 오성의 한계보다 훨씬 더 멀리까지 확장된다"고 모스크바의 주교 필라렛 성인은 말했다.[27] 르네상스 이후의 인류에게는 지구를 무한 공간 안에 실종된 하나의 원자와 같은 것으로 이해하는 우주관이 더 설득력 있을지라도, 신학은 창세기의 창조 이야기에서 그 어떤 것도 수정하지 않을 것이다. 그것은 마치 신학이 화성인의 구원 문제에 관심을 갖지 않을 것이라는 사실과 같다. 신학에서 계시는 본질적으로 지구 중심적이다. 왜냐하면 계시는 인간에게 알려진 것이고, 지구 위에서 영위하는 삶의 현실적 조건에 기초한 인간 구원의 진리이기 때문이다. 교부들은 한 마리 잃은 양을 찾기 위해 아흔 아홉 마리 다른 양들을 산에 남겨 놓고 내려온 선한 목자의 비유를, 코스모스 전체와 비교해 볼 때, 특별히 천사의 세상(les éons angéliques)과 비교해 볼 때, 타락한 이 세계가 얼마나 왜소한지를 보여주는 하나의 암시로 읽고자 했다.[28]

교회는 우리의 구원의 신비를 계시해 주지, 아마도 구원받을 필요가 없을 우주 전체의 비밀을 계시해 주지는 않는다. 이것이 바로 계시의 우주론이 필연적으로 지구 중심적일 수밖

---

27 G. Florovsky, 위의 책, p.178.
28 St. Cyrille de Jérusalem, *Catech.,* XV, 24, *P.G.,* t. 33, col. 904; St. Cyrille d'Alexan-drie, *Orat. pasch,* XII, 2, *P.G.,* t. 77, col. 673; St. Jean Chrysostome, *Contra anom.,* II, 3, *P.G.,* t. 48, col. 714.

에 없는 이유다. 이것이 또한 코페르니쿠스의 우주론이, 심리적인 아니 오히려 영적인 관점에서 볼 때, 영지주의와 밀교의 가르침에서처럼, 하나의 분산 상태, 일종의 종교적 축 상실, 구원론적 태도의 이완에 부합하게 되는 이유다. 만족을 모르는 과학 정신은, 우주를 향해 돌아섬으로써, 파우스트(Faust)의 불안한 정신처럼, 무한한 우주 공간에 비해 협소하기 짝이 없는 천구(天球)를 깨뜨려 버릴 것이고, 결국 우주에 관한 총체적 인식을 추구하다가 스스로 실종되어 버릴 것이다. '생성 변화의 영역'(le domaine du devenir) 으로 제한된 과학적 지식은 모든 것을 타락 이후 우리의 본성 상태에 조응하게 된 부패의 측면으로만 파악하게 될 것이다. 반대로 그리스도교 신비가는, "죄악보다 더욱 심오한"[29] 마음속에서, 상승의 시작을 발견하기 위해, 자기 안으로 파고 들어가서 마음이라는 '내적 공간' 안에 좌정할 것이다. 그리고 그 상승의 궁극에서, 우주는 점점 더 단일해지고, 점점 더 일관되며, 하느님의 손에 쥐어진 하나의 전체로서 그에게 나타나게 될 것이다. 우리는 순전히 호기심으로 현대 러시아의 신학자요 동시에 대수학자였던 파벨 플로렌스키(Paul Florensky)의 시도, 즉 우리 시대의 과학적 이론에 기초하면서 동시에 지구 중심적 우주론으로 되돌아가려는

---

29 시리아의 이삭(Isaac le Syrien) 성인의 말이다. A. J. Wensinck, *Mystic treatises by Isaac of Niveveh*, trans. from Bedjan's syriac text. *Verhandelingen der koninklijke Akademie van Wetenschap.n te Amsterdam, Afdeeling letterkunde Nieuwe reeks*, XXIII, I, Amsterdam, 1923, p.8.

시도를 인용할 수 있다. 어쩌면 과학적으로는 정당화될 수도 있을 이 대담한 종합은 과학적 이론이 자신의 한계를 넘어서지 않고 함부로 가시계(可視界) 밖에 존재하는 것을 부정하지만 않는다면 그것과 매우 잘 조화되는 그리스도교 신학에 아무런 가치도 없다고 말하는 것은 유익하지 않다.

우리는 교부들의 우주론(cosmologie, 오히려 우주론들)에 대해 말하게 될 터인데, 그것은 오직 하느님과의 연합이라는 교리 안에서 우주론들의 자리를 발견토록 해줄 몇몇 신학적 사상을 추려내기 위해서다. 바실리오스 성인이 저술하고 그의 동생인 니싸의 그레고리오스 성인의 보충 완성한 『육일 동안의 창조』(Hexameron)에서는, 육일 동안의 창조 사역이 첫날에 동시적으로 창조된 요소들의 계승적 구별로 제시된다. 바실리오스 성인은, 일요일에 경축되는 '영원의 시작'이요 '부활의 날'인 '여덟 번째 날'과 마찬가지로, 이 '첫째 날', '태초', '피조물의 첫 순간' 또한 '칠일 바깥에' 존재하는 것으로 이해한다.[30]

---

30 St. Basile le Grand, *In Hexaemeron*, homil. II, 8, *P.G.*, t. 29, col. 49-52. 역자주) 창조의 첫날은 또한 그리스도가 부활하신 한 주간의 첫날인 일요일와 상응하는 날로 바실리오스 성인은 이를 '제8일'로 표현했다. 이로써 바실리오스 성인에게, 창조의 첫날과 주님이 부활하신 날인 일요일은 비록 한 주간이 시작되는 첫날이지만 또한 동시에 7일로 구성되는 한 주간 안에 포함되지 않는, 따라서 인간의 주기적 시간 개념 바깥에 존재하는 '영원'이며, 또한 동시에 시간의 시작과 그 끝을 총괄하는 종말론적 의미를 가지게 된다. 이러한 신학적 배경에서, 동방교회는 일요일에 거행되는 성만찬 예배를, 시간 안에서 드려지지만 또한 시간 바깥에 있는 종말론적 현실에 대한

하늘과 땅의 지성적이고 감각적인 요소의 창조를 따라가는 5일 동안, 가시적 우주는 점진적으로 조직된다. 그러나 니싸의 그레고리오스 성인에 따르면, 이 계속적인 지시는 피조물에게만 존재하는 것이다. 피조물은 하나의 '빛나는 힘'(une force lumineuse)에 의해 지배되는데, 그것은 하느님이 물질에 주입하신 것으로, 그분의 말씀 – 막시모스 성인이 말한 '사유-의지들' – 이요, 창세기를 통해 들려주는 피조물에게 주어진 하느님의 명령들이다.[31] 왜냐하면 모스크바의 필라렛 성인이 말한 바와 같이,

> 하느님의 말씀은 입에서 나오는 순간 공중으로 사라져 버리는, 끝이 있는 인간의 말과는 다르기 때문이다. 하느님께는 어떤 것도 멈추지 않고 또 끝나지 않는다. 그분의 말씀은 전개되지만 지나가고 마는 것은 아니다. 하느님은 얼마동안 창조하신 것이 아니라 영원히 창조하신다. 하느님은 피조물을 그분의 창조적인 말씀으로 존재케 하셨다. 왜냐하면 하느님은 "세상을 흔들리지 않게 든든히 세우셨"(시편 93:1)기 때문이다.[32]

시리아의 이삭 성인은 창조 안에는 하나의 신비스런 차이, 즉 신적 활동의 다양한 방식이 존재한다고 말한다. 하늘과 땅

미리 맛봄이요 하느님 나라의 현실적 선취로 이해한다.
31 St. Grégoire de Nysse, *In Hexaemeron, P.G.,* t. 44, col. 72-73.
32 *Sermons et discours de Mgr Philarète,* Moscou, 1877. (러시아어).

을 창조한 후 계속해서 하느님이 물질에 존재의 다양성을 산출하도록 지시하셨다면, 하느님은 또한 '침묵 속에서' 영적인 천사들의 세계를 창조하셨다.[33] 마찬가지로 인간의 창조 또한 나머지 피조물들의 경우처럼 땅에 지시하여 나온 결과가 아니다. 하느님은 지시하시는 대신 그의 영원한 협의 안에서 "우리의 형상을 따라서 우리의 모양대로(우리를 닮아가도록) 사람을 만들자"고 말씀하신다. 하느님은 자신의 지시를 통해서 우주를 나누고 또 그 부분들을 조직하신다. 그러나 천사도 인간도 엄밀히 말해서 인격적 존재이지 부분이 아니다. 한 인간은 전체의 부분이 아니다. 오히려 인간은 자신 안에 모든 것을 포함한다. 이런 차원에서 보면, 인간 존재는 천사들보다 더 완전하고 더 풍요로우며, 더 많은 가능성을 가지고 있다. 지성적인 것과 감각적인 것의 경계에 위치함으로써 인간은 자신 안에 이 두 세계를 연합시키고 창조된 우주의 모든 영역에 참여한다.

> 왜냐하면 하느님에 의해 다양한 본성으로 창조된 만물은, 여러 다른 소리로 구성된 조화로운 음악처럼 하나의 단일한 완전을 이루기 위해, 마치 용광로 안에서처럼 인간 안에 함께 모인다.[34]

---

33   A. J. Wensinck, 앞의 책, p.127.
34   L. Karsavine, *Les saints Pères et Docteurs de l'Église* (러시아어), Paris, 1926, p.238 에서 인용된 막시모스 성인의 본문. 그러나 우리는 막시모스의 저작에서

고백자 막시모스 성인에 의하면[35], 창조는 모든 영역을 잠재적으로 포괄하는 인간을 중심으로 하여 여러 층위의 동심원들로 구성된 다섯 번의 구별을 포함한다. 먼저, '창조되지 않은 본질'(la nature incréée)과 '창조된 본질'(la nature créée), 즉 하느님과 피조물 전체를 구별할 필요가 있다. 창조된 본질은 이어서 '지성적인 세계'와 '감각적인 세계'로(νοητὰ καὶ αἰσθετὰ) 나뉜다. 감각적인 세계는 또 '하늘'과 '땅'으로(οὐρανὸς καὶ γῆ) 나뉜다. 모든 지표면으로부터 인간의 거주 지역인 '낙원'이(οἰκουμένη καὶ παράδεισος) 분리된다. 마지막으로 인간은 '남성'과 '여성'이라는 두 가지 성(性)으로 나뉘는데, 특별히 이 마지막 분리는 범죄 이후 타락한 본성 안에서 결정적으로 실현될 것이었다. 니싸의 그레고리오스 성인의 사상을 반복하고 있는 막시모스 성인에 의하면, 이 마지막 구분은 인간이 죄지을 것을 예견하신 하느님에 의해 집행된다. 그레고리오스 성인은 다음과 같이 말한다.

> 하나의 변화를 통해서 시작된 존재는 그 변화에의 친숙성을 보존한다. 성경의 표현에 의하면, 만물을 그 탄생 이전부터 이미 환히 들여다보고 계시는 분이, 자신의 예지 능력으로, 인간의 자유롭고 독립된 선택의 운동이 어떤 쪽으로 기울게

이러한 본문을 발견할 수 없었다. 하지만 이와 동일한 사상들이 막시모스 성인의 저서 여러 곳에서 표현되어 있다는 것은 분명하다. 예를 들어 St. Maxime le Confesseur, *De Ambiguis, P.G.*, t. 91, col. 1305 AB.

35 St. Maxime le Confesseur, *De Ambiguis, P.G.*, t. 91, col. 1305.

될지를 검토하심으로써, 아니 오히려 환히 들여다보심으로써, 그때부터 이미 인간의 형상에 남성과 여성의 분리를 추가하셨다. 이 분리는 신적인 모형과 아무 관련도 없으며 오히려 비이성적인 본성과 관련된다.[36]

그러나 여기서 모든 신학적 사고는 혼란스럽고 명확하지 않다. 창조와 타락의 두 지평이 서로 중첩되며, 우리는 타락한 본성 안에서 현실화된 성(性)을 통해서만 창조를 인식할 수 있다. 이 신비스러운 마지막 분리의 진정한 의미는 성(性)이 하나의 새로운 충만 안에서 즉 마리아론(mariologie)이나 교회론, 더 나아가 결혼 성사 혹은 '천사의 길'(la voie angélique)인 수도 생활 안에서 극복될 때 이해될 수 있을 것이다. 이 마지막 분리만큼이나 코스모스의 나머지 모든 분리도, 인간의 범죄와 타락 이후, 제한, 분열, 파편화의 특성을 띠게 된다.

막시모스 성인에 의하면, 최초의 인간은 자신 안에 피조물 전체를 재통일시키도록 부름 받았다. 한편으로 인간은 하느님과의 완벽한 연합에 이르러야 하고, 다른 한편으로는 신화(神化)된 상태를 모든 피조 세계에 제공해야 한다. 무엇보다도 먼저 인간은, 신적 모형에 따른 '평정의 삶'(la vie impassible)을 통해서, 자신의 고유한 본성에서 두 가지 성의 분리를 제거해야

---

36 St. Grégoire de Nysse, *De hominis opificio*, XVI, *P.G.*, t. 44, col. 181-185. 우리는 이 본문을 P. de Lubac, *Catholicisme*, Paris, 1983, ap.I, p.296. 의 번역에서 인용하였다.

만 했다. 이어서, 인간은 지상의 나머지 모든 것을 낙원에 재결합시켜야 했다. 다시 말해서 인간은, 하느님과의 끊임없는 교제를 통해, 자신 안에 낙원을 소유함으로써, 지구 전체를 낙원으로 변모시켜야만 했다. 이것에 이어서 인간은, 하늘과 땅, 감각적 우주 전체를 재결합시킴으로써, 인간의 영(靈)과 육(肉)에 부과되는 공간적 조건들을 제거해야만 했다. 감각적인 것의 제한성을 능가함으로써, 인간은 이어서 천사의 영에 버금가는 지식을 통해 지성적 우주를 관통해서 자신 안에 지성 세계와 감각 세계를 또한 재결합시켜야 했다. 마지막으로 오직 하느님만이 자신의 외부에 존재하니, 이제 인간에게는 자기 안에 재결합된 전 우주를 하느님께 되돌려 드림으로써 사랑의 도약 안에서 하느님께 자신을 온전히 드리는 것만 남게 된다. 그러면 하느님은 역으로 당신 자신을 인간에게 내어 주실 것이고, 그 결과 인간은 이 선물 즉 은총을 통해서, 하느님이 본성상 가지시는 모든 것을 소유하게 될 것이었다.[37] 인간과 전 우주의 신화(神化)는 이렇게 해서 완성될 것이었다. 아담은 인간에게 부여된 이 과제를 성취하지 못했지만, 우리는 두 번째 아담이신 그리스도의 사역을 통해서 이 과제가 충만하게 성취됨을 알 수 있다.

피조물의 분리에 관한 막시모스 성인의 이 가르침은 요하네

---

37 St. Maxime le Confesseur, *De Ambiguis*, *P.G.*, t. 91, col. 1308.

스 스코투스 에리우게나의 저작 『본성의 분리에 관하여』(*De divisione naturae*)에서 부분적으로 채용되었다. 막시모스에게는 이러한 분리들이 피조물의 제한성이요, 피조물의 조건 자체를 표현하는 것이었다. 그것은 해결되어야 할 문제임과 동시에 하느님과의 연합의 길에서 극복해야할 장애다. 인간은 나머지 피조세계로부터 고립된 존재가 아니다. 자신의 본성 자체로 인간은 우주 전체와 연결되어 있다. 바울로 사도가 「로마인들에게 보낸 편지」 8장 18-22절에서 증언한 것처럼 모든 피조물은 하느님의 자녀들에게서 계시될 장래의 영광을 기다린다. 우주의 의미는 동방의 영성에 절대로 낯선 것이 아니었다. 그것은 신학뿐만 아니라 전례서의 시구와 이콘, 특별히 동방교회의 영적 삶의 큰 스승들이 남긴 금욕적 저술 안에서 잘 표현된다. 시리아의 이삭 성인은 다음과 같이 자문한다.

> 자애로운 마음이란 무엇인가? 그것은 피조세계 전체, 즉 인간과 새와 짐승과 악마 등 모든 피조물을 향한 사랑으로 불타는 마음이다. 이러한 마음을 가진 사람은, 피조물을 연상하거나 바라보기만 해도, 그의 마음이 엄청난 연민에 사로잡혀, 금새 두 눈이 눈물로 가득 차고 만다. 그 마음은 부드러워져서, 그 어떤 고통을 보거나 듣기만 해도, 그것이 설령 아주 작은 미물이 당하는 보잘것없는 고통이라 할지라도, 그 마음은 견딜 수 없다. 자애로운 사람이 동물과 진리의 적과 또 자신에게 해악을 끼친 사람을 위해서 그들의 생명이 보존되고

또 정화될 수 있도록 해달라고 끊임없이 기도하는 것 또한 이 때문이다. 그는 하느님과 동화된 사람의 마음 안에서 각성되는 무한한 긍휼로 감동되어 심지어는 기어 다니는 뱀을 위해서도 기도한다.[38]

하느님과의 연합의 길에서 인간은 어떠한 피조물도 내팽개치지 않는다. 오히려 범죄로 인해 산산이 찢긴 코스모스가 은총을 통해 최종적으로 변형되게 하려고, 자신의 사랑 안에 이 코스모스를 모아들인다.

인간이 맨 마지막에 창조된 것은 우주 안의 인간을 마치 궁전 속의 왕 같은 존재가 되게 하려는 것이었다고 희랍 교부들은 말했다. 모스크바의 주교 필라렛 성인은 성경의 우주론을 교회론적으로 강조하기 위해 여기에다가 "예언자와 대제사장 같은 존재"[39]라는 말을 첨가했다. 19세기의 이 대(大)신학자에게는, 창조가 이미 교회의 준비요, 교회는 최초의 지상 낙원, 첫 인간과 더불어 시작된다. 계시의 책들(성경)은 필라렛 성인에게 세상의 거룩한 역사이고, 그 역사는 하늘과 땅의 창조로부터 시작해서 묵시록의 '새 하늘 새 땅'으로 끝난다. 세상의 역사는 또한 세상의 신비한 토대인 교회의 역사이기도 하다. 지난 몇 세기 동안 정교 신학은 본질적으로 교회론

---

38 A. J. Wensinck, 앞의 책, p.341.
39 G. Florovsky, 앞의 책, p.179.

적이었다. 현재도 정교회의 사상과 종교적 삶을 결정짓는 비밀스런 동력이 되는 것은 교회에 대한 교리다. 수정되거나 현대화될 수 없음에도 불구하고, 그리스도교 전통 전체는 오늘날 교회론이라는 새로운 측면으로 제시된다. 왜냐하면 전통(la Tradition)은 결코 부동의 타고난 담보가 아니라 교회를 훈육하시는 성령의 삶 자체이기 때문이다. 그러므로 오늘날 우주론이 교회론적인 해석을 얻고 있다 해도 조금도 놀랄 일이 아니다. 또 이 교회론적 이해는 막시모스 성인의 그리스도론적 우주론과 대립되기는커녕 오히려 그것에 새로운 가치를 제공해 주는 것이기도 하다.

전통으로부터 가장 멀리 나아간 길과 전통에서 떨어져 나간 노선에서조차, 지난 세기(19세기) 동방 그리스도교인들의 사고는 – 특별히 러시아의 종교 사상에서 볼 수 있듯이 – 창조된 코스모스를 교회론적 측면에서 이해하려는 하나의 경향을 반영한다. 우리는 이러한 동기를 솔로비에프(Soloviev)의 종교 철학에서 발견할 수 있다. 우리는 그 안에는 야콥 뵈메(Jacob Boehme)와 파라켈수스(Paracelse)와 카발라(Cabbale)의 우주적 신비 사상, 페도로프(Fédorov)의 종말론적 유토피아론과 사회적 그리스도교 천년설로부터 오는 영감들, 잘못된 교회론인 불가코프(Boulgakov)의 지혜론, 푸리에(Fourrier)와 오귀스트 꽁트(Auguste Comte)의 사회학 사상 등이 혼합되어 존재하고 있음을 발견할 수 있다. 이러한 사상가들에게, 교회에 대한 사유는 코스모스(우주)에 대한 사유와 혼동되고, 코스모스에 대한 사유는 비그리스도교화된다. 그러나 이 오류들 역시, 비록 간접적이고 부정적인 방식일지언정, 종종 진리를 증언한다. 비록 하느님과의 연합이 성취되는 장으로서의 교회에 대한 사유가 코스모스에 대한 사유 안에 이미 함축되어 있다 할지라도, 그것이 곧바로 코스모스가 교회라는 것을 의미하지는 않는다. 소명, 완성, 궁극적 종말에 관련되는 것을 시초에 연결시킬 수는 없다.

세상은 유일하게 하느님의 의지에 의해서 무로부터 창조되었다. 이것이 세상의 시초다. 세상은 신적 삶의 충만에 참여하도록 창조되었다. 이것이 세상의 소명이다. 세상은, 창조된 의지들이 자유 안에서 하느님의 의지에 자유롭게 동의하는 가운데, 이 연합을 구현하도록 부름 받았다. 이것이 바로 창조에 내포된 교회의 신비다. 인류의 타락과 첫 교회 즉 '낙원 교회'(l'Église paradisiaque)의 파괴에 뒤따르는 흥망성쇠의 여정 속에서, 피조물은 자신의 소명에 대한 사유와 동시에, 골고다와 오순절 성령 강림 이후 진정한 교회 즉 그리스도의 파괴되지 않는 교회로 실현될 교회에 대한 사유를 간직할 것이다. 이제 창조되고 제한된 우주는 자신 안에 새로운 몸, 세상이 포용할 수 없는, 창조되지 않고 제한되지 않은 충만을 소유한 새로운 몸을 지니게 될 것이다. 이 새로운 몸이 바로 교회다. 교회가 소유한 충만은 은총이며, 하느님의 에너지들의 공급이니,

세상이 바로 이것을 통해 또 이것을 위해 창조되었다. 교회 밖에서는 이 에너지들은 외적인 결정 요인으로, 존재를 창조하고 보존하는 신적 의지로 활동한다. 이 에너지들이 성령에 의해 인간에게 허락되고 공급되는 것은 오직 교회 안에서, 그리스도의 몸의 통일성 안에서다. 교회 안에서 이 에너지들은 은총으로 나타나고, 바로 이 은총 안에서 피조물은 하느님과의 연합에로 부름 받는다. 세상의 마지막 날에 하느님 나라로 변형되기 위해서 우주 전체는 교회에 귀속되고 더 나아가 그 자신이 그리스도의 교회가 되도록 부름 받았다. 무로부터 창조된 이 세상은 교회 안에서 자신의 완성을 발견한다. 그리고 바로 이 교회 안에서, 피조물은 자신의 소명을 완수함으로써 확고부동한 토대를 획득한다.

6장 　형상과 닮음(image et ressemblance)

인간이 우주의 모든 구성 요소를 자신 안에 포괄한다고 해서, 그것이 인간의 진정한 완전과 영광의 표시인 것은 아니다. 니싸의 그레고리오스 성인은 말한다.

> 인간을 우주의 형상과 모양이라고 한들 놀랄 일이 하나도 없다. 왜냐하면 땅은 지나가고, 하늘은 변화하며, 그 안에 있는 모든 것도 하늘과 땅처럼 똑같이 변천하기 때문이다.
>
> 사람들은 말한다. "인간은 하나의 소우주(microcosme)다." ⋯ 그리고 이러한 위대함 때문에 인간 본성을 찬양해야 한다고 믿는다. 하지만 동시에 인간이 모기나 쥐가 가지고 있는 특질도 공유하고 있음을 그들은 보지 못한다.[01]

01　St. Grégoire de Nysse, *De hominis opificio*, XVI, *P.G.*, t. 44, col. 177 D-180 A.

인간의 완벽성은 인간을 피조물 전체와 연합시키는 그 무엇에 있는 것이 아니라, 오히려 인간을 하느님과 연합시킴으로써 코스모스 전체로부터 구별해주는 그 무엇에 있다. 인간은 하느님의 형상과 모양에 따라 창조되었음을 계시는 우리에게 알려준다.

동방이건 서방이건 교회의 모든 교부는 인간이 하느님의 형상과 모양에 따라 창조되었다는 사실에서 인간적 존재와 신적 존재 사이에 존재하는 일종의 조응 혹은 원초적 합치를 발견한다. 그럼에도 이 계시 진리의 신학적 가치 매김은 비록 모순되지는 않을지라도 동방과 서방 간에 상당한 차이가 있다. 아우구스티누스 성인의 사상은, 인간 안에 있는 하느님의 형상에서 출발하여, 이렇게 하느님의 형상대로 창조된 인간의 영혼 안에 있는 것들을 역으로 하느님에게서 찾아보려함으로써, 하느님에 대한 관념을 형성하려한다. 그것이 바로 하느님 인식과 신학에 적용된 심리학적 유비 방법(la méthode d'analogies psychologiques)이다.

반대로 니싸의 그레고리오스 성인과 같은 교부는 인간에게서 하느님의 형상에 조응하는 것을 발견하기 위해 먼저 계시가 하느님에 대해 우리에게 말해주는 것을 그 출발점으로 삼는다. 이것은 인간 이해와 인간학에 적용된 신학적 방법론(la méthode théologique)이다. 첫 번째 길은 하느님의 형상대로 창조된 인간에서 출발하여 하느님을 알고자 하는 것인 반면, 두 번째의 길은 자신의 형상대로 인간을 창조하신 하느님에 대한 관념에서 출발하여 인간의 진정한 본성을 정의하려고 한다.

인간 안에 있는 하느님의 형상에 조응하는 것이 무엇인지에 대한 명확한 정의를 교부들의 저작 속에서 발견하고자 할 때, 우리는 비록 불일치하는 것은 아닐지라도 기껏해야 인간 존재의 이런저런 부분들로 인도될 다양한 주장들 속에서 방황하게 될 위험이 있다. 실제로, 우리는 하느님의 형상의 특징을 인간의 왕적 존엄에, 즉 감각적 코스모스 안에서 드러나는 인간의 탁월성에서 찾을 수 있다. 또 우리는 인간의 영적 본질, 영혼, 인간 존재를 지배하는(ἡγεμονικόν) 주요 부분, 정신 혹은 영(νοῦς), 지성이나 이성(λόγος)과 같은 우월한 자질과 같은 것으로, 그것도 아니면 인간 자신을 행동의 원칙과 주체로 만들어 주는 내적 결정 능력(αὐτεξουσία), 즉 인간에 고유한 자유 안에서 하느님의 형상을 보려 할 것이다. 이따금 하느님의 형상은 영혼의 어떤 질, 영혼의 단순성, 영혼의 불멸성과 혼동되거나, 아니면 하느님을 알고 또 그분과의 교제 안에서 살 수 있는 능력, 하느님에 참여할 수 있는 가능성, 영혼 안의 성령의 거주 등과 동일시되기도 한다. 또 가끔은, 이집트의 마카리오스 성인의 것으로 인정되는 『영적 설교들』(*Homélies spirituelles*)에서와 같이, 다음과 같은 이중의 측면에서 하느님의 형상이 제시되기도 한다. 즉, 하나는 죄에 의해서도 파괴될 수 없는 '인간의 형식적 자유'(la liberté formelle) 혹은 자유 의지(le libre arbitre) 혹은 선택 능력(la faculté de choix)이고, 또 다른 하나는 형상의 실제적 내용이요 소위 "하늘의 형상"이라고 말해지는 바, 인간이 범죄 이전에 말씀과 성령의 덧입음을 통해서 누릴 수 있었던 하느님과의 교제다.[02] 마지막으로 이레네오스, 니싸의 그레고리오스, 그레고리오스 팔라마스 등 같은 교부들은, 영혼만이 아니라 인간의 몸도 하느님의 형상대로 창조되었고 그래서 형상으로서의 특징을 가진다고 강조한다. 그레고리오스 팔라마스 성인은 다음과 같이 말한다.

> '인간'이라는 이름은 영혼이나 몸에 분리되어 적용되는 것이 아니라 오히려 그 두 가지 모두에 전체적으로 적용된다. 이 두 가지 다 하느님의 형상대로 창조되었기 때문이다.[03]

팔라마스에 의하면, 인간은 천사들보다 "더 하느님의 형상에 가깝다"고 할 수 있는데, 그 이유는 몸과 연합된 인간의 영은 몸에 활력을 주고 몸을 지배하는데 필요한 '살림'의 에너지를 소유하고 있는데 반해, 몸을 가지지 않은 영적 존재인 천사들은, 비록 그들의 영적 본성의 단순성으로 인해 하느님께 보다 가까이 있긴 하지만, 인간의 이 능력을 가지고 있지는 못하기 때문이다.[04]

---

02 St. Macaire d'Egypte, *Hom. spiriti*, XII, I, 6,7, etc., *P.G.*, t. 34, col. 557-561.
03 St. Grégoire Palamas, *Prosopopeiae, P.G.*, t. 150, col. 1361 C. 팔라마스의 것으로 인정되는 저작들.
04 St. Grégoire Palamas, *Capita physica, theologica,* etc. (38 et 39), *P.G.*, t. 150,

이러한 다양한 정의는 교부들의 사상이 하느님의 형상을 인간 존재의 어느 한 부분에 제한시키는 것을 피하고 있다는 점을 보여준다. 실제로, 성경의 이야기는 형상의 특징에 대한 어떠한 구체성도 제공하지 않는다. 그러나 그것은 인간의 창조 자체를 마치 다른 존재들의 창조와는 다른 별도의 행동인 것처럼 소개한다. 시리아의 이삭 성인의 말대로, "침묵 속에서"[05] 창조된 천사들처럼 인간도 하느님이 땅에 내린 어떤 명령에 의해 창조된 것은 아니다. 이레네오스 성인의 말처럼[06], 하느님은 자신의 두 손으로, 즉 말씀과 성령을 통해, 땅의 진흙으로 인간을 빚으신 뒤 생명의 숨을 불어 넣으셨다. 신학자 그레고리오스 성인은 창세기의 이 본문을 다음과 같이 해석했다.

> 하느님 말씀은 새롭게 창조된 땅의 한 부분을 취하시고 그 불멸의 두 손으로 우리의 모습을 빚으셔서 생명을 공급하셨다. 그분이 불어넣으신 영은 보이지 않는 신성의 방사이기 때문이다. 이렇게 해서 먼지와 숨으로 인간은 불멸의 형상으로 창조되었다. 영적인 본성은 먼지와 입김 모두를 지배하기 때문이다. 그래서 나는 땅이라는 특질 안에서 지상의 생명과 하나로 묶여 있지만 동시에 신성의 한 조각이기

---

col. 1145-1148.
05 5장의 주 34)를 참조하라.
06 St. Irénée de Lyon, *Contra Haereses*, IV, praefatio, § 4, *P.G.*, t. 7, col. 975 B. 또한 IV, 20, I (1032) ; V, I, 3 (1123) ; V, 5, I (1134-5) ; V, 6, I (1136-7) ; V, 28, 3 (1200).

에 다가올 생명에 대한 염원을 품는다.[07]

같은 설교에서 그는 또 영혼(l'âme)에 관해서 이렇게 말한다.

> 영혼은 하느님의 숨이다. 그것은 비록 천상의 것이지만, 또한 땅과 섞이도록 자신을 내어준다. 그것은 동굴 속에 갇힌 빛이다. 그럼에도 그것은 여전히 신적이고 꺼지지 않는 빛이다.[08]

이런 말을 문자 그대로 취할 때, 우리는 아마도 이 두 본문으로부터 영혼은 창조된 것이 아니라는 결론을 도출해내거나 아니면 인간에게서 육체적 본성에 의해 약화된 신이나 신과 동물의 결합체를 보게 될지도 모른다. 이렇게 해석될 때, 하느님 형상에 따른 창조는, 비록 하느님과의 연합에 '이르러야 하고' 또 은총에 의해 신이 '되도록' 부름 받았지만 인간은 자신의 기원 자체로는 결코 신이 아니라 피조물이라고 가르치는 그리스도교 인간학과 모순될 것이다. 다른 기괴한 결과들은 차치하고라도, 이런 전제에서라면 악의 문제는 이해할 수 없는 것이 되어 버린다. 다시 말해 아담은 자신의 영혼으로는 이미 신 혹은 신성의 조각이기에 죄를 범할 수 없게 되거나 아니면 원죄가 하느님의 본성조차도 능가해 버려 결국은 하느

---

07 St. Grégoire le Théologien, *Poëmata dogmatica*, VIII, Περί ψυχῆς, vv. 70-75, P.G., t. 37, col. 452.
08 위의 책, vv. 1-3, col. 446-447.

님마저 아담 안에서 죄를 범하게 된다. 신학자 그레고리오스 성인은 이러한 관점을 결코 지지할 수 없었다. 그래서 그는 인간의 본성에 관한 그의 설교에서 자신의 영혼에게 이렇게 말한다.

> 네가 믿는 것처럼, 네가 진정으로 하느님의 숨이요 신적 신분이라면, 내가 너를 믿을 수 있도록 모든 불의를 내던져라. 어떻게 너는 하늘의 영과 결합되어 있으면서도 적들의 설득에 그토록 동요하는고? 그러한 원군(援軍)에도 불구하고 네가 땅으로 기운다면, 아뿔싸, 너의 죄악은 얼마나 더 중하겠느냐![09]

'하늘의 영'과 결합됨(κιρναμένη)으로써, 영혼은 자신보다 더욱 위대한 어떤 것으로부터 지원을 받는다. 영혼을 '신성의 조각'이라 부르게 해주는 것은 바로 영혼 안에 있는 이 신적인 힘의 현존이다. 영혼은 그 안에 불어넣어진 이 '신성의 비추임'과 함께 존재하기 시작하는데, 이 '신성의 비추임'이 바로 은총이다. '하느님의 숨'은 인간의 영이 은총에 의해 창조되고 그래서 늘 은총에 연결되도록 해주는 창조의 한 방식을 보여준다. 그것은 마치 공기의 운동이 바람에 의해 형성되고 또 이 바람을 포함하고 있으며 바람과 분리될 수 없는 것과 같은 이치다. '신성의 조각'이라는 표현이 뜻하는 바는 바로 '신

---

09 St. Grégoire le Théologien, *Poëmata moralia*, XIV, Περί τῆς ἀνθρωπινης φύσεως, vv. 76-84, P.G., t. 37, col. 761-762.

적 에너지에의 참여'라는 영혼 고유의 특성이다. 실제로 한 설교에서 신학자 그레고리오스 성인은 '세 가지 빛'과 관련된 '참여'에 대해 말하는데, 그 첫 번째 빛은 하느님, 즉 다가갈 수 없고 형언조차 할 수 없는 최고의 빛이요, 두 번째 빛은 천사로, 첫 번째 빛의 '어떤 비추임'(ἀπορροή τις) 혹은 그것에의 '참여'(μετουσία)이고, 세 번째 빛은 인간으로, 인간은 하느님 자신이신 '원형적 빛'에 의해 자신의 영이 조명되기에 역시 빛으로 불릴 수 있다.[10] 하느님의 형상과 모양에 따른 창조는 그러므로 신적 존재에의 참여와 하느님과의 교제라는 사상을 함축하고 있다. 다시 말해 그것은 은총을 전제한다.

니싸의 그레고리오스 성인에 의하면, 인간 안에 있는 '완전'으로서의 하느님의 형상은 당연히 알 수 없는 것이다. 왜냐하면 그것이 그 원형의 충만을 반영한다면, 하느님 존재의 인식 불가능성 또한 틀림없이 소유할 것이기 때문이다. 이 때문에 우리는 인간 안에 있는 하느님의 형상이 무엇인지 정의할 수 없다. 우리는 오직 '하느님의 무한한 선(善)들에의 참여' 사상을 통해서만 그것을 알 수 있다. 니싸의 그레고리오스는 다음과 같이 말한다.

> 하느님은 본질상 완전한 선이시다. 그분은 모든 인식 가능한

---

10 St. Grégoire le Théologien, *In sanctum baptisma*, Oration XL, 5, *P.G.*, t. 36, col. 364 BC.

선이시며, 아니 더 나아가 우리가 인식할 수 있고 이해할 수 있는 모든 선을 초월하신다. 하느님은 오직 그분이 선하시다는 동기로 인해 인간의 생명을 창조하신다. 그렇게 인간 본성을 창조하셨기에, 하느님은 자신의 선 중 어느 한 부분만을 인간에게 주고 인색하게도 나머지는 주시기를 거부하심으로써, 자신의 선의 능력을 반쪽만 드러내려고 하지 않으셨다. 반대로 인간을 무로부터 존재에로 불러내셨고 또 인간을 모든 선한 것으로 채워주셨다는 사실로부터, 그 선하심의 완전함이 하느님 안에서 나타나는 것이다. 그런데 이 선의 목록은 너무나도 길어서 그것을 다 열거할 수 없다. 이 때문에 모든 것은 "하느님의 형상대로" 지어진 인간이라는 말속에 집약적으로 포함되는 것이다. 그것은 마치 하느님은 모든 선에 참여하는 인간 본질을 만드셨다고 말하는 것과 같기 때문이다. … 그러나 형상이 그 원형의 지복과 완전히 동일하다면 그것은 더 이상 형상일 수 없을 것이며, 원형 그 자체와 혼동될 것이다. 그렇다면 하느님과 그를 닮은 존재 사이에서 우리가 발견할 수 있는 차이점은 무엇인가? 그것은 바로 하느님은 창조되지 않지만, 반면에 인간은 창조를 통해 존재한다는 것이다.[11]

니싸의 그레고리오스 성인이 여기서 하느님의 형상으로 의미하고자 했던 것은 최종적 완전이요, 하느님의 충만(plérôme)이요, 선의 충만에 참여하는 인간의 신화(神化)된 상태라는 것

---

11 St. Grégoire de Nysse, *De hominis opificio,* XVI, *P.G.,* t. 44, col. 184 AC ; P. de Lubac, *op.cit.,* p.295 s.

은 분명하다. 이 때문에 몇몇 선에의 참여로 제한된 형상, 형성 중에 있는 형상에 대해 말하면서, 그는, "특별히 필연성으로부터 해방되고 자연의 지배에 종속되지 않으며 반대로 자신의 판단에 따라 스스로 결정할 수 있다는 사실 속에서", 하느님의 형상대로 창조된 존재인 인간의 독특성을 발견한다. "왜냐하면 덕이란 독립된 어떤 것이며 자기 자신을 통제하는 것이기 때문이다."[12] 말하자면 이것은 하느님과의 완전한 동화에 이르기 위해 필요한 조건으로서의 '형식적(formelle) 형상'이라 할 수 있다. 하느님의 형상대로 창조된 존재인 인간은 그러므로 하나의 인격적 존재요, 본질(nature)에 의해 결정되지 않고, 오히려 본질을 자신의 신적 원형이신 하느님과 동화시킴으로써 그것을 지배할 수 있는 인격이다.

인간 인격(la personne humaine)은 인간 존재의 한 부분이 아니다. 그것은 삼위일체 하느님의 세 위격이 하느님의 어떤 부분이 아닌 것과 마찬가지다. 때문에 하느님 형상이라는 특징은 인간 구성의 이런저런 요소라기보다는, 인간 본질의 총체와 관련된다. 자신 안에 모든 인간의 본질을 포괄했던 첫 번째 인간은 이렇게 해서, 유일무이한 인간이었다. 그 이유를 니싸의 그레고리오스는 이렇게 말한다.

> 뒤따르는 이야기에서처럼 아담이라는 이름은 창조된 대상에

---

12 위의 책, col. 184 B.

주어진 것이 아니다. 오히려 창조된 인간은 고유한 이름을 갖지 않았다. 그는 보편적인 사람이었다. 그러므로 우리는 본질에 대한 이러한 보편적 지칭을 통해서 하느님의 섭리와 능력이 첫 번째 피조물인 아담 안에서 인간의 종(種) 전체를 포괄한다는 것을 이해할 수 있게 된다. … 왜냐하면 형상은 본질의 한 부분 안에 있는 것이 아니며, 은총이라는 덕 또한 인류의 어느 한 개별자 안에 있는 것이 아니라 오히려 인간 종족 전체에 미치는 것이기 때문이다. … 이 점과 관련하여, 세상의 첫 창조 때 형성된 인간과 우주의 종국에 도래하게 될 인간 사이에는 한 치의 차이도 없다. 둘 다 동일하게 자신 안에 하느님의 형상을 지닌다. … 그러므로 하느님의 형상대로 만들어진 인간은 하나의 전체로 이해되는 본질이다. 바로 이 본질이 하느님의 모양(ressemblance)을 지닌다.[13]

'아담'이란 인격에 고유한 하느님의 형상은 인류 전체, 즉 인간 보편과 관련된다. 이 때문에 각 인간이 하느님의 형상에 따른 존재가 되는 바, 아담의 종족 안에서 이루어지는 인간의 증식은 – 혹은 인간적 휘포스타시스의 복수성 안에서 이루어지는 하느님 형상의 증식 – 모든 사람에게 공통된 본질의 존재론적 통일성과 조금도 대립되지 않을 것이다. 반대로, 한 인간 인격이 본질의 한 부분만을 취해서 그것만이 자신에게 특별하게 속한 것이라고 생각한다면, 그는 절대로 자신이 부름 받은 그 충만을 실현할 수 없을 것이다. 왜냐하면 인간의

---

13 위의 책, col. 185-204.

본질이 하느님의 본질과 닮은 것이 되었을 때, 또 그것이 창조되지 않은 선들에 통째로 참여하게 되었을 때, 비로소 형상은 자신의 완전에 이르게 되기 때문이다. 비록 그것이 죄로 인해 파편화 되고 수많은 개인 속에 나눠진 것처럼 보일지라도, 모든 사람에게 공통된 단 하나의 인간 본질만 존재한다. 바울로 사도는 교회를 그리스도의 몸이라고 지칭함으로써, 그야말로 절대적인 방식으로 교회 안에서 회복된 인간 본질의 이 원초적 통일성을 표현했다.

그러므로 인간은 하나의 공통된 본질, 즉 수많은 인간 인격 안에 있는 단 하나의 본질을 갖는다. 인간 안에서 본질(la nature)과 인격(la personne)을 구별하는 것은 하느님 안에서 한 본질과 세 위격을 구별하는 것 못지않게 이해하기 어렵다. 무엇보다도 먼저 우리는 모든 뒤섞임으로부터 순수한, 그 참된 의미로서의 인격, 즉 인간의 휘포스타시스라는 개념에 대해 무지하다는 것을 염두에 두어야 한다. 우리가 통념상으로 '인격들'(personnes), 혹은 '인격적'(personnel)이라고 부르는 것은 오히려 '개인들'(individus), 혹은 '개인적'(individuel)인 것을 지칭한다. 우리는 인격과 개인이라는 두 용어를 거의 동의어로 사용하는데 익숙하다. 우리는 이 두 용어를 동일한 것을 표현하는데 구별 없이 사용한다. 그러나 개인과 인격은 어떤 의미에서는 전혀 정반대의 의미를 가진다. '개인'은 공통의 본질에 속하는 요소들과 인격 간의 어떤 뒤섞임을 의미하는 반면, 인격은 반대로 본질과 구별되는 어떤 것을 지시한다. 현재 상태에서, 우리는 개인들을 통해서, 또 개인들로서만 인격들을 인식한다. 우리가 한 인간을 정의하거나 특징짓고자 할 때, 우리는 개인적 특성을 열거한다. 그러나 이 특성이란 다른 개인들에게서도 발견되며 따라서 결코 절대적인 의미에서의 '인격적' 것이라 할 수 없다. 왜냐하면 그 특성이란 본질에 속하는 요소들이기 때문이다. 또 마지막으로 한 존재에게 있어서 가장 중요한 것, 존재를 그 자신이도록 해주는 것은 정의될 수 없다는 사실을 염두에 두어야 한다. 유일무이하고 비교될 수 없으며 결코 동일하지 않은, 그래서 인격에만 고유하게 귀속되는 것을 인간의 본질 안에서는 결코 찾을 수 없기 때문이다. 그 본성적 속성들 혹은 그 자신의 '특징'에 따라 행동하는 특정한 사람은 따라서 덜 인격적이라 할 것이다. 그는 한 개인, 즉 자신에게 속한 어떤 본성의 소유자이며, 그것은 자신의 '자아'(moi)로서 다른 이들의 본성에 대립하게 된다. 이 때 '자아'란 결국 인격과 본질의 혼동에 불과한 것이 된다. 타락한 인류의 특징인 이 혼동은 동방교회의 금욕적 저술들에서 '아프토티스'(αὐτότης), '필아프티아'(φιλαυτία)라는 특수한 용어로 표현된다. 러시아어로는 '사모스트'(samost') 인데, 흔히 번역되는 바의 '이기주의'(égoïsme)라는 단어로는 그 참된 의미를 포착할 수 없다. 아마도 이를 위해서는 비록 조야하지만 라틴어의 '이프세이테'(ipséité, 자기성, 自己性)라는 신조어의 개발이 불가피할 것이다.

 우리는 의지를 본질의 한 기능으로 보는 그리스도론 교리 앞에서 어떤 어려움을 느낀다. 자신의 의지로 원하고, 확신하고, 또 강제하는 하나의 인격을 상상하는 것이 우리에게는 더욱 쉽다. 그럼에도 인격이라는 관념은 본질에 대한 자유를 내포한다. 인격은 자신의 본질로부터 자유로우며 그것에 의해 규정되지 않는다. 인간의 휘포스타시스는 자신의 고유한 의지의 포기, 우리를 결정하고 또 우리를 본성적 필연성에 종속시키는 것에 대한 포기로만 실현된다. 인격을 본질과 혼동하게 만들고, 또 자신의 참된 자유를 상실케 하는 자기주장, 혹은 개인적인 것은 깨져야 한다. 이것이 바로 금욕주의의 근본 원칙이다. 누구에게나 고유한 하느님의 형상으로서의 인격의 자유, 그 진정한 자유를 되찾기 위해 자신의 고유한 의지와 개인적 자유라는 우상을 포기하는 것이 바로 그것이다. 시나이의 닐로스 성인에 의하면, 완전한 수도사는 "하느님 다음으로 모든 사람을 하느님처럼 여길 것이다."[14] 자신의 개인적 제한을 떨쳐버리고 공통된 본질을 되찾아 자신의 고유한 인격을 실현하려는 사람에게는 타자의 인격이 하느님의 형상으로 나타나게 될 것이다.

 그러므로 우리 안에서 하느님의 형상에 조응하는 것은 우

---

14 St. Nil de Sinaï, *Περὶ προσευχῆς*, c. 123, *P.G.*, t. 79, col. 1193 C.

리의 본질의 어떤 부분이 아니라, 오히려 본질을 포함하는 인격 그 자체다. 6세기 비잔틴 신학자 레온티오스는 한 인격 안에 포함된 본질을 '엔휘포스타톤'(ἐνυπόστατον), 즉 '한 휘포스타시스 혹은 한 위격 안에 포함된 것'이라는 용어로 표현했다. 본질 전체는 한 휘포스타시스 안에서 발견되고, 그것은 또한 한 휘포스타시스의 본질이며, 이와 다른 방식으로는 존재할 수 없다고 레온티오스는 선언한다.[15] 그러나 존재의 보다 열등한 차원에서는 휘포스타시스가 개인들, 개별적 존재들로 나타난다. '휘포스타시스'는 오직 인간들, 천사들, 하느님과 같은 영적인 존재들과 관련될 때만 '인격'이라는 의미를 가지게 된다. 개인이 아닌 인격으로서의 휘포스타시스는 여러 특수한 본성으로 한 본질을 나누지 않는다. 삼위일체 하느님은 세 신(神)이 아니라 한 하느님인 것처럼 말이다. 인간 인격의 증식이 수많은 개인들 안으로 본질을 나눔으로써 그것을 파편화시키는 것으로 드러나는 것은, 타락 후 하느님과의 닮음을 상실해버린 인간 본질 안에서 생겨난 생식 외에 다른 발생에 대해서는 알지 못하기 때문이다. 니싸의 그레고리오스 성인과 막시모스 성인에게는 이브의 창조가 죄와 그것이 인류에 미칠 결과를 미리 아신 하느님에 의해 실행된 행위였다

---

15 St. Léonce de Byzantine, *Contra Nestorium et Eutychium*, *P.G.*, t. 86, col. 1277 CD. 동일한 사상이 막시모스 성인(*P.G.*, t. 91, col. 557-560)과 다마스커스의 요한 성인(*De fide orthodoxa*, I. ix, 53)에 의해서도 발전되었다.

는 것을 우리는 이미 살펴보았다. 그러나 아담의 본질에서 취해진 "뼈 중의 뼈요, 살 중의 살"인 새로운 인간 인격 '이브'는 아담의 본질을 보충할 뿐 아니라 동일한 한 본질이요 "한 몸"이었다. 여자는 남자를 갈망하고 남자는 여자를 지배하게 될 것이라는 창세기의 말처럼(3:16), 이 최초의 두 인간 인격이 서로 간에 외적인 관계를 갖게 되고, 분리된 두 본질 즉 두 개별적 존재가 된 것은 바로 범죄로 타락한 이후부터다. 원죄 이후, 인간의 본질은 나뉘고 파편화되고 수많은 개인 안으로 조각났다. 인간은 이중의 측면을 가진 존재, 즉 개인적 본질로서는 전체의 한 부분, 우주를 구성하는 요소들 가운데 하나가 되었고, 반대로 인격으로서는 절대로 한 부분이 아니라 자신 안에 전체를 포괄하는 존재가 된다. 본질은 인격의 내용이요, 인격은 본질의 실존이다. 자신을 특수한 본질의 제한 안에 가둠으로써 스스로를 단지 한 개인으로 확인하는 인격은 온전하게 자신을 실현하지 못할 것이며, 오히려 더욱 빈곤해질 수밖에 없다. 인격이 공통된 하나의 본질 속에서 충만하게 표현되는 것은, 자기 자신에게 고유한 내용을 포기하고, 그것을 자유롭게 내어주고, 자기 자신을 위해 존재하기를 그침으로써만 가능해진다. 자신의 특수한 선을 포기할 때, 인격은 스스로 무한히 팽창해서 전체에 속한 모든 것으로 풍요를 누릴 수 있게 된다. 인격은 모든 사람의 공동 본질의 완성인 '닮음'(la ressemblance)을 획득함으로써 하느님의 완전한 형상이 된다. 인격들과 본질의 구별은 삼위일체 하느님 교리로 표현된 신적 생명의 질서를 인류 안에 재생시킨다. 이것이 바로 모든 그리스도교적 인간론과 모든 복음적 윤리의 근본이다. 니싸의 그레고리오스 성인에 의하면, 그리스도교란 "하느님의 본성(la nature de Dieu)을 본받는 것"이기 때문이다.[16]

하느님의 형상인 인간은 인격적 하느님 앞에 있는 인격적 존재다. 하느님은 인간에게 마치 하나의 인격에게 하듯 말을 걸고, 인간은 그분께 답한다. 인간은 신이 되라는 분부를 받은 피조물이라고 바실리오스 성인은 말한다.[17] 그러나 인간의 자유에 주어진 이 지시는 절대로 강제가 아니다. 인격적 존재로서 인간은 하느님의 의지를 수용할 수도 있고 거부할 수도 있다. 인간은 하느님으로부터 최대한으로 멀어져서 그 본질에 있어서 하느님과 아주 다른 존재가 될지라도 여전히 한 인격으로 남게 될 것이다. 말하자면 하느님의 형상은 인간 안에서 결코 파괴될 수 없다는 의미다. 인간은 또한 하느님의 의지를 완성하고 자신의 본질 안에 하느님과의 완전한 '닮음'을 실현시킬 때도 여전히 하나의 인격적 존재로 남게 될 것이다. 신학자 그레고리오스 성인의 말처럼, "하느님은 자유를 선사하

---

16 St. Grégoire de Nysse, *De professione christiana*, *P.G.*, t. 46, col. 244 C.
17 바실리오스 성인의 이 말을 전하는 이는 그의 막역한 신학 동지인 나지안주스의 그레고리오스 성인이다. St. Grégoire le Théologien, *In laudem Basilii Magni*, or. XLIII, § 48, *P.G.*, t. 36, col. 560 A.

심으로써 인간을 존중하시는데, 그 목적은 인간 본질 안에 선(善)의 맏물을 심어 놓으신 하느님께 모든 선(善)이 속하는 것처럼 또한 그것을 택하는 사람에게도 그것이 소유되도록 하기 위함이다."[18] 이렇게 해서, 선을 택하든 악을 택하든, '닮음'을 실현하든 '다름'을 실현하든 간에, 인간은 언제나 자신의 본질을 자유롭게 소유하게 될 것이다. 인간은 하느님의 형상에 따라 창조되었기 때문이다.

그럼에도 인격은 자기 안에 존재하는 본질과 분리될 수 없기에, 모든 불완전성, 본질과 '다른 모든 것'은 인격을 제한할 것이고, '하느님의 형상'을 퇴색하게 만들 것이다. 실제로, 우리가 인격으로 존재하는 한 자유는 우리의 것이지만, 행동의 원천이 되는 의지는 본질의 한 능력이다. 막시모스 성인에 의하면, 의지는 "본질에 어울리는 것을 향하도록 만들고, 본질의 모든 근본적인 속성을 포괄하는 본질적 능력"[19]이다. 막시모스 성인은, 모든 이성적 본질이 추구하는, 선에 대한 욕구인 '본질적 의지'(θέλημα φυσικόν)를 인격에 고유한 '선택 의지'(θέλημα γνωμικόν)와 구별한다.[20] 본질은 원하고 주장하며, 인격은 선택한다. 인격은 본질이 원하는 바를 수용하거나 거부

---

18 St. Grégoire le Théologien, *In sanctum Pascha*, or. XLV, 8, *P.G.*, t. 36, col. 632 C.
19 St. Maxime le Confesseur, *Opuscula theologica et polemica, Ad Marinum*, *P.G.*, t. 91, col. 45 D-48 A.
20 위의 책, col. 48 A-49 A. ; St. Jean Damascène, *De fide orthodoxa*, III, 14, *P.G.*, t. 94, col. 1036-1037, 1044-1045.

한다. 그러나 막시모스 성인에 의하면 이 '선택 자유'(la liberté de choix)는 이미 하나의 불완전이요, 참된 자유의 제한이다. 완전한 본질은 선택할 필요가 없다. 왜냐하면 그것은 본성적으로 선을 알기 때문이다. 이 본질의 자유는 바로 이 지식에 근거한다. 우리의 자유 의지(γνωμή, libre arbitré)는 타락한 인간 본질의 불완전과 하느님과의 닮음의 상실을 보여줄 따름이다. 본질은 죄로 인해 혼미해지고, 더 이상 참된 선을 알지 못하며, 매우 자주 '본질에 반대되는' 것을 향하는 경향을 가지기 때문에, 인간 인격은 항상 선택의 필요에 봉착하게 된다. 그것은 더듬거리면서 진보하게 될 것이다.

우리는 선을 향한 고양에서의 이러한 불확실성 혹은 우유부단을 '자유 의지'라고 부른다. 하느님과의 연합, 다시 말해 은총을 통해 자신의 본질과 하느님의 본질을 완전하게 동화시키도록 부름 받은 인격은 죄에 의해 손상 왜곡되고, 또한 거역하는 욕구에 의해 찢겨진 본질에 매이게 된다. 불완전한 본질을 통해 깨닫고 원하기 때문에 인격은 실천적으로 맹목적이고 무능력하며 바르게 선택할 수 없다. 그래서 죄의 노예가 돼버린 본질의 충동에 너무나 자주 양보하게 된다. 이렇게 해서 우리 안에 하느님의 형상은, 비록 여전히 선택에 있어서 자유롭고 또 자유롭게 하느님을 향해 새롭게 되돌아 설 수 있음에도 불구하고, 자꾸만 깊은 구렁으로 빠져 들어가게 된다.

인간은 완전하게 창조되었다. 이것은 최초의 인간 상태가 자신의 최종적인 상태와 동일하다거나 창조의 순간부터 이미 하느님과 연합되어 있었다는 것을 의미하지는 않는다. 죄와 타락 이전의 아담은 '순수 본질'도 신화(神化)된 인간도 아니었다. 우리가 이미 말한 바와 같이 동방교회의 우주론과 인간론은 본질과 은총 개념의 단순한 병렬을 배제하는 역동적인 특징을 가진다. 본질과 은총은 서로 관통하며, 하나는 다른 것 속에 존재한다.

다마스커스의 요한 성인은 인간이 "스스로를 신화(神化)시키도록", 즉 하느님과의 연합을 향하도록 창조되었다는 사실에서 헤아릴 수 없는 신비를 발견한다.[21] 최초의 인간 본성이 가진 완전성은 무엇보다도 먼저 하느님과 교제할 수 있고, 피조된 본질을 관통하고 변형시키는 신성의 충만 안에 점점 더 강하게 결속될 수 있는 능력 안에서 표현된다. 신학자 그레고리오스 성인이 '신성의 조각들'에게 자신의 숨을 불어 넣어주신 하느님에 대해 말할 때 표현하고자 했던 것이 바로 인간 정신의 이 지고한 능력, 최초의 순간부터 인간의 영혼 안에 현존해온 이 은총이었다. 인간은 이 은총 안에서 신화(神化)시키는 에너지를 받아들이고 그것을 또한 자기 것으로 만들 수 있는 능력을 가진 존재였다. 막시모스에 의하면, 인간 인격은 "은총의 획득을 통해서, 창조된 본질과 창조되지 않은 본질이 통

---

21 St. Jean Damascène, *De fide orthodoxa*, II, 12, *P.G.*, t. 94, col. 924 A.

일되고 동일한 것으로 나타나도록 만들고, 또 사랑을 통해서 이 두 본질을 재연합하도록" 부름 받았기 때문이다.[22] 통일성과 동일성은 여기서 인격, 즉 인간의 휘포스타시스에 관련된다. 그러므로 인간의 본질을 수용하신 신적 위격(인격)이신 그리스도와는 반대로, 사람은 은총을 통해서 이 두 본질을 자신의 창조된 휘포스타시스 안에 결합시켜서 '창조된 신', '은총에 의한 신'이 되어야 한다. 두 의지의 협력은 이 목적에 이루는데 필수적이다. 한편으로, 성령을 통해서 은총을 선사하시는 하느님의 신화(神化)시키는 의지는 인간 인격 안에 현존하고, 다른 한편 인간의 의지는 이 은총을 받고 그것을 수용하고 은총이 본질 전체를 관통하도록 허용함으로써 하느님의 의지에 복종하게 된다. 이성적 본질의 활동적 힘인 의지는 본질이 은총에 참여하고 또 '변화의 불'[23]에 의해 '닮음'을 이루어 가면 갈수록 더욱 은총에 의해 움직이게 될 것이다.

희랍 교부들은 인간의 본질을 영(νοῦς), 혼(ψυχή), 육(σῶμα)의 연합체, 혹은 영과 육의 연합체로 표현한다. 삼분론자와 이분론자 사이의 차이는 크게 보아 용어의 문제로 귀결된다. 이분론자들은 '영'(νοῦς)을 이성적인 영혼의 최고 기능, 즉 인간으로 하여금 하느님과의 교제 안으로 들어갈 수 있도록 해주는 기

---

22 St. Maxime le Confesseur, *De ambiguis, P.G.*, t. 91, col. 1308 B.
23 "변화의 불"(πὺρ τῆς ἀλλαγῆς)이라는 표현의 포티케의 디아도코스(Diadoque de Photiké)의 것이다. St. Diadoque de Photiké, *Discours ascétique,* ch. LXVII, éd. K. Popov, Kiev, 1903, texte grec et trad. russe), t. 1, p.363.

능으로 이해한다. 인격 혹은 인간의 휘포스타시스는 이 본질의 모든 구성 요소를 포괄하고 인간 존재의 총체로 자신을 표현한다. 즉 인간 존재는 이 인격 안에서 또 이 인격을 통해 존재한다. 본질은 늘 역동적이고 변화무쌍하며 외부의 목표를 향하는 의지에 이끌린다. 하느님의 형상은 그런 본질의 튼튼하고 안정된 원리다. 이 형상은 본질이 하느님과의 인격적인 관계 안에 있다는 것, 다시 말해 하느님이 각 존재와 절대적으로 유일한 관계를 맺고 있다는 것을 말해주는 일종의 신적인 날인(un sceau divin)이라고 말할 수 있다. 이 관계는 본질 전체를 하느님을 향해 정향시키는 의지를 통해 실행되고 또 실현될 것이며, 그 안에서 인간은 자기 존재의 충만을 발견하게 될 것이다. 18세기 보로네시의 티콘 성인은 이렇게 말한다.

> 하느님에 의해 창조된 영인 인간 영혼은, 인간을 자신의 형상과 모양에 따라 창조하신 하느님 안에서가 아니라면, 그 어디에서건 만족도 휴식도 평화도 위로도 기쁨도 발견할 수 없다. 하느님으로부터 한번 분리된 인간 영혼은 피조물 안에서 만족하려 하고 마치 돼지 여물과도 같은 정념(情念)들로 배를 채운다. 그러나 참된 휴식도 참된 만족도 찾지 못하고 영혼은 결국 굶주려 죽고 만다. 영에는 영적인 양식이 필요하기 때문이다.[24]

영은 그 양식을 하느님 안에서 찾고 또 하느님으로 살아야

---

24 St. Tikhone de Voronej, *OEuvres,* t. II, p.192. (러시아어)

한다. 영혼은 영으로부터 양식을 얻어야 하고, 육은 영혼으로 살아야 한다. 불멸하는 본질의 최초 순서는 이러했다. 그러나 하느님께 등을 돌린 후, 영은 자신의 자양분(이것은 우리가 습관적으로 말하는 '영적인 가치들'이다)으로 살아감으로써 영혼에게 자신의 양식을 제공하는 대신 영혼을 희생시키면서 살기 시작하고, 영혼은 또한 육체의 삶으로 살기 시작하며 - 이것이 바로 정념(욕구)들의 기원이다 - 마침내, 육은 외부의 생기 없는 물질로부터 자신의 양식을 찾도록 강요당함으로써 결국은 죽음을 만나게 된다. 그리고 인간 구성은 분해된다.

악은 의지를 통해 세상에 들어왔다. 그것은 본질(φύσις)이 아니라 상태(ἕξις)다. 포티케의 디아도코스 성인은 말한다.

> 선의 본질은 악의 습관보다 훨씬 강하다. 선은 존재하지만, 악은 존재하지 않고 다만 그것이 행해진 순간에만 실존하기 때문이다.[25]

니싸의 그레고리오스 성인에 의하면, 죄는 거짓 선을 선으로 간주함으로써 스스로를 속이는 '의지의 질병'(une maladie de la volonté)이다. 이 때문에 선악과(le fruit de la connaissance du bien et du mal)를 맛보고자 하는 욕망 자체가 이미 죄였다. 그레고리오스 성

---

25 St. Diadoque de Photiké, *Discours ascétique,* ch. III, éd. Popov, I, 24-25. *Capita de perfectione spirituali, P.G.,* t. 65, col. 1168.

인에 의하면, 지식은 알고자 하는 대상을 향한 일종의 경향성이기 때문이다. 그러므로 그 자체로는 비존재에 불과한 악은 결코 알려고 해서는 안 되는 것이었다.[26] 악은 오직 의지를 통해서만 현실이 되고, 이 의지가 악의 유일한 수단이다. 악을 존재케 하는 것은 바로 이 의지다. 만약에 인간이 그 본성에 있어서 하느님을 알고 사랑하도록 만들어진 의지를, 존재하지 않는 선 즉 일종의 몽상적인 목적으로 향하게 할 수 있었다면, 그것은 오직 외부의 영향, 즉 낯선 의지의 설득으로만 설명될 수 있으며, 인간의 의지는 그것에 동의했음에 틀림없다.[27] 아담의 의지를 통해 지상 세계에 들어오기 전에도 악은 이미 영적인 세계 안에서 시작되었다. 하느님에 대한 적의로 영원히 굳어져 버린 영적 존재인 일군의 천사들의 의지가 처음으로 악을 탄생시켰다. 이 악은 의지를 무(無)로 기울도록 유혹하고, 존재와 창조와 하느님을 부정하며, 특별히 모든 반역 의지가 집요하게 저항하는 은총을 격렬하게 증오한다. 어둠의 영이 되어버린 타락한 천사들은 그럼에도 불구하고 여전히 하느님에 의해 창조된 피조물이며 하느님의 의지에 반대하기로 한 그들의 결정은 결코 찾을 수 없는 무를 향한 좌절된 강박관념이 되었다. 비존재를 향한 그들의 영원한 타락은 끝

---

26 St. Grégoire de Nysse, *De hominis opificio*, XX, *P.G.*, t. 44, col. 197-200 ; St. Grégoire de Nysse, *De oratine dominica*, IV, *P.G.*, t. 44, col. 1161 D - 1164 A.
27 위의 책, col. 200 C.

이 없을 것이다. 19세기 러시아 위대한 신비가 사로프의 세라핌 성인은 악마에 대해 다음과 같이 말한다.

> 그들은 무시무시하다. 하느님의 은총에 대한 그들의 의식적인 저항은 그들을 어둠으로, 상상도 할 수 없는 공포의 천사로 변형시켜 버렸다. 피조물인 천사로서 그들은 엄청난 힘을 가진다. 만약 하느님의 은총이 하느님의 창조에 대한 그들의 증오를 무력하게 만들지 않는다면, 그들 중의 가장 작은 자도 지구를 파괴할 수 있을 것이다. 그러므로 그들은 인간의 자유를 악으로 기울게 함으로써, 피조물을 그 안으로부터 파괴하려 한다.[28]

세라핌 성인은 또한 대 안토니오스 수도성인의 금욕저술에 의지해서 인간 안에 작동하는 세 종류의 서로 다른 의지를 구별한다.[29] 첫 번째는 하느님의 의지로, 그것은 완전하고 구원하는 의지다. 두 번째는 인간의 의지로, 필연적으로 해로운 것은 아니지만 그렇다고 해서 그 자체로 구원하는 의지는 아니다. 마지막 세 번째 의지는 우리의 파멸을 추구하는 악마의 의지다.

정교회의 금욕주의는 악의 영들이 영혼 안에서 자행하는 다양한 행동을 표현해 주는 특수한 용어를 가지고 있다. '로기

---

28 *Révélations de saint Séraphin de Sarov*, Paris, 1932. (러시아어)
29 세 가지 의지에 대한 글은 다음의 저작에서 발견된다. St. Séraphim de Sarov, *Lettre XX, Vet. Patrum Bibl.*, Venise, Galland, 1788, IV, 696 s.

스미'(λογισμοί)는 영혼의 저차적 영역, 즉 '잠재 의식'[30]에서 떠오르는 생각들 혹은 이미지들이다. '프로스볼리'(προσβολή)는 '유혹'이라기 보다는 오히려 '낯선 생각', 즉 적의 의지에 의해 밖으로부터 우리 의식 안에 '주입된 생각'이라 할 수 있다. 은수자(隱修者) 마르코스 성인은 이와 관련하여 "그것은 죄라기 보다 차리리 우리의 자유를 증언하는 것"이라고 말한다.[31] 죄는 '동조'(同調), 희랍 말로 '슁카타테시스'(συγκατάθεσις)가 존재하는 곳에서 시작된다. 그것은 영이 어떤 거짓 생각, 거짓 이미지, 어떤 이익, 이미 적의 의지와 일치하기 시작하였음을 표시하는 어떤 관심 등에 집착을 드러내는 것이다.[32] 악은 언제나 자유를 전제하기 때문이다. 그게 아니라면 악은 인격 외부로부터 강제되는 어떤 폭력이요 그저 겉으로만 인격을 소유하고 차지할 뿐일 것이다.

사람은 자유롭게 죄를 짓는다. 원죄(le péché originel)란 무엇인가? 교부들은 사람과 하느님을 분리시킬 자유 의지의 자기 결정에서 여러 계기를 구별한다. 도덕적이고 인격적인 계기는

---

30 이 용어에 대한 자세한 분석을 위해서는 다음의 책을 참고할 수 있다. 이 책은 여전히 가치있는 것이지만 불행하게도 러시아어로 단 한번도 번역된 적이 없다 : Zarine, *Fondements de l'ascétique orthodoxe,* Saint-Pétersbourg, 1902.

31 St. Marc l'Ermite, *De biptismo, P.G.,* t. 65, col. 1020 A.

32 St. Marc l'Ermite, Περί νόμου πνευματικοῦ, CXLII, P.G., t. 65, col. 921-924.

불순종 즉 하느님의 지시를 위반한 것에 있다. 만약 사람이 자녀로서의 사랑을 가지고 이 계명을 수용했더라면, 그는 하느님의 의지에 전적인 희생으로 응답했을 것이다. 하느님만으로 살고 하느님과 연합하기만을 열망하면서, 금지된 과일뿐만 아니라 모든 외적 대상으로부터 자발적으로 자신을 분리했을 것이다. 하느님의 계명은 신화(神化)에 이르기 위해 따라야 할 길, 즉 하느님이 아닌 모든 것에 대한 분리의 길을 인간 의지에 제시해 준 것이었다. 하지만 인간의 의지는 반대의 길을 선택했다. 인간 의지는 하느님을 떠났고 악마의 폭압 아래 종속되었다. 니싸의 그레고리오스 성인과 막시모스 성인은 특별히 죄의 본질적 측면에 주의를 기울인다. 인간의 영은 하느님을 향하도록 되어 있는 자신의 본성적 지향을 따르지 않고 오히려 세상을 향해 돌아섰다. 육체를 영화(靈化)시키는 대신, 스스로 동물적이고 감각적인 삶의 조류 안으로 들어가 물질적 조건에 종속되었다. 신(新)신학자 시메온 성인은 사람이 하느님 앞에서 회개하기는커녕 자신을 정당화하려고 한 사실에서 죄의 점진적 발전을 발견한다.[33] 아담은 "당신이 나에게 주신 여자가"라고 말하면서 모든 책임을 이브에게 돌린다. 이렇게 해서 아담은 하느님을 자신의 타락의 첫 번째 원인으로 만들고 만다. 오직 자신의 자유로운 의지 안에서만 악이 기원

---

33 St. Syméon le Nouveau Théologien, *Homélie* 45, de l'éd. de Smyrne et de la trad. russe ; *Hom*, 33, *P.G.*, t. 120, col. 499 AB.

한다는 사실을 인정하려 하지 않음으로써, 사람은 악으로부터 해방될 수 있는 가능성을 포기하고 자신의 자유를 외적 필연성에 종속시킨다. 의지는 더욱 강퍅해지고 하느님께 문을 닫아버린다. 이를 두고 모스크바의 필라렛 성인은 "사람은 스스로 하느님의 은총이 흘러나오는 것을 멈추게 했다"고 말한다.[34]

은총의 박탈이 본질이 타락한 원인이었는가? 하느님을 향하도록 본질을 바로잡기 위해서 본질에 '추가된 은총'(la grâce surérogatoire)이라는 개념은 동방교회 전통에 매우 낯설다. 하느님의 형상인 인간 인격은 자신의 원형을 향하도록 지시되었다. 인간의 본질은 영적이고 이성적인 능력인 의지를 통해서 자발적으로 하느님을 향한다. '원의'(原義, la justice primitive)는, 하느님이 창조하셨기에 사람은 본래 선을 향하는, 하느님과의 교제를 향하는, 창조되지 않은 은총의 획득을 향하는 선한 본성을 가진 존재일 수 밖에 없었다는 사실에 있다. 만약 이 선한 본질이 창조주와 불일치하게 되었다면, 그것은 단지 자신의 내면으로부터 '절대적 권능'(αὐτεξουσία)을 가지고 스스로 결정할 수 있는 능력을 가진다는 사실에서 비롯된다. 이 능력은, 본질적 경향에 부합하게만 아니라 자신의 본질에 역행하여 행하고 원할 가능성을 인간에게 제공하기 때문이다. 실제

---

34 St. Philarète de Moscou, *Discours et sermons,* trad. fr., I, 5.

로 인간은 자신의 본질을 부패시킬 수도 있고, 또 그것을 '본질에 반(反)하는' 것으로 만들 수도 있다. 본질의 부패는, 그렇게 되길 원했고 또 자유롭게 자신을 그러한 상태로 만든 인간의 자유로운 결정의 즉각적인 결과이다. 본질에 역행하는 상태는 결국 비본질화되고 인간 존재의 쇠락을 초래했으며, 그것은 결국 하느님에게서 분리된 본질의 마지막 분열인 죽음 안에서 최종적으로 마무리되었다. 부패한 본질 안에서는 창조되지 않은 은총의 자리를 더 이상 발견할 수 없다. 또한 니싸의 그레고리오스 성인에 의하면, 이 부패한 본질 안에서, 거꾸로 된 거울같이 되어버린 영은 하느님을 반영하는 대신 스스로 무형 물질들의 형상을 수용한다.[35] 또 이 부패한 본질 안에서 정념들(les passions)은 인간 존재 안에 있는 최초의 질서를 전복시킨다. 은총의 박탈은 원인이 아니라 오히려 부패한 본질의 결과다. 사람은 하느님과 교제할 수 있는 능력을 질식시켰고 모든 피조물에게 흘러넘치는 은총의 길을 차단해 버렸다.

동방교회의 교리 안에서, 죄와 죄의 결과에 대한 이러한 '물리적' 개념은 언제나 감지되는 또 다른 한 계기, 인격적 도덕적 측면, 다시 말해 죄와 벌의 측면을 결코 배제하지 않는다. 사람은 한 본질일 뿐만 아니라, 인격적 하느님 면전에 서있고

---

35 St. Grégoire de Nysse, *De hominis opificio*, XII, *P.G.*, t. 44, col. 164.

그분과의 관계 안에 놓인 한 인격이기도 하기에, 이 두 측면은 불가분리적으로 연결되어 있다. 인간 본질이 죄의 결과로 인해 쇠락했다면, 또 죄가 창조된 우주 안에 죽음을 들여왔다면, 그것은 인간의 자유가 하나의 새로운 상태, 즉 악 안에서의 새로운 존재 양태(ἕξις)를 창조했기 때문만 아니라, 하느님은 인간이 죽음에 이르도록 허용함으로써 죄에 한계를 정해 놓으셨기 때문이기도 하다. "죄의 삯은 사망이요…"

이집트의 마카리오스 성인은 "우리는 어둠의 혈통에서 나온 자손들"이라고 말했다.[36] 그러나 본질로만 보면 어떤 것도 심지어는 악마조차도 본성적으로 악하지 않다. 그러나 의지에 근원을 두고 본질에 기생하는 죄는 일종의 '반(反) 은총'(anti-grâce)이 된다. 그리하여 피조물을 관통하고 그 안에서 살면서, 피조물을 악마의 포로, 악 안에서 영원히 경화되어버린 자기 의지의 포로로 만들어 버린다. 하느님의 형상과 반대되고 그 자체로는 환상이지만 의지를 통해서 현실이 되는 하나의 새로운 극이 세상 안에 창조된다. 니싸의 그레고리오스 성인이 말한대로, 그것은 비(非)존재 안에 자신의 실존을 가지는 역설이다. 인간의 의지를 통해서 악은 피조세계 전체를 전염시킬 수 있는 힘이 된다. "사람 때문에 땅이 저주를 받았다"는 창세

---

36 인류를 공격하는 어둠의 권세에 대해서는 다음을 보라. St. Macaire d'E-gypte, *Homil. Spirit.*, XXIV, 2 ; XLIII, 7-9 et passim. (*P.G.*, t. 34, col. 664 ; 776-777)

기의 말이 바로 그런 의미다. 그와 동시에 언제나 하느님의 위대하심을 반영하는 코스모스는 음산한 특징들을 획득하게 되었고, 러시아 신학자요 철학자인 트루베츠코이의 표현을 빌자면, '야행성(夜行性)의 피조물'[37]이 되었다. 죄는 은총이 지배해야 할 곳에 스며들어 왔다. 신적 충만 대신 비존재의 깊은 구렁이 하느님의 창조 안에 입을 벌린 채 열려있다. 그것은 인간의 자유로운 의지에 활짝 열려 있는 지옥의 문이다.

아담은 자신의 소명을 완수하지 못했다. 그는 하느님과의 연합과 피조세계의 신화(神化)에 이를 수 없었다. 자신의 자유를 충만하게 사용할 수 있을 때 실현하지 못했던 이 소명은, 자발적으로 외부의 힘의 노예가 되어버린 시점에서는 더욱더 불가능하게 되었다. 타락으로부터 오순절 성령 강림까지, 신적 에너지, 창조되지 않은 신화(神化) 은총은 인간의 본질에 낯선 것으로 남아 있을 것이고, 영혼 안에 창조된 것들만을 재생산함으로써, 오직 외부적으로만 본질에 영향을 줄 것이다. 구약 성경의 예언자들과 의인들은 은총의 도구가 될 것이다. 은총은 그들을 통해서 작동할 것이지만 그들 자신의 인격적 힘처럼 인간에게 귀속되지는 않을 것이다. 신화(神化), 즉 은총

---

37 E. Troubetshkoï : 러시아 혁명 초기, 러시아에서 사망했으며 서방에는 알려지지 않은 『삶의 의미』(*Sens de la vie*)의 저자다. 트루베츠코이는 '지혜론자들'(sophianistes) 중에서 신학적 사고가 완벽하게 정통 신앙 안에 있는 거의 유일한 예다.

을 통한 하느님과의 연합은 불가능하게 될 것이다. 그러나 하느님의 계획은 인간의 잘못 때문에 폐지되지는 않을 것이다. 첫 아담의 소명은 두 번째 아담인 그리스도에 의해 실현될 것이다. 이레네오스 성인과 아타나시오스 성인의 말대로, 또 모든 시대의 교부들과 신학자들이 되풀이하여 말한 대로, "인간이 신이 되게 하시려고 하느님은 인간이 되실 것이다."[38] 그러나 가장 직접적인 측면에서 볼 때, 육화(肉化)하신 말씀에 의해 성취된 이 업적은 무엇보다도 먼저 구원의 업적, 죄와 죽음의 포로가 된 세상의 구속(救贖, la rédemption)으로서 타락한 인류에게 드러날 것이다. 우리는 '복된 죄'(felix culpa)에 지나치게 현혹된 나머지, 구세주가 죄의 통치를 멸망시키고 인간의 마지막 목표인 신화(神化, la déification)의 길을 다시 한번 인간에게 열어 주셨다는 사실을 종종 잊곤 한다. 정녕 그리스도의 사역은 성령의 사역을 요청한다.(루가 12:49)

---

38 St. Irénée de Lyon, *Adv. Haereses*, V. praef., *P.G.*, t. 7, col. 1120 ; St. Athanase le Grand, *De incarn. Verbi,* cap.54, *P.G.,* t. 25, col. 192 B ; St. Grégoire le Théologien, *Poëm. dogm.*, X, 5-9, *P.G.,* t. 37, col. 465 ; St. Grégoire de Nysse, *Oration catechética,* XXV, *P.G.,* t. 45, col. 65 D.

7장 성자의 경륜

 '하느님과의 연합'이라는 동방교회의 전통적 교리의 토대가 되는 신학의 제 요소를 검토하면서, 우리는 이 연합의 두 주체인 창조되지 않은 존재와 창조된 존재, 하느님과 피조물에 대한 가르침의 일반적 노선을 따라왔다. 우리는 창조된 존재의 극단적 한계, 다시 말해 피조물이라는 '본질'을 통해서만 아니라 죄 속에서 살아가는 새로운 삶의 방식을 만들어 낸 '의지'를 통해서도 하느님으로부터 가장 멀리 떨어진 지점까지 이르게 된 것이다. 니싸의 그레고리오스 성인의 말대로, 죄는 창조된 의지의 발명품이기 때문이다. 창조된 것과 창조되지 않는 것 사이의 한없는 거리와 인간과 하느님 사이의 이러한 본질적 분리는 비록 신화(神化)를 통해 초월되어야 할 것이지만, 인간이 하나의 새로운 상태, 즉 비존재와 이웃하는 상태,

죄와 죽음의 상태 안에서 규정된 이후, 인간에게는 넘어설 수 없는 것이 되어버린다. 하느님과의 연합이라는 소명을 이루기 위해서 모든 피조물은 이제 죽음, 죄, 본질이라는 세 가지 장벽을 넘어서야만 할 것이다.

최초의 인간에게 제시되었던 신화(神化)의 길은 인간의 본질이 죄와 죽음을 이기기 전에는 불가능할 것이다. 이 연합의 길은 이제부터 '구원'이라는 측면에서 타락한 인류에게 제시될 것이다. 부정적 의미의 이 용어 '구원'은 어떤 장애의 제거를 의미한다. 우리는 무언가로부터, 다시 말해 죽음으로부터 또 그의 뿌리가 되는 죄로부터 해방된다. 하느님의 계획은 아담에 의해 완수되지 못했다. 하느님을 향한 상승이라는 바른 길 대신, 첫 인간 아담의 의지는 본질에 역행하고 결국 죽음에 이르게 될 길을 따라갔다. 오직 하느님만이 죽음과 죄악의 포로 상태에서 인간을 해방시키고 신화(神化)의 가능성을 인간에게 되돌려 줄 수 있다. 인간이 하느님을 향해 자신을 고양시킴으로써 이르러야 했던 것을, 이제 하느님 자신이 인간을 향해 내려오심으로써 실현시키신다. 죽음과 죄와 본질, 우리를 하느님으로부터 분리시키는 이 세 가지 장벽은 인간에게는 넘을 수 없는 것이지만, 이제 반대로, 분열된 본질들의 연합을 시작으로 하여 죽음을 물리치는 궁극적 승리로 마무리하실 하느님에 의해 극복될 것이다. 14세기 비잔틴 신학자 니콜라스 카바질라스 성인은 이와 관련하여 다음과 같이 말한다.

주님은, 성육화를 통해 본질의 장애를, 십자가의 죽으심을 통해 죄의 장애를, 무덤에서의 부활을 통해 죽음의 장애를, 각각 제거해나가심으로써, 본질, 죄, 죽음이라는 삼중의 장벽으로 하느님과 분리된 인간이 다시 하느님을 소유할 수 있게 또 하느님과 즉각적으로 연합할 수 있게 하셨다. 그래서 바울로 사도는 "마지막으로 물리치실 원수는 죽음입니다."(Ⅰ고린토 15:26)라고 썼던 것이다.[01]

고백자 막시모스 성인에게, 육화(σάρκωσις)와 신화(θέωσις)는 서로 조응하며, 서로를 내포한다. 하느님은 우주 안으로 내려오셔서 인간이 되셨고, 인간은 신적 충만을 향해 고양되어 신이 된다. 왜냐하면 신과 인간이라는 두 본질의 이 연합은 하느님의 영원한 협의에서 결정되었고 또 이것이 세상이 무로부터 창조된 궁극적 목적이기 때문이다.[02] 우리는, 몇몇 현대 비평가처럼, 고백자 막시모스 성인이 둔스 스코투스와 유사한 주장을 했다고 말할 수도 있을 것이다. 다시 말해 원죄가 있지 않았더라도 그리스도는 자신 안에 피조물과 신적 본질을 결합시키기 위해 성육하셨을 것이라고 말이다. 그러나 창조에 대한 막시모스 성인의 가르침을 검토하면서 이미 살펴본 바와 같이, 하느님과의 연합에 이름으로써 자신의 존재 안

---

01 St. Nicolas Cabasilas, *De la vie en Christ*, III, *P.G.*, t. 150, trad. fr. dans *Irénikon*, IX, 1932, sup.., p.89-90.

02 St. Maxime le Confesseur, *Quaestiones ad Thalassium* (60), *P.G.*, t. 90, col. 621 AB.

에 코스모스의 모든 영역을 결합시키고 신화시켜야 하는 과제는 아담에게 주어진 것이었다.[03] 본질적 분리들을 극복해 나가는 이러한 연속적인 연합이 결국 그리스도에 의해 성취된 것은, 아담이 자신의 소명을 소홀히 했기 때문이다. 그리스도는 첫째 아담에게 지시된 순서를 따라서 연속적으로 그것들을 실현시킨다. 그리스도는 동정녀로부터 탄생하심으로써 남자와 여자로 갈라진 인간 본질의 분열을 제거한다. 그분은 십자가 위에서 죄악 이전의 첫 번째 인간들이 살던 낙원과 첫 아담의 타락한 자손이 사는 이 지상의 현실을 다시 연합시킨다. 실제로 그리스도는 회개한 강도에게 "오늘 너는 나와 함께 낙원에 있게 될 것이다"라고 말씀하신다. 그럼에도 그분은 부활 이후 지상에 머무신 40일 동안 제자들과 함께 계속해서 대화하신다. 승천하실 때, 그리스도는 처음으로 땅과 하늘 즉 감각적 하늘을 재결합하신다. 이어서 최고 천상계를 통과하시고 천사들의 여러 층을 건너서, 영적 하늘, 지성적 세계와 감각적 세계를 재결합하신다. 마지막으로 그리스도는, 창조된 것과 창조되지 않은 것을 연합시키는 새로운 우주적 아담으로서, 자신 안에 연합된 우주 전체를 성부 하느님께 봉헌하신다.[04] 새로운 아담이시요, 연합시키는 분이시며, 성화시키는 분이신 그리스도에 대한 이러한 이해 속에서, '구속(la

---

03 St. Maxime le Confesseur, *De ambiguis, P.G.*, t. 91, col. 1308.
04 위의 책, col. 1309.

rédemption, 救贖'은 그분의 사역의 여러 국면 중의 하나, 다시 말해 성육화의 이유와 배경인 죄와 타락한 세상이라는 역사적 현실에 의해 조건 지워진 한 국면으로 나타난다. "말씀이 '복된 죄'(felix culpa)와 무관하게 육화하실 수 있는가?"라는 둔스 스코투스의 질문을 막시모스 성인은 제기하지도 않는다.[05] 다른 교부들에 비해 덜 구원론적이고 더 형이상학적인 신학을 전개했다고 해서, 막시모스 성인이 다른 교부들의 현실적이고 실천적인 체계로부터 빗나간 것은 결코 아니다. 그에게 비현실적인 경우란 존재하지 않는다. 하느님은 아담의 타락을 예견하셨고, 성자는 성 삼위 하느님의 선행 의지 안에서 "영원 전부터 희생된 어린양"이 되셨다. 그 어떤 것도 그리스도의 십자가 바깥에서 이해하려 해서는 안 되는 것은 바로 이 때문이다. 고백자 막시모스 성인은 말한다.

> 말씀의 육화라는 신비는 그 자체로 성경의 모든 상징과 비밀의 의미이고, 더 나아가 모든 감각적이고 지성적인 창조물의 숨겨진 뜻이다. 그러나 십자가와 무덤의 신비를 아는 사람은 또한 만물의 근본적 이유를 안다. 더 나가서 부활의 신비에 입문한 사람은 하느님이 태초에 만물을 창조하신 바 그 목적을 알게 된다.[06]

바울로 사도가 말한 대로, 그리스도의 사역은 "영원 전부

---

05 H.U. von Balthasar, *Kosmische Liturgie*, p.267-268.
06 St. Maxime le Confesseur, *Centuries gnostiques*, I, 66, *P.G.*, t. 90, col. 1108 AB.

터 하느님 안에 숨겨진 신비의 경륜"(에페소 3:9)이요, "예수 그리스도 안에서 실현될 영원한 결정"이다. 그러나 육화(l'Incarnation)와 수난(la Passion)은 어떤 본질적 필연성에 기인하는 것이 아니다. 다마스커스의 요한 성인에 의하면, "그것은 본질의 사역이 아니라 경륜적 겸비(謙卑)의 한 양태"[07]요, 의지의 활동이며, 하느님 사랑의 신비다. 우리는 5장에서 희랍 교부들에게 '결정들', '사유들'이 본질에 속하는 것이 아니라 삼위일체 하느님의 공통된 의지에 속하는 것임을 보았다. "하느님은 이 세상을 극진히 사랑하셔서 외아들을 보내주셨다"(요한 3:16)는 말씀처럼 하느님 사랑의 현현(顯現)인 성자의 육화가 삼위일체 하느님의 내적 존재 안에 어떠한 변화나 새로운 현실도 도입하지 않는 것도 다 이 때문이다. 만약 "말씀이 사람이 되셔서"(ὁ λόγος σὰρξ ἐγένετο, 요한 1:14)에서, 이 '되다'(ἐγένετο)가 하느님의 본질에 어떠한 영향도 주지 않았다면, 12세기 불가리아의 테오필로스 성인이 말한 것처럼, "말씀은 이전과 똑같은 존재로 머무시면서 동시에 이전엔 아니었던 그 무엇이 되신다."[08] 디오니시오스는 성자의 육화만 아니라 그 인성에도 '필안트로피아'(φιλανθρωπία), 즉 '인간사랑'이라는 이름을 적용한다. 이 이름은 하느님의 '섭리'(πρόνοια)를 확연하게 선언한다. 그런데 섭

---

07 St. Jean Damascène, *Contra Jacobitas,* 52, *P.G.,* t. 94, col. 1464 A.
08 St. Théophile de Bulgarie, *Enarratio in Evangelium Ioannis,* I, 14, *P.G.,* t. 123, col. 1156 C.

리는 인간의 자유와 관계된 하느님 의지의 결정을 의미하며, 이 결정은 피조물의 자유로운 행위에 대한 하느님의 예견에 기초한다. 그것은 인간이 하느님의 의지를 인정하기만 한다면 인간의 모든 흥망성쇠의 방황 속에서도 인간에게 가장 큰 유익을 만들어 주시려는 하느님의 구원 의지다. 비록 조금은 부정확한 표현일지라도, 우리는 하느님이 피조물의 자유를 해치지 않으면서도 자신의 의지를 성취시키고 이 타락한 우주를 통치하기 위해, 자신의 섭리 안에서 인간의 자유를 쾌히 승인하시고, 이 자유의 결과 안에서 행동하시며, 자신의 행위를 피조물의 행동과 관련하여 조정하신다고 말할 수 있다. 그러므로 영원 전부터 하느님 안에 숨겨졌지만 교회를 통해서 천사들에게 알려진(에페소 3:9-10) 신비인 성육화에 대한 부동의 영원한 이 예정은 동시에 일종의 우연적 성격을 가진다. 우리는 심지어 "성육화는 우연적인 것이다"라고 말할 수도 있을 것이다. "우연적"이라는 표현이 예견 할 수 없는 것이라는 생각을 내포하지 않는다면 말이다.

  하느님은 자신의 섭리의 행동을 통해서, 문자 그대로 집을 건축하고 다스리는 행위와 같은 자신의 경륜을 통해서, 끊임없이 "이 세상에 내려오신다." "때가 차면", 세상 안에서 능력과 에너지와 섭리로서 행동하시는 하느님의 지혜는 역사의 전개 안에 한 인격으로 들어오실 것이다. 성부의 위격적 지혜는 "한 집을 건축할 것인데", 그 집은 바로 말씀이 수용하신 동정녀의 순결한 육체다. 14세기 콘스탄티노플의 필로테오스 성인은 "지혜가 일곱 기둥을 세워 제 집을 짓고 … "(잠언 9:1)라는 말씀을 위의 의미로 해석했다.[09] 다마스커스의 요한 성인에 의하면, "테오토코스(Θεοτόκος, 하느님을 낳으신 분)라는 이름은 세상에서 이뤄진 하느님 경륜의 모든 역사를 포괄한다."[10] 17세기 로스토프의 디미트리오스 성인은 이렇게 말한다.

> 왜 하느님 말씀은 타락한 인류를 구원하기 위해 지상으로 내려와서 성육화 하시기를 지체하셨는가 하고 자문해 볼 수 있다. 그러나 아담의 죄 이후 여섯 번째 천년기 이전에는 지상에서 육체만이 아니라 정신까지도 순결한 동정녀를 결코 발견하지 못했을 것이다. 영적이고 육체적인 순결성을 통해서 교회와 성령의 전(殿)이 되기에 족한 분은 오직 한 분만 존재했다.[11]

노아, 아브라함의 후손, 히브리 족속, 유다 족속, 다윗의 혈통 등으로 계승되는, 하느님의 선택으로 이어져 오는 구약 성경의 전개, 하느님 백성의 순결성을 수호하는 율법, 선택된 후손에 대한 축복 등, 이 모든 거룩한 역사는 하나의 섭리와

---

09 St. Théophile de Constantinople, *Trois discours sur la Sagesse, à l'évêque Ignace* (ms 431 de la Bibl. Synodale de Moscou), publiée par Mgr Arsène, texte grec et trad. russe, Novgorod, 1898.

10 St. Jean Damascène, *De fide orthodoxa*, III, 12, *P.G.*, t. 94, col. 1029 et 1032.

11 *Œuvres de St. Dimitri de Rostov*, t. III, p.101 ; *Lectures chrétiennes*, 1842, IV, 395 (러시아어).

메시야 기다림의 과정이요, 하느님과의 연합의 장(場)인 그리스도의 몸과 교회의 준비이며, 무엇보다도 성육화의 신비가 실현될 수 있도록 자신의 인간 본성을 내어준 한 여인을 준비하는 것으로 나타난다. '원죄없는 잉태'(l'Immaculée Conception) 교리는 첫 조상(아담과 이브)의 범죄로 말미암아 어두운 그늘 아래 살아온 아담의 자손들과 거룩한 동정녀를 분리하기를 원치 않는 동방 전통에는 매우 낯설다. 그러나 본성 안에서 활동하는 힘이자 불순결인 죄는 그녀 안에서 일어날 수 없는 것이었다. 그레고리오스 팔라마스 성인은, 그의 '성모 입당 축일 설교'에서, 동정녀의 이 거룩성을 그녀의 선조의 본성 안에서 그리고 마침내 그녀의 잉태 순간, 그녀 자신의 고유한 본성 안에서 이루어진 연속적인 정화를 통해 설명한다.[12] 그녀는 하나의 특권, 즉 모든 인류에게 공통된 운명의 면제를 통해서가 아니라, 그녀가 죄의 모든 공격으로부터 순결하게 보호되었기 때문에 거룩해진 것이며, 이것은 결코 그녀의 자유를 배제하지 않는다. 반대로 그것은 이 자유, 즉 하느님의 의지에 대한 인간의 응답과 관련된다. 니콜라스 카바질라스는 '수태고지에 관한 설교'에서 이러한 사상을 표현했다.

성육화는 성부와 그분의 권능과 그분의 영의 사역일 뿐 아

---

12 St. Grégoire Palamas, "Homélie sur la Présentation au temple de la Sainte Vierge", dans *le recueil des sermons de St. Grégoire Palamas*, publié par Sophoclèse, Athènes, 1861, p.216.

니라, 또한 동정녀의 의지와 신앙의 업적이기도 하다. 흠 없는 동정녀의 동의와 신앙의 협력이 없었다면, 이 계획은 하느님의 세 위격의 개입이 없었을 경우와 마찬가지로 실현될 수 없는 것이었다. 하느님이 그녀를 어머니로 삼으시고 그녀에게서 육체를 빌리신 것은 그녀에게 알리시고 설득하신 이후이다. 동정녀 또한 기꺼이 자신의 육체를 빌려주고자 하셨다. 하느님이 자발적으로 육화하신 것처럼, 하느님은 또한 그의 어머니가 자유롭게 자진해서 자신을 낳으시길 원하셨다.[13]

동정녀의 인격 안에서 온 인류는 말씀이 육신이 되어 사람들 사이에 거하러 오시는 것에 대해 동의했다. 교부들의 금언처럼 "비록 하느님의 의지가 홀로 인간을 창조했음에 틀림없지만, 또한 하느님의 의지는 인간 의지의 협력 없이는 인간을 구원할 수 없기 때문이다." 자유의 비극은 "보십시오, 나는 주의 여종입니다"라는 동정녀의 말씀에 의해 극복된다.

교부들의 그리스도론 교리를 요약한 다마스커스의 요한 성인에 따르면, 성육화는 동정녀가 말씀의 신성을 수용하기에 적합하도록 만드신 성령의 활동과, 동정녀의 육체를 자신의 인성의 첫 시작으로 삼았던 말씀을 통해 이루어졌다.[14] 이렇게 해서 다름 아닌 바로 동일한 행동에서, 말씀은 인간의 본

---

13 M. Jugie, "Homélies mariales byzantines", *Patrologia orientalis*, XIX, fasc. 3, Paris, 1925, p.463.

14 St. Jean Damascène, *De fide orthodoxa*, III, 2, *P.G.*, t. 94, col. 985 BC - 988 A.

성을 수용하셨고, 그것을 실존케 하셨으며, 그것을 신화(神化)시키셨다. 성자의 위격 안에 수용되고 소유된 인간성은 신적 휘포스타시스 안에서 자신의 존재를 부여받는다. 이 인성은 이전에는 뚜렷한 본질로 존재하지 못했고 하느님과의 연합에 들어가지 못했지만, 이제는 애초부터 말씀의 인성이었던 것처럼 나타난다. 막시모스 성인에 의하면, 그리스도의 이 인성은 죄 이전의 아담의 본성이 가지고 있던 불멸의 썩지 않는 특징을 가지지만, 그리스도는 기꺼이 우리의 타락한 본성의 조건 속에 자신의 인성을 내어주셨다.[15] 동정녀 탄생으로 인해 원죄의 영향 바깥에 있었던 그리스도는 단지 인간의 본질뿐만 아니라 '반(反)본질'(contre nature)이었던 것, 즉 죄의 결과 역시 수용하셨다. 그러므로 그리스도는 죄를 제외하고 타락한 인간 현실을 있는 그대로 모두, 다시 말해 고통과 죽음 앞에서 두려워 동요하는 하나의 개별적 본질을 껴안으셨다. 말씀은 이렇게 죄로 인해 부패한 존재의 마지막 구석까지, 죽음에까지, 지옥에까지 내려오셨다. 완전한 하느님이신 그분은 단지 '완전한 인간'이 되셨을 뿐 아니라, 또한 인간의 모든 불완전성, 죄로 말미암은 모든 제한까지 수용하셨다. 막시모스 성인은 말한다.

> 상호 배제하며 서로 뒤섞일 수 없는 두 가지, 즉 유한(有限)과

---

15 St. Maxime le Confesseur, *Quaestiones ad Thalassium* (21), *P.G.*, t. 90, col. 312-316.

무한(無限)이 어떻게 그분 안에서 연합되고 서로가 서로 안에서 상호 현현하는지를 바라볼 때, 우리는 놀란다. 무한이 말로 형언할 수 없는 방식으로 스스로를 제한했으며, 반대로 유한은 무한의 수준까지 자신을 확장했기 때문이다.[16]

헬레니즘 사상은 각각 완전한 두 원리의 연합을 인정할 수 없었다. 다시 말해 "두 가지 완전은 하나가 될 수 없다."(δύο τέλεια ἓν γενέσθαι οὐ δύναται) 그리스도론 교리를 위한 투쟁은 그리스도교의 어리석음이 희랍 철학의 지혜에 승리를 거두기까지 무려 4세기나 지속되었다. 삼위일체 하느님 교리처럼 그것 역시 본질과 휘포스타시스의 구별과 관련된다. 그러나 삼위일체 하느님 안에서의 구별은 한 본질과 세 휘포스타시스의 구별이었지만, 그리스도 안에서는 단 한 휘포스타시스 안에 있는 서로 다른 두 본질(본성)의 구별이었다. 이 휘포스타시스는 한 본질(신성)과 더불어 또 다른 한 본질(인성)을 가진다. 이 휘포스타시스는 저것이면서 동시에 이것이다. "말씀은 육체가 되셨다." 그러나 신성이 인성이 된 것은 아니며, 인성이 신성으로 변형된 것도 아니다. 이것이 바로 칼케돈 4차 세계 공의회에서 정식화된 그리스도론 교리다.

교부들의 전통에 부합하여 우리는 만장일치로 다음과 같이

---

16 St. Maxime le Confesseur, *Epist.* XXI, *P.G.*, t. 91, col. 604 BC.

선언한다. 우리는, 단 한 분이요 동일하신 성자, 우리 주 예수 그리스도가, 신성과 인성에 있어서 완전하며, 참 하느님이요 동시에 이성적인 영혼과 육체를 가지신 참 인간이시며, 신성으로는 성부와 공동 본질이시지만 인성으로는 우리와 공동 본질이시고, 죄를 제외하고는 우리와 같으시며, 신성으로는 영원 전에 아버지(성부)로부터 나셨지만 인성으로는 우리와 우리의 구원을 위해 마지막 때에 하느님의 어머니(Mère de Dieu)이신 동정녀 마리아에게서 나신 분이심을 고백해야 한다. 또 단 한 분 동일하신 그리스도, 아들, 주님, 독생자가 혼합되지 않고(sans mélange), 변화하지 않으며(sans changement), 나뉠 수 없고(indivisiblement), 분리될 수 없게(inséparablement) 두 본성 안에서 알려지시며, 그 결과 이 연합은 두 본성의 차이를 파괴하기는커녕, 오히려 각 본성의 속성들은 결코 두 위격(인격)으로 분리되거나 나뉘지 않는 단 하나의 유일한 인격 혹은 휘포스타시스 안에 연합되어 있을 때만 가장 분명하게 존재할 수 있으며, 이 위격은 곧 아들(성자), 독생자, 하느님이신 말씀, 주 예수 그리스도의 언제나 동일하고 유일한 위격이시라고 고백해야만 한다.[17]

이 선언에서 특별히 주목되는 것은, 그것의 아포파시스 사상이다. 실제로 두 본성(본질)의 연합은, '아싱키토스'(ἀσυγχύτως, 혼합되지 않고), '아트렢토스'(ἀτρέπτως, 변화하지 않고), '아디에레토스'(ἀδιαιρέτως, 나뉠 수 없고), '아코리스토스'(ἀχωρίστως, 분리될 수 없고)

---

17 Mansi, *Col. concil*, VII, col. 116 ; Denzinger, *Enchiridion*, Würzburg, 1865, n. 134, p.44-46.

라는 네 번의 부정적 규정에 의해 표현된다. 우리는 한 위격 안에 두 본성이 연합되었다는 사실은 알지만, 이 연합이 '어떻게' 이뤄졌는지는 본질과 위격의 '구별성-동일성'이라는 이해불가능성에 기초한 하나의 신비다. 그러므로 신적 위격이신 그리스도는 자신 안에 서로 다른, 그러나 동시에 연합된 두 원리를 가질 것이다. 우리는 하느님의 아들이 고통 받았고 십자가에서 사망했다고 말할 수 있다. 그러나 그것은 고통 받을 수 있고 죽을 수 있는 것, 다시 말해 인성에 따라서 그러하다. 또한 우리는 하느님의 아들이 베들레헴의 말구유에서 아기로 탄생하시고 십자가에 매달리시고 무덤에 안치되셨지만 그의 신성으로 말미암아 어떠한 변화도 겪지 않으시고 자신의 권능으로 단 한순간도 멈추지 않고 피조 세계 전체를 다스리셨다고 말할 수 있다.

이미 수없이 말한 바와 같이, 인격의 완전은 포기에 있다. 본질과 구별되는 것이요 '비(非)본질'인 인격 자체는 자신을 위한 존재이기를 포기할 때 드러나는 것이다. 그것은 성자의 위격의 '자기 비움'(l'exinanition)이요, 하느님의 '케노시스'(κένωσις)다. 알렉산드리아의 키릴로스 성인은 "모든 경륜의 신비는 하느님 아들의 자기 비움과 낮춤에 있다"고 말한다.[18] 그것은 성

---

18 키릴로스 성인의 '케노시스'에 관한 주요 구절은 다음과 같은 곳에서 찾아볼 수 있다. St. Cyrille d'Alexandrie, *Quod unus sit Christus, P.G.,* t. 75, col. 1308, 1332 ; *Apologeticus contra orientales,* t. 76, col. 340-341 ; *Apologet, contra Theodoretum,* col. 417, 440 ss ; *Adversus Nestorium,* III, 4, col. 152 ss ; *De*

부의 의지를 실현시키기 위해, 십자가와 죽음에 이르기까지 성부 하느님께 복종하심으로써 자기 자신의 의지를 단념하는 것이다. 더욱이 자기 의지에 대한 이 포기는 어떤 결정이나 행위라기 보단 공통의 본질에서 비롯되는 단 하나의 의지를 가지는 하느님의 세 위격의 존재 그 자체다. 그리스도 안에 있는 하느님의 의지는 그러므로 세 위격에 공통된 의지다. 곧 의지의 원천으로서의 성부의 의지이며, 복종으로서의 성자의 의지이며, 성취로서의 성령의 의지이다. 그 이유를 알렉산드리아의 키릴로스 성인은 이렇게 말한다.

> 아들(성자)은 아버지(성부)가 하지 않으실 일은 어떤 것도 하지 않으신다. 실제로, 아버지와 하나의 동일한 본질을 가지시기에, 아들은 말하자면 어떤 본성적 법칙들에 의해서 동일한 의지와 능력을 소유하도록 연결되어 있다. … 더욱이 아버지는 자신이 하는 일을 아들에게 보여주신다. 그러나 그것은 어떤 행위 목록을 아들에게 제시하거나 혹은 아들이 알지 못하는 어떤 것을 가르쳐주는 방식이 아니라, 출생하신 분(아들)의 본질 안에 자기 자신 전체를 그려 넣음으로써 또한 이를 통해서 자신에게 고유한 본연 그대로의 것을 보여줌으로써 그렇게 한다. 그 결과 아들은 자신을 낳으신 분이신 아버지를 그 자체로, 있는 모습 그대로 아신다.[19]

---

recta fide, ad reginas, II, 19, col. 1357-1359 ; *Homil. pasch.,* XVII, t. 77, col. 773 ss. et passim.

19 St. Cyrille d'Alexandrie, *In Ioannem,* II, t. 73, col. 361 D.

"아들을 본 사람은 또한 아버지를 보았다"고 말할 수 있는 것도 바로 이 때문이다. '케노시스'(κένωσις, 낮춤, 겸비)는 세상에 보냄 받은 신적 위격, 즉 성부가 그 원천인 성 삼위 하느님의 공통된 의지를 완수하실 위격의 존재 방식이다. "성부는 나보다 더욱 크시다"라는 그리스도의 말씀은 자신의 의지에 대한 이 겸비적 포기의 표현이다. 다시 말해, 육화하신 성자에 의해 지상에서 실현된 사역은 성 삼위 하느님의 공통된 사역이며, 우리는 공통의 본질과 공통의 의지를 가진 그리스도를 이 성 삼위 하느님으로부터 결코 떼어놓을 수 없다. 이 자기 비움은, 낮춤 속에서 위대함을, 빈곤 속에서 풍요함을, 복종 안에서 자유를 깨달을 줄 아는 모든 사람에게, 성자의 신성을 더욱 분명하게 드러내 줄 것이다. 왜냐하면 하나의 인격, 단지 신적 위격만이 아니라 하느님의 형상대로 창조된 모든 인간 인격을 인정하기 위해서는 그야말로 신앙의 눈을 가져야 하기 때문이다.

그리스도의 두 본질은 서로 뒤섞이지 않고 구별되어 존재할 것이다. 그러나 여기서 막시모스 성인은 그리스도론의 틀에서 다시 한번 본질의 전개로서의 에너지들에 관한 동방의 개념을 재생시키는데, 그에 따르자면, 서로가 상호 변환되지 않으면서 휘포스타시스 안에서 연합된 이 두 본성은 '페리코레시스'(περιχώρησις εἰς ἀλλήλας, 상호내주) 안으로 들어간다는 것이다.[20] 다마스커스의 요한 성인에게 이 '페리코레시스'는 오히려 한 방향을 가진다. 그것은 신성으로부터 나오는 것이지 육체(인성)로부터 나오는 것은 아니다.[21] 그러나 한번 육체를 통과한 신성은 신성 안으로 들어갈 수 있는 형언할 수 없는 능력을 육체에 제공한다. 다마스커스의 요한 성인은 말한다.

> 나의 왕, 나의 하느님을 예배할 때, 나는 옷과 같은 외피(外皮)나 혹은 네 번째 위격이 아닌, 변화를 겪지 않으면서 동시에 하느님과 연합된 육체로서 그분의 육체를 예배하고 또한 그 육체에 기름 부은 신성을 마찬가지로 예배한다. 왜냐하면 육체의 본성이 신성이 되지는 않지만, 말씀이 육신이 될 때 그 본연의 신성이 변화되지 않고 그대로 있는 것처럼, 육체 또한 자신의 속성을 잃지 않고 휘포스타시스에 따라 말씀과 동화되면서 말씀이 되기 때문이다.[22]

그리스도의 인성은 성육화의 순간부터 신적인 에너지들에 의해 관통된 '신화된 본질'(la nature déifiée)이다. 막시모스 성인은 여기서 '여전히 쇠이면서 불이 되어버린 불 속의 쇠'와 비교한다. 이것은 희랍 교부들이 '신화(神化)된 본질'의 상태를 표현할 때 빈번히 사용하는 비유다. 그리스도의 각각 행위에서 우리

---

20 St. Maxime le Confesseur, *Disputatio cum Pyrrho, P.G.*, t. 91, col. 344, 345 D-348 A. 참고. St. Jean Damascène, *De fide orthodoxa*, III, 3, *P.G.*, t. 94, col. 994-996.

21 St. Jean Damascène, *De fide orthodoxa*, III, 8, *P.G.*, t. 94, col. 1013 B.

22 위의 책, col. 1013 C-1016 A ; IV, 3, col. 1105 AB.

는 두 가지 구별되는 활동을 볼 수 있다. 그리스도는 그의 두 본성에 부합하게 또 그의 두 본성을 통해 행동하시기 때문이다. 그것은 마치 불에 달궈진 검이 자르기도 하고 동시에 태우기도 하는 것과 마찬가지다. "그것은 쇠로서는 자르지만, 불로서는 태운다."[23] 각 본성은 자신의 속성에 따라 활동한다. 인간의 손은 어린 소녀를 일으키고, 신성은 그녀를 부활시킨다. 인간의 두 발이 물 위를 걷게 된 것은 신성이 이 물을 굳게 하였기 때문이다. 다마스커스의 요한 성인은 "인간적 본성이 라자로를 부활시킨 것은 아닌 것처럼, 라자로의 무덤 앞에서 눈물 흘린 것 또한 신적 권능이 아니다"라고 말한다.[24]

신성과 인성 이 두 본성 각각에 고유한 의지는 서로 다르다. 그러나 원하는 분(위격)은 하나다. 비록 그분은 자신의 두 본성 각각에 부합하게 원하시지만 말이다. 의지 행위의 내용(대상) 또한 하나다. 왜냐하면 두 의지는 연합되었고, 인간의 의지는 신적인 의지에 자유롭게 복종하기 때문이다. 그러나 이 자유는 인격에 속하는 선택 능력으로서의 우리의 '자유 의지'(le libre arbitre, γνωμή)가 아니다. 사실, 말씀의 신적 위격은 선택하거나 토의를 거쳐 결정할 필요성조차 없다. 선택은 우리의 타락한 자유의 특징인 하나의 제한성일 뿐이다. 비록 그리스도의 인

---

23 St. Maxime le Confesseur, *Disputatio cum Pyrrho*, *P.G.*, t. 91, col. 337 C-340 A ; *De ambiguis, ibidem*, col. 1060 A. - 참고. St. Jean Damascène, *De fide orthodoxa*, III, 15, *P.G.*, t. 94, col. 1053 D-1056 A.

24 St. Jean Damascène, *De fide orthodoxa*, III, 15, col. 1057 A.

성이 인간적으로 무언가를 원할 수도 있었지만, 그의 신적 위격은 선택하지 않았고, 자유 의지를 인간 인격들처럼 행사하지 않았다.[25] 다마스커스의 요한 성인에 의하면, 신적 의지는 인간의 의지가 인성에 고유한 것을 원하고 또 충분히 표현할 수 있도록 허용한다.[26] 그것은 매번 인간 의지에 앞선다. 그 결과 그리스도의 인성은 인성을 꽃피우도록 허용해 주는 신성과의 일치 안에서 '신적으로'(θεικῶς) 원할 수 있었다. 이렇게 해서 그의 육체는 배고픔과 목마름을 경험했고, 그의 영혼은 사랑하고 라자로의 죽음 앞에서처럼 슬퍼하고 또 미워하기도 했으며, 그의 인간적 영(靈)은 모든 창조된 영의 진정한 양식인 기도에 호소했다. 이 두 본질적 의지는 '하느님-인간'(Dieu-Homme)이신 그리스도의 위격 안에서 결코 충돌할 수 없었다. 겟세마네 동산의 기도는 모든 인간적 본질이, 특별히 본성 상 죽지 않아야 하지만 그 본성에 반하여 자발적으로 죽음을 받아들인 불멸의 본성(그리스도의 인성)이 죽음 앞에서 드러내는 고유한 반응으로서의 공포의 표현이다. 다마스커스의 요한 성인은 말한다.

> 그의 인성이 죽음을 받아들이길 거부했을 때, 그리고 그의

---

25 St. Maxime le Confesseur, *Opuscula theologica et polemica, Ad Marinum*, P.G., t. 91, col. 48 A-49 A ; St. Jean Damascène, *De fide orthodoxa*, III, 14, col. 1036-1037, 1044-1045.

26 St. Jean Damascène, *De fide orthodoxa*, III, 15, col. 1060 BC.

> 신적 의지가 그것을 표현할 수 있는 여지를 인성에 제공했을
> 때, 그때 주님은 자신의 인성에 부합하게 내적 싸움과 두려
> 움 안에 있었고, 그래서 죽음을 비켜갈 수 있게 해달라고 기
> 도하셨다. 그러나 그의 신적 의지는 그의 인간적 의지가 죽
> 음을 수용하기를 원했기 때문에, 고난은 그리스도의 인성에
> 있어서 지극히 자발적인 것이 되었다.[27]

이렇게 해서 십자가 위에서 죽음의 고통으로 인해 터져 나온 그리스도의 마지막 비명은 신적 케노시스의 귀착점인 최종적 박탈과 자발적 죽음을 따라간 참된 인성의 표현이었다.

막시모스 성인에게, 하느님의 자기 낮춤인 이 케노시스는 신성의 빈곤화가 아니라 온전히 하느님이면서 동시에 '종의 모습'으로 자신을 축소시키신 성자의 형언할 수 없는 하강이다.[28] 자신의 인간적 본성, 다시 말해 신적 휘포스타시스 안에 연합된 신화(神化)된 인간적 본성에 있어서는 썩지 않을 불멸의 새 아담이신 그리스도가 죄의 모든 결과에 자발적으로 복종하시고 그래서 이사야 선지자의 '고난 받는 종'(이사야 53:3)이 되신 것은 바로 이 자기 낮춤으로 말미암은 것이다. 이렇게 해서 그분은, 성육화가 일어나야만 했던 역사적 현실에 스스로를 동화시킴으로써, 죄로 인해 초토화된 인간 본성의 모든 타락을 자신의 신적 위격에 도입하셨다. 그리스도의 지상적 삶

---

27 위의 책, III, 18, col. 1073 BC.
28 St. Maxime le Confesseur, *De ambiguis*, *P.G.*, t. 91, col. 1044 BC, 1048 C.

이 끊임없는 자기 낮춤의 연속이었던 것도 다 이 때문이다. 그의 인간적 의지는 본질상 그것에 고유했던 모든 것을 끊임없이 포기했고, 배고픔, 목마름, 피곤함, 괴로움, 고통 그리고 마침내 십자가에서의 죽음 등, 썩지 않을 신화(神化)된 인간 본성에 역행하는 모든 것을 받아들이셨다. 따라서 우리는, 구속(救贖) 사역이 끝나기 전에, 즉 부활하시기 전에 이미 그리스도의 위격은 자신의 인간 본성 안에 두 개의 서로 다른 극을 동시에 가지고 있었다고 말할 수 있다. 하나는 완전하고 신화(神化)된 본성의 고유한 특징인 본질적 비부패성과 부동성이요, 다른 하나는 그의 낮추어진 위격이 죄로부터 자유로운 그의 인간 본성을 자발적으로 복종시키면서 수용해야만 했던 부패성과 동요성이 그것이다. 그래서 막시모스 성인은 '본질적 수용'과 '상대적 혹은 경륜적 수용'이라는, 다시 말해 말씀이 인간 본성을 수용하시는 두 가지 방식을 구별한다.[29] 말하자면, 전자는 후자에 의해 감추어진다. 그것은 수난 이전에 단 한 번, 즉 그리스도가 그 신성의 빛으로 찬란하게 빛남으로써 세 명의 제자에게 자신의 신화(神化)된 인간성을 보여주셨을 때 드러났다. 주님의 변모 축일 성가는 그리스도의 인성이 지니는 이 두 측면, 즉 그의 본질적 상태와 타락한 인간 본성의 제 조건들에 자발적으로 복종하신 상태를 분명하게 표현해 준

---

29 St. Maxime le Confesseur, *Opuscula theologica et polemica*, P.G., t. 91, col. 156-157 ; *De ambiguis, ibidem,* col. 1040, 1049 D-1052, 1317 D-1321.

다.

> 오! 그리스도 하느님이시여, 당신은 산 위에서 변모되셨고, 당신 제자들은 그 영광을 보고 감탄하였나니, 당신이 십자가에 달리시는 것을 보게 될 때, 제자들이 당신의 수난이 자발적인 것임을 알게 하고, 당신이 아버지의 진정한 광채이심을 온 세상에 선포케 하시기 위한 것이었나이다.[30]

동방교회에서 크게 경축되는 다볼산에서의 주님의 변모 축일(fête de la Transfiguration)은 동방 전통이 그리스도의 인간 본성을 어떻게 이해하는 지 알려주는 하나의 열쇠를 제공해 준다. 동방 전통은 결코 그리스도의 육체 안에 충만하게 거하는(골로사이 2:9) 그리스도의 신성을 추상화시키면서 그리스도의 인간본성을 생각하지는 않는다. 부활과 성령 강림 이후, 신적 에너지들에 의해 신화(神化)된 말씀의 인간성은, 은총의 사건 전에는 인간의 눈에 늘 숨겨진 상태로 존재했던 이 영광스러운 모습으로만 교회의 자녀들에게 나타난다. 이 인간 본성은 하느님의 세 위격에 공통된 광채인 신성을 드러내준다. 그리스도의 인성은 삼위일체 현현(顯現)의 기회를 제공한다. 동방교회에서 신현 대축일(주님이 세례 받으신 사건을 기념하는 축일이다)과 주님의 다볼산 위상 변모 축일이 그렇게도 장엄하게 경축되는 것

---

30 주님의 변모 축일(8월 6일) 찬양송. 이 성가와 아래에서 인용될 전례 본문들은 『미네온』(*Ménées*, 월별 예식서)과 『뜨리오디온』(*Triodion*, 사순절 예식서)에서 찾을 수 있다.

도 실은 이런 이유에서다. 이 때, 우리는 성 삼위 하느님의 자기 계시를 경축한다. 성부의 음성이 들려졌으며, 성령이 첫 번째 사건에서는 비둘기의 모습으로 두 번째 사건에서는 제자들을 뒤덮었던 빛나는 구름으로 나타나셨기 때문이다.

'성 삼위 하느님의 한 위격'이시며, 죽음을 이기시고 포로가 된 자들을 해방시키시려 세상에 오신 승리자 왕으로서의 그리스도는 시대와 나라를 막론하고 정교회 영성의 가장 중요한 특징을 이룬다. 수난, 십자가 죽음, 무덤에 장사지냄조차도 승리의 성격을 덧입게 되는데, 이렇듯 우리의 구원을 완성하시는 그리스도의 신적 위대성은 실추와 버려짐의 모습 속에 반사된다.

> 그들은 내 옷을 벗기고 자색 옷을 입혔고, 내 머리에는 가시관을 씌웠도다. 그들을 질그릇 부수듯 부셔버리라고 내 손에 갈대를 쥐어줬도다.[31]

이 예식의 성가의 마지막 부분에 가면, 조롱의 옷을 입은 그리스도는 갑자기 세상을 심판하기 위해 오시는 왕으로, 종말론적 그리스도로, 마지막 심판 때의 심판자로 등장한다.

> 빛으로 겉옷을 삼으신 분이 재판관들 앞에 발가벗겨져 서 있네. 그분이 창조하신 손들에 의해 얼굴을 얻어맞으시네. 법도 없이 사람들은 영광의 주님을 십자가에 못 박네. 그때 성전

---

31 성 대금요일 조과(주님의 거룩한 고난 의식-12 복음경 봉독) 중 애니 독사스띠꼰.

의 휘장은 찢어지고, 고통 받는 하느님을 차마 바라볼 수 없어 태양은 빛을 잃고 흐려졌네. 그분은 모든 피조물이 두려워 떨 하느님인 것을 … [32]

여기서 십자가에 달리신 그리스도는 그의 죽음의 신비 앞에서 두려움으로 가득 찬 피조세계의 중심에 서 계신 우주의 창조주로 나타나신다. 동일한 사상이 또 다른 성 대금요일 성가에 표현된다.

그날, 땅을 물 위에 띄워놓으신 분이 나무에 매달리셨네. 천사들의 왕이 가시관으로 왕관을 쓰셨네. 하늘에 구름 옷을 만들어 주신 분이 조롱의 자색 옷을 입으셨네. 아담을 데려다 낙원에 놓으신 분이 매를 맞으시네. 교회의 신랑 되시는 분이 나무에 못 박히셨네. 동정녀의 아드님이 창에 찔리셨네. 당신의 고난에 영광 돌리나이다. 오 그리스도시여, 당신의 고난에 영광 돌리나이다. 우리에게 당신의 거룩한 부활을 알려주소서.[33]

수난의 여러 주제를 지나면서, 부활에 대한 기다림은 더욱 강하게 느껴진다.

보라. 모든 창조 세계를 손안에 쥐고 계신 분을 무덤이 가두었네. 아름다움으로 하늘을 덮어놓으신 주님을 바위가 덮어버렸네. 생명은 잠들고 지옥은 두려워 떠는구나. 아담은 지

---

32 성 대금요일 조과(주님의 거룩한 고난 의식-12 복음경 봉독) 중 10 안티폰 성가.
33 성 대금요일 조과(주님의 거룩한 고난 의식-12 복음경 봉독) 중 15 안티폰 성가.

> 옥의 사슬에서 해방되었네. 오 당신의 섭리에 영광 돌리나이다. 오 나의 하느님, 당신은 그 섭리로, 지극히 거룩한 당신의 부활을 우리에게 알려주심으로써 영원한 휴식을 창조하셨나이다.[34]

마지막으로, 하느님의 케노시스의 마지막 귀결점인, 무덤에서의 휴식은 우리를 돌연 창조주의 신비스런 휴식 안으로 인도한다. 그래서 구속(救贖)의 사역은 창조의 사역과 동일시된다.

> 위대한 모세는 신비스럽게 이 날을 이렇게 예언했네. "그리고 하느님께서는 제 칠일을 복 주셨다." 그것은 축복된 안식일, 그것은 휴식의 날. 이 날 하느님의 독생자께서 모든 사역을 마치시고 쉼을 얻으셨기 때문일세.[35]

성 대금요일에 불리는 이 거룩한 성가를 통해서, 교회는 "영원 전에 하느님 안에 숨겨진 신비"를 우리 앞에 열어 보여 준다. 우리가 이 장(章) 앞부분에서 인용한 "십자가와 무덤의 신비를 아는 사람은 또한 만물의 근본적 이유를 안다"[36]는 막시모스 성인의 말을 상기해 보자. 그러나 인간의 영은 이 신비 앞에서 그저 벙어리가 될 뿐, 이 신비를 표현할 말을 찾지 못한다.

---

34 성 대 토요일 조과(에삐따삐오스 행렬) 중 애니 첫 번째 성가.
35 성 대 토요일 조과(에삐따삐오스 행렬) 중 애니 독사스띠꼰.
36 이 장의 주 6)을 보라.

동방 신학에 고유한 아포파시스 신학(부정신학)의 태도는 희랍 교부들이 제안한 다양한 이미지로 표현되는 바, 이러한 이미지를 통해서 교부들은 바울로 사도의 말처럼 천사들도 이해할 수 없었던 그리스도의 신비 사역에 대한 관상으로 우리의 영을 고양시키길 원했다. 이 사역은 가장 빈번하게는 '구속'(救贖, la rédemption)이라 불리는데, 이것은 '지불해야 할 빚', '포로들을 값 주고 되사옴'이라는 사상을 함축하고 있다. 말하자면 법률적 영역에서 차용된 이미지이다.

바울로 사도에게서 비롯되었고 또한 모든 교부들이 사용한 또 하나의 이미지가 있는데, 그것은 법률적 차원과는 달리 적대 관계를 제거하는 십자가를 통해 인간을 하느님과 화해시키는 '중보자' 이미지다. 이 외에도 다른 이미지들이 있는데, 그것들은 적의 권세와 투쟁하여 그것을 정복하고 파괴하는 전투적인 특징을 보여준다. 니싸의 그레고리오스 성인은 구원의 경륜을 악한 영들의 계략을 무산시키고, 이렇게 해서 인류를 해방시키는 하느님의 묘략(妙略)으로 표현한다. 물리적 차원의 이미지 또한 매우 빈번하게 등장하는데, 본성의 불순함을 멸하는 불의 이미지, 부패성을 사라지게 하는 비부패성의 이미지, 쇠약한 본성을 치유하는 의사의 이미지 등이 그것이다. 이러한 이미지 중 어떤 것을 구원의 신비에 적합한 표현으로 삼고자 할 때, 우리는 "영원 전 하느님 안에 숨겨진 신비"

를 지극히 인간적이고 부정확한 개념으로 대체할 위험을 가진다. 막시모스 성인은 구속 사역의 이 모든 이미지를 힘있고 의미심장한 단 한마디의 말로 포괄한다. 그는 말한다.

> 그리스도의 십자가 죽음은 심판에 대한 심판이다.[37]

신학자 그레고리오스 성인은 구속(救贖) 신학에 아포파시스(부정)의 방법론을 적용한다. 그리스도가 성취하신 구원 사역을 표현하기 위해 우리가 습관적으로 사용하는 부정확한 이미지들을, 조금도 비꼬지 않으면서 하나씩 거부해나감으로써, 그는 죽음을 이기신 이 헤아릴 수 없는 신비를 드러낸다. 그는 말한다.

> 종종 침묵으로 지나쳐 버리게 마련인, 하지만 나에게는 더 깊은 공부를 요구하는 문제와 교리를 검토해 볼 필요가 있다. 우리를 위해 흘리신 하느님의 보배롭고 영화로운 피, 대제사장의 피요 동시에 희생양의 피인 이 피가 왜 흘려져야만 했고, 또 누구에게 바쳐진 것인가? 우리는 우리의 탐욕으로 부패된 후, 죄에 팔려 악마의 지배 아래 놓이게 되었다. 만약 우리의 몸값이 우리를 자신의 권세 아래 묶어놓은 자에게 지불된다면, 나는 이렇게 자문한다. 누구에게 또 어떤 이유로 그러한 값이 지불되는가? 만약 그것이 악마에게 지불되는 것이라면, 그것은 너무나도 과한 것이다! 강도는 석방

---

37 St. Maxime le Confesseur, *Quaestiones ad Thalassium* (43), *P.G.*, t. 90, col. 408 D ; (61) col. 633 D ; (63) col. 684 A-685 B.

의 대가로 그에 해당하는 값을 받는다. 그는 하느님으로부터 그 값만 아니라 오히려 하느님 자신을 그 값으로 받는다. 그의 폭력을 위해, 이토록 지나친 값이 요구되니 차라리 우리를 특별 사면해주는 것이 더 정당할 것이다. 그러나 만약 이 값이 성부 하느님께 지불되는 것이라면, 우리는 무엇보다도 먼저 이렇게 자문한다. 무슨 이유로? 우리를 포로로 잡고 있는 것은 성부 하느님이 아니다. 또 아브라함이 번제로 드린 이삭을 원치 않으셨고 이 인간 희생물을 숫양의 희생물로 대체하셨던 성부 하느님께 어째서 독생자의 피가 아름다운 것이 되는가? 성부가 희생을 요구하셨거나 혹은 그 희생의 필요성을 느끼셨기 때문이 아니라 바로 경륜에 의해서 성부가 희생을 받아들이셨다는 것이 분명하지 않는가! 하느님의 인간 본성을 통해서 인간은 성화되어야 했고, 그 고유한 힘으로 권세들을 이기심으로써 그분 자신이 우리를 해방시키셔야 했고, 하느님의 존귀를 위해서 모든 것을 성취하시고 또 모든 점에서 하느님께 순종하시는 중보자, 그 아들을 통해서 우리를 자신에게로 다시 한번 부르셔야만 했다. … 나머지는 침묵으로 경배되어야 마땅하다.[38] … 우리가 다시 살 수 있기 위해서는 하느님께서 육화되고 죽으셔야만 했다.[39] … 그 어떤 것도 나의 구원과 비길 수 없다. 몇 방울의 피가 온 우주를 새로 구축한다.[40]

---

38 St. Grégoire le Théologien, *In sanctum Pascha, Oration XLV*, § 22, *P.G.*, t. 36, col. 653 AB.
39 위의 책, § 28, col. 661 C.
40 위의 책, § 29, col. 664 A.

죽음에 대한 이 승리는 무엇보다도 먼저 주님의 부활로 드러난다.

> 이 날, 그리스도는 자신과 함께 결박되어 있던 죽은 자들로부터 부름을 받았다. 이 날, 그분은 영혼들을 해방시키고 죽음의 독침을 꺾으시고 서러운 지옥의 음울한 문을 부셔 버렸다. 이 날, 그분은 무덤을 열고 나오셔서 사람들에게 나타나셨다. 바로 이들을 위해 그분은 태어나고 죽고 또 죽음에서 부활하셨다.[41]

그리스도는 죄(罪)에는 언제나 낯선 분으로 계시면서, 동시에 인간의 자유가 낳은 비극을 해결하시기 위해서, 또 어떤 균열과 내적 갈등도 없는 자신의 위격 안에 인간을 도입하여 하느님과 인간 사이의 균열을 극복하시기 위해서 우리의 본질을 수용하셨고 자발적으로 죄의 모든 결과들에 복종하셨으며 우리의 모든 잘못을 책임지셨다. 막시모스 성인에 의하면, 그리스도는 인간에 고유한 모든 것 중에서 특별히 먼저 죄의 원천이었던 의지를 치료하신다. 형언할 수 없는 케노시스(κένωσις) 안에서, '인간이 되신 하느님'(하느님-인간, Dieu-Homme)은 자신의 부패하지 않는 의지를 통해 부패의 현실과 결합하셔서, 내부로부터 부패의 현실을 고갈시키고 축출하신다. 타락한 인간 본성의 제 조건과의 이 자발적 결합은 필시 십자가의

---

41 St. Grégoire le Théologien, *Poëmata de seipso*, xxxviii : *Hymnus ad Christum post silentium, in Paschate*, P.G., t. 37, col. 1328, vv. 39-44.

죽음과 지옥으로 내려가심에 이르게 된다. 이렇게 해서, 죽음을 포함해서 타락한 본질의 모든 현실, 죄의 결과인 모든 실존적 조건, 고통과 벌과 저주와 같은 것들이 그리스도의 십자가를 통해서 구원의 조건으로 변형되었다. 다시 말해 "탄원의 자리가 낙원이 되었다." 십자가, 최종적 실추였던 이 십자가는 우주의 확고부동한 토대가 되었다.

> 생명을 주는 십자가, 왕들의 능력, 의인들의 결기, 사제들의 찬란함이여.(십자가 현양 축일 성가)

막시모스 성인에 따르면, 구원 사역은 그리스도가 연속적으로 재활시킨 본성의 세 가지 차원을 포함하는데, 그것은 존재(être), 선한 존재(être selon le bien), 영원한 존재(être éternel)다. 첫 번째는 성육화를 통해서, 두 번째는 십자가에 이르는 지상 사역 동안의 의지의 비부패성을 통해서, 세 번째는 부활로 계시된 본성의 비부패성을 통해서 이루어진다.[42] 다시 한번 막시모스 성인의 말로 돌아가 보자. "부활의 신비에 입문한 사람은 하느님이 태초에 만물을 창조하신, 그 목적을 알게 된다."[43]

'그리스도론의 세기들'이라 불리는 역사적 시기의 교부들은 '하느님-인간'(Dieu-Homme)이신 그리스도에 관한 교리를 정

---

42 St. Maxime le Confesseur, *De ambiguis, P.G.*, t. 91, col. 1392.
43 이 장의 주 6)을 보라.

식화할 때, 하느님과의 연합이라는 문제를 결코 시야에서 놓치지 않았다. 이단 사상들에 대항해서 그들이 상기한 아주 익숙한 논증은 특별히 이 연합과 신화(神化)의 충만에 밀접하게 연결되어 있다. 만약에 우리가 네스토리우스처럼 그리스도의 두 본질을 분리시키거나, 혹은 단일본성론자들처럼 그리스도 안에서 단 하나의 본성만 인정하거나, 혹은 아폴리나리오스처럼 그리스도의 인간 본성의 한 부분을 떼어내거나, 혹은 단의론자들처럼 그리스도 안에서 단 하나의 신적 의지와 활동만을 보고자 한다면, 이 연합과 신화(神化)의 충만은 불가능하게 될 것이다. "수용되지 않은 것은 신화(神化)될 수 없다"는, 수없이 반복되는 교부들의 주장처럼 말이다.[44]

그리스도 안에서 신화(神化)된 것은 신적 위격에 의해 수용된 인간 본성 전체다. 우리 안에서 신화(神化)되어야 할 것 또한 우리의 인격에 속하는 본성 전체이며, 이 때 이 인격은 하느님과의 연합 안에 들어가야 하고, (그리스도처럼) 두 개의 본성을 가진, 다시 말해 신화(神化)된 인간 본성과 신화(神化)시키는 신적 본성 혹은 신적 에너지를 가진 '창조된 인격'이 되어야 한다.

그리스도가 성취하신 사역은, 더 이상 죄로 인해 하느님과 분리되지 않는 우리의 본성과 관련된다. 그것은 하나의 새로운 본성이요, 세상에 나타날 하나의 갱신된 피조물이요, 그리

---

44 예를 들자면, St. Grégoire le Théologien, *Epist.* 101, *P.G.*, t. 37, col. 181.

스도의 보배로운 피를 통해서 모든 죄악으로부터 정화되고 모든 외적 필연성으로부터 자유롭고 우리의 불의와 모든 낯선 의지로부터 분리된 새로운 몸이다. 우리가 하느님과 연합에 이르게 되는 곳은 정결하고도 썩지 않는 곳, 바로 교회다. 우리가 세례를 통해 통합하는 것은 교회와 한 몸으로 묶인, 그리스도의 몸의 한 지체로서의 우리의 본성이다.

그러나 비록 인간 본성에 있어서는 우리 모두가 그리스도의 인간 본성에 연합된 지체요 부분이라 해도, 그것만으로 우리 각각의 인격이 신성과의 연합에 이르렀다고 할 수 없다. 구속(救贖), 본성의 정화는 신화(神化)의 모든 필수 조건을 만족시키지 않는다. 교회는 이미 그리스도의 몸이지만, 아직 "모든 면에서 만물을 충만케 하시는 그리스도로 충만해"(에페소 1:23) 있는 것은 아니다. 그리스도의 사역은 완수되었다. 그러나 이 시점부터 성령의 사역은 성취되어 갈 것이다.[45]

---

45 St. Grégoire le Théologien, *In Pentecosten, Oration XLI,* § 5, *P.G.,* t. 36, col. 436-437.

8장 성령의 경륜

말씀의 육화는 세상 창조보다 더욱 위대하고 심오한 신비다. 그러나 그리스도의 사역은 아담의 죄의 결과에서 비롯된 하느님의 행위이고 우연과의 관계 속에서 성취된다. 선재(先在)하는 결과이고 인간 의지의 타락보다 앞서는 하느님의 구원 의지이며 역사 속에서 그리스도의 십자가의 신비로 드러난 "영원 전 하느님 안에 숨겨진 이 신비"는, 인간의 자유가 창조 계획에 이미 포함되어 있었다는 점에서 보면 엄밀히 말해 우연적인 것은 아니다. 그렇기 때문에 인간의 이 자유는 하느님이 창조하신 우주를 깨뜨릴 수 없었다. 이 자유는 십자가와 부활에 의해 열려진 보다 넓은 또 다른 실존의 차원에 포함된다. 세상에 보내지신 성 삼위 하느님의 두 위격이신 성자와 성령의 사역이라는 하느님의 이중적 경륜에 기초를 둔, 세상

보다 더욱 완전한 몸으로서의 '교회'라는 하나의 새로운 현실이 세상에 들어온다. 이 두 사역은 교회의 기초를 형성한다. 이 두 사역은 우리가 하느님과의 연합에 이르기 위해 반드시 필요하다.

그리스도가 "그분 자신의 몸인 교회의 머리"라면, 성령은 "모든 면에서 만물을 충만케 하시는 분"(에페소 1:23)이다. 교회에 대한 바울로 사도의 이 두 정의는, 두 신적 위격(성자와 성령)에 각각 조응하는 교회의 두 가지 다른 축을 표시한다. 교회는 그리스도가 머리가 되시는 '몸'이다. 또 교회는 성령이 활력을 주시고 신성으로 채우시는 '충만'이다. 마치 신성이 그리스도의 신화(神化)된 인간 본성 안에 거하는 것처럼, 신성은 교회 안에 육체적으로 거하기 때문이다. 그러므로 우리는 리옹의 이레네오스 성인과 함께 "교회가 있는 곳에 성령이 계시고, 성령이 계신 곳에 교회가 있다"[01]고 말할 수 있다.

그러나 "예언자들을 통해 말씀하셨던" 성령은 성 삼위 하느님의 공통된 의지의 발현인 세상 속에서의 하느님의 경륜에 결코 낯설지 않다. 성령은 창조 사역뿐만 아니라 구속 사역에서도 현존하셨다. 바실리오스 성인에 의하면, 모든 것을 완성시키시는 분은 성령이시다.

---

01 St. Irénée de Lyon, *Contra Haeres.*, III, 24, § 1, *P.G.*, t. 7, col. 966 C.

그리스도로부터 오셨지만, 성령은 앞서 가신다. 육화 사건 안에 성령이 계신다. 기적과 은혜와 치유를 베푸신 것도 성령을 통해서다. 축귀 또한 하느님의 영에 의해서다. 사슬에 묶인 사탄, 그때도 성령의 능력은 현존하신다. 죄의 용서도 성령의 은총으로 주어진다. … 하느님과의 결합도 성령을 통해서 일어난다. 죽은 자들 가운데서의 부활도 성령의 능력으로 일어난다.[02]

그러나 복음서의 언급은 분명하다.

> 예수께서 영광을 받지 않으셨기 때문에 성령이 아직 사람들에게 와 계시지 않으셨던 것이다.(요한 7:39)

그러므로 교회 이전에, 교회 밖에서 이루어진 세상 속에서의 성령의 활동은 오순절 성령 강림 이후 교회 안에 계신 성령의 현존과는 다르다. 만물을 지으신 말씀이 육화된 한 신적 위격으로 세상에 보내져 세상의 역사 안으로 들어오시기 전에 이미 창조 안에 하느님의 지혜를 현현시킨 것처럼, 마찬가지로 우주를 창조하시고 보존하시는 하느님의 의지가 바로 성령 안에서 창조의 순간부터 성취되었고, 이어서 이 성령은 단지 성 삼위 하느님 전체에 공통된 행동으로만이 아니라 하나의 독립된 위격으로서 세상에 임재하시기 위해 때가 되자 세상으로 보내지셨다.

---

02 St. Basile le Grand, *De Spiritu Sancto*, XIX, 49, *P.G.*, t. 32, col. 157 AB. 참고. St. Grégoire le Théologien, *Oration XXXI*, 29, *P.G.*, t. 36, col. 165 B.

다마스커스 요한 성인이 말한 대로, 신학자들은 언제나 '본질의 사역'이자 성 삼위 하느님의 존재 그 자체인 신적 위격들의 영원한 발생과 세 휘포스타시스의 공통된 의지의 사역인 성자와 성령의 일시적 지상 사역 사이의 근본적인 차이를 주장해왔다. 성령과 관련해서, 희랍 교부들은 보통 '엑포레우오마이'(ἐκπορεύομαι)라는 동사를 사용해서 그의 영원한 발생을 표현한다. 반면에 '프로이에미'(προΐημι)와 '프로케오마이'(προχέομαι)와 같은 동사는 주로 성령의 지상 사역과 관련하여 사용된다. 영원의 차원에서 성자와 성령의 위격은 '신성의 유일한 원천'인 성부로부터 비롯된다. 반면 성 삼위 하느님의 동일한 본질에 속하는 의지의 사역인 일시적 사역의 차원에서는, 성자는 성부에 의해 보냄 받고, 성령에 의해 육화된다. 우리는 또한, 성자가 자신의 고유한 의지를 갖지 않으면서 동시에 보냄 받고자 하는 의지를 실현한다는 점에서, 성자는 자기 자신에 의해 보냄 받았다고 말할 수도 있다. 동일한 주장이 지상에서의 성령의 사역과 관련해서도 참되다. 성령은, 성부에 의해 보냄 받고 성자에 의해 주어짐으로써, 세 위격의 공통된 의지를 성취한다. 신(新)신학자 시메온 성인은 말한다.

> 우리는 성령이 보내졌고 주어졌다고 말한다. 그러나 이것은 성령이 자신의 사역 의지에 낯설다는 것을 의미하지 않는다. 실상, 하느님이신 세 위격의 한 분이신 성령은 성부가 원하시는 것을, 마치 그것이 자신의 고유한 바람인 것처럼, 성자

를 통해 성취하신다. 왜냐하면 성 삼위 하느님은 본질, 실체, 의지와 관련해서는 나뉘시지 않기 때문이다.[03]

이렇게 성자가 지상에 내려오셔서 성령을 통해서 자신의 사역을 완수하신 것처럼, 성령의 위격 또한 성자를 통해서 세상에 보냄을 받았다.

> 내가 아버지께 청하여 너희에게 보낼 협조자 곧 아버지께로부터 나오시는 진리의 성령이 오시면 그분이 나를 증언할 것이다.(요한 15:26)

지상에서의 공통 사역으로 밀접히 연결되어 있지만, 그럼에도 불구하고 성자와 성령은 이 동일한 사역에서도 휘포스타시스로서의 존재와 관련해서는 서로 독립적인 두 위격으로 존재하신다. 이것이 바로 성령의 위격적 도래하심이 성자의 그것과 관련해서 일종의 종속적이고 기능적인 사역의 성격을 가지지 않는 이유다. 오순절 성령 강림 사건은 육화 사건의

---

03 St. Syméon le Nouveau Théologien, *Homélie* 62. - 신신학자 시메온 성인의 저작들은 1886년 스미르나(Smyrne)에서 출판되었다. 이 출판물은 그러나 찾아볼 수 없다. Krumbacher도 자신의 저서(*Geschichte der byzantinischen Litteratur*, 2ᵉ éd., München, 1897, p.194)에서 본 적이 없었다고 고백한다. 우리는 시메온을, 테오판(Théophane) 주교 성인이 러시아어로 번역한(모스크바, 1892), 아토스 산의 성 판텔레이몬(St. Panteleïmon) 러시아 수도원의 두 번째 편집본에서 인용한다. 우리에게 흥미 있는 구절은 1권 105쪽에 있다. Migne는 Pontanus에 의해 1603년에 편집된 라틴판 번역(*P.G.*, t. 120, col. 321-694)에 시메온 성인의 저작 일부를 출판했다. 몇몇 성가는 잡지 *La Vie spirituelle* (XXVII, 2 et 3 ; XXVIII, 1 (1931, 5-7월)) 안에 Lot Borodine의 번역으로 출판되었다.

'연장'이 아니다. 그것은 육화 사건의 후편이요 그 결과다. 피조물들은 성령을 받을 수 있게 되었다. 그리고 성령은 세상에 내려오셔서, 그리스도가 피 값으로 사시고 씻기시고 거룩하게 하신 교회를 자신의 현존을 통해 충만케 하셨다.

어떤 의미에서는 그리스도의 사역이 성령의 사역을 준비했다고도 우리는 말할 수 있다.

> 나는 이 세상에 불을 지르러 왔다. 이 불이 이미 타올랐다면 얼마나 좋았겠느냐?(루가 12:49)

여기서 성령 강림은 마치 목적처럼, 즉 하느님의 지상 경륜의 마지막 목표처럼 나타난다. 성령이 내려오시게 하려고 그리스도가 성부께로 올라가셨다.

> 그러나 사실은 내가 떠나가는 것이 너희에게는 더 유익하다. 내가 떠나가지 않으면 그 협조자가 너희에게 오시지 않을 것이다. 그러나 내가 가면 그분을 보내겠다.(요한 16:7)

그럼에도 불구하고, 성령은 위격적 출현 안에서도 자신의 위격을 드러내지는 않으신다. 그분은 자신의 고유한 이름을 걸고 오시지 않고, 성자를 증언하기 위해 성자의 이름을 걸고 오신다. 그것은 마치 성자가 성부를 알게 하기 위해서 성부의 이름으로 오신 것과 마찬가지다. 니싸의 그레고리오스 성인은 말한다.

우리는 성자 없이 성부를 생각할 수 없다. 또 우리는 성령 없이 성자를 알 수 없다. 성자에 의해 들려지지 않으면 성부께 이르는 것이 불가능하고, 성령 안에서가 아니라면 누구도 예수를 주님이라고 부를 수 없기 때문이다.[04]

신적 위격들은 절대로 자신 스스로 확증하지 않고, 반대로 서로가 서로를 증언해준다. 이것이 바로 다마스커스의 요한 성인이 "성자는 성부의 형상(image du Père)이요, 성령은 성자의 형상(image du Fils)이다"[05]라고 말한 이유다. 이어서 성 삼위 하느님의 세 번째 휘포스타시스만이 다른 위격 안에서 자신의 형상을 가지지 않는 유일한 위격이라는 사실이 도출된다. 성령은 자신의 발현 속에서조차 가리워진 채 위격으로서는 현현되지 않고 숨겨지신다. 이것이 바로 신신학자 시메온 성인이, 하느님의 사랑을 노래한 성가에서, 헤아릴 수 없이 신비한 위격이 지니는 불가해한 특징을 통해서 성령을 찬미한 이유다.

> 오소서, 참된 빛이시여.
> 오소서, 영원한 생명이시여.
> 오소서, 숨겨진 신비시여.
> 오소서, 이름 없는 보배시여.
> 오소서, 말로 다할 수 없는 분이시여.

---

04 St. Grégoire de Nysse, *Contra Macedonium*, § 12, *P.G.*, t. 44, col. 1316.
05 St. Jean Damascène, *De fide orthodoxa*, I, 13, *P.G.*, t. 94, col. 856.

오소서, 알 수 없는 위격이시여.
오소서, 끝없는 기쁨이시여.
오소서, 꺼지지 않는 빛이시여.
오소서, 만물의 구원을 원하시는 희망이시여.
오소서, 죽은 자들의 부활이시여.
오소서, 오, 전능자시여, 당신은 당신의 유일한 의지로 만물을 완성하시고, 변형시키시고, 변화시키시는 분.
오소서, 볼 수 없고 만질 수 없고 들을 수 없는 이시여.
오소서, 언제나 변함없는 분, 항상 움직이셔서 지옥에 잠든 우리를 향해 오시는 분이시여.
당신은 하늘보다 더 높은 곳에 계시는 분.
당신의 이름, 너무나도 부르고 싶고 선포하고 싶지만, 누구도 무엇이라고 불러야 할 지 알지 못하는 그 이름.
누구도 당신이 어떻게 존재하시는지, 어떤 존재이신지 알 수 없는 분. 왜냐하면 그것은 불가능하기 때문.
오소서, 변색되지 않을 왕관이시여.
오소서, 나의 비참한 영혼이 사랑했고 또 사랑하는 이시여. 나에게만 혼자 오소서.
오소서, 당신은 만물로부터 나를 떼어놓고 이 세상에서 나를 홀로 있게 하신 분, 그래서 당신 자신이 내 안의 유일한 바람이 되신 분, 내가 언제나 당신만 원하길 바라셨던 분, 그러나 절대로 다가갈 수 없는 분이시여.
오소서, 나의 숨, 나의 생명, 내 가난한 마음의 위로자시여.[06]

---

06 St. Syméon le Nouveau Théologien, *P.G.*, t. 120, col. 507-509 (trad. latine) ; trad. fr., *Vie spir.* XXVII, 2, mai 1931, p.201-202.

교회가 온 세상 끝까지 선포한 성자의 폭발적인 현현과는 달리, 성령에 대한 가르침은 보다 비밀스럽고 덜 드러난다. 신학자 그레고리오스 성인은 성령의 위격과 관련된 '진리의 출현'에서 하나의 신비로운 경륜을 포착한다. 그는 이렇게 말한다.

> 구약 성경은 성부를 분명하게, 성자는 희미하게 드러낸다. 신약 성경은 성자를 계시해 주고 성령의 신성을 넌지시 말해준다. 오늘날 성령은 우리 안에 살아 계시고 더욱 분명하게 알려지신다. 왜냐하면 성부의 신성이 승인되지 않았는데 성자를 공개적으로 선포하는 것과 성자의 신성이 인정되지 않았는데 성령을 과도하게 강요하는 것은 위험할 수 있기 때문이었다. … 점진적인 추가를 통해서, 또 다윗이 말한 바처럼, 영광에서 영광에 이르는 상승을 통해서, 성 삼위 하느님의 광채가 점차적으로 빛을 발하는 것이 적합했다. … 당신들은 빛이 어떻게 우리에게 조금씩 다가오는지를 보고 있다. 당신들은 하느님이 스스로를 계시하시는 순서를 보고 있다. 아무런 간격이나 구별 없이 한꺼번에 모든 것을 드러내지 않으면서 그러나 끝에 가서는 어떤 것도 숨기지 않음으로써, 이 순서를 존중하는 것이 우리에게도 반드시 필요하다. 전자는 경솔한 것이 될 것이고 후자는 불순한 것이 될 것이기 때문이다. 전자는 밖에 있는 사람들을 해치게 될 위험이 있고, 후자는 우리의 형제들을 우리로부터 갈라놓을 것이기 때문이다. … 구세주는, 비록 그분의 제자들이 이미 풍요한 교리를 세울 수 있었음에도 불구하고, 그분이 평가하기에, 그들이 아직

알지 못하는 많은 것들이 있음을 알고 계셨다. … 그리고 그분은 제자들에게, 성령이 오시면 그가 모든 것을 가르쳐 주실 것임을 반복해서 말씀하셨다. 그러므로 나는, 성령의 신성 문제도 이 많은 것들 중에 포함된다고 생각한다. 성령의 신성은 곧이어 더욱 분명하게 선언되어야 했고, 구세주의 승리 이후, 성령 자신의 신성에 대한 지식은 더욱 확실해질 것이었다.[07]

성자의 신성은 교회에 의해 확고해졌고 온 세상에 선포되었다. 우리는 또한 성부와 성자와 공통된 성령의 신성(神性)과 성 삼위 하느님을 고백한다. 그러나 우리에게 이 모든 진리를 계시해 주시고 또 우리의 내면에서 이 진리를 확실하게 보고 또 만질 수 있게 해주시는 성령 자신의 위격은, 그분이 우리에게 보여 주시는 그 신성과 또 우리에게 나누어주시는 은사들에 가려서, 보다 덜 계시되고 감추어지며 희미한 채로 존재한다.

동방교회 신학은 성령의 위격을 성령이 사람들에게 나누어주시는 은사와 구별한다. 이 구별은 그리스도의 다음과 같은 말씀에 기초한다.

> 그는 나를 영광되게 하실 것이다. 그가 나의 것을 받아서 너희에게 알려주실 것이기 때문이다. 아버지께서 가지신 것은

---

[07] St. Grégoire le Théologien, *Oration XXXI* (*Theologica* V), §§ 26-27, *P.G.*, t. 36, col. 161-164. trad. fr. P. de Lubac, *Catholicisme*, ap.nd. 347-348.

다 내 것이다. 그렇기 때문에 내가, 성령이 나의 것을 받아서
너희에게 알려 주실 것이라고 말하였다.(요한 16:14-15)

성부와 성자가 공통으로 가지신 것은 신성인데, 성령은 교회 안에서 사람들을 "신의 본성에 참여하는 자들"이 되게 하시고 그리스도의 지체들에게 '신성의 불(火)'과 '창조되지 않은 은총'을 선사하심으로써 바로 그 신성을 사람들에게 주신다. 동방교회 전례의 한 안티폰 성가(교송)는 이렇게 노래한다.

> 성령은 영혼들에게 생명을 공급하시고, 영혼들을 순결성 안으로 고양시키시며, 신비롭게 그 영혼들 안에서 성 삼위 하느님의 공통된 본질이 광채를 발하도록 하시나이다.[08]

우리는 종종 성령의 은사를 이사야 11장 2절에 나오는 지혜의 영, 슬기의 영, 경륜의 영, 용기의 영, 지식의 영, 경건[09]의 영, 하느님 경외의 영, 이 일곱 가지 영의 이름으로 표현하곤 한다. 그러나 정교회 신학은 이 은사들과 신화(神化)시키는 은총을 특별히 구별하지 않는다. 동방교회 전통에서, 은총은 일반적으로 사람들에게 공급되는 신적 본질의 모든 풍요를

---

08 『8조 예식서』, 4조, 주일 전례 안티폰.
09 역자주) '경건'의 영은 불가타 성경과 칠십인역 성경에서만 발견되고 히브리 성경에는 발견되지 않는다. 따라서 저자는 칠십인역에 기초해서 성령의 일곱 가지 은사를 말하고 있다. 그러나 저자는 일곱 가지 성령의 은사를 이야기 하면서도 실제 그것을 열거할 때는 이 '경건'의 영을 빠뜨렸다. 역자는 이것이 저자의 실수인지, 어떤 의도가 있는 것인지 모르지만 아무튼 이를 추가한다.

의미한다. 그것은 본질 바깥으로 전개되고 또 스스로를 내어 주는 신성이요, 우리가 에너지들 안에서 참여할 수 있는 바의 신적 본질이다.

창조되지 않은 무한한 은사들의 원천이신 성령은 익명의 드러나지 않은 분이시지만 은총에 적용될 수 있는 모든 다양한 이름을 부여받는다. 신학자 그레고리오스 성인은 말한다.

> 나는, 하느님의 영, 그리스도의 영, 그리스도의 지성(Intelligence), 양자(養子)의 영과 같이, 그 호칭의 풍요함을 생각할 때마다 두려움에 사로잡힌다. 그분은 세례와 부활 안에서 우리를 회복시키신다. 그분은 바람처럼 가고 싶으신 곳으로 가신다. 빛과 생명의 원천이신 그분은 나를 성전으로 삼으시고, 나를 신화(神化)시키시며, 나를 완전케 하신다. 그분은 세례에 앞서시며, 세례 안에서 추구되는 분이시다. 하느님이 하시는 모든 것을 행하시는 분은 바로 그분이시다. 그분은 불같은 혀들 속에서 여럿으로 갈라지시고, 은사들을 넘치게 하시며, 설교자들과 사도들과 예언자들과 목자들과 박사들을 만들어 내신다. … 그분은 또한 다른 한 분의 보혜사시고 … 그분은 또한 한 분의 하느님이시다.¹⁰

바실리오스 성인에 따르자면, 성령이 현존하지 않는 곳에는 피조물에게 주어지는 은사도 존재하지 않는다.¹¹ 그분은

---

10 St. Grégoire le Théologien, *Oration XXXI* (*Theologica* V), § 29, *P.G.*, t. 36, col. 159 BC.
11 St. Basile le Grand, *Liber de Spiritu Sancto*, c. XVI, § 37, *P.G.*, t. 32, col. 133 C.

"진리의 영이요, 아들됨의 은사요, 장차 누릴 복의 약속이요, 영원한 지복의 첫 맏물이요, 생명을 주시는 힘이요, 성화의 원천"[12]이시다. 다마스커스의 요한 성인은 성령을 이렇게 부른다.

> 진리의 영, 지존자, 지혜와 생명과 성화의 원천, 충만, 만물을 포함하시는 분, 만물을 완성시키시는 분, 전능자, 무한한 권능, 어떠한 지배에도 종속되지 않으시고 모든 피조물을 통치하시는 분, 자신은 성화될 필요 없이 모든 것을 성화시키는 분.[13]

우리가 이미 말한 바와 같이, 호칭의 무한한 이 다양성은 특별히 은총, 즉 성령이 임재한 모든 사람에게 성령 자신이 나눠 주시는 하느님의 본질적 풍요와 관련된다. 그러나 성령은 그 자신은 언제나 알져지지 않고 드러나지 않으며 그분이 알려주시는 신성과 함께 현존하신다. 성령의 위격은 다른 신적 위격들 안에서 자신의 형상을 가지지 않기에 드러나지 않는다.

"아버지께서 내 이름으로 보내주실 성령 곧 그 협조자"(요한 14:26)라고 했듯이, 성령은 성자의 이름으로 세상에, 아니 교회에 보내지셨다. 그러므로 성령을 받기 위해서는 성자의 이름을 지녀야 하고 또 그 몸의 지체가 되어야 한다. 이레네오스

---

12 『성 대 바실리오스 성찬 예배』, 성찬 축성(아나포라) 기도문 중 제1봉헌기도.
13 St. Jean Damascène, *De fide orthodoxa*, I, 8, *P.G.*, t. 94, col. 821 BC.

성인이 즐기는 표현에 의하면, 그리스도는 자신 안에 인류를 총괄(récapitulé)하셨다. 그분은 머리가 되시고, 원리가 되시고, 자신의 몸 안에서 갱신시킨 인간 본성의 휘포스타시스가 되셨다. 이레네오스 성인이 교회를 '하느님의 아들'이라 이름 붙인 이유가 바로 이것이다.[14] 그것은 우리가 "그리스도를 덧입음으로써", 또 세례를 통해 그 몸의 한 지체가 됨으로써 다가갈 수 있는 '거듭난 인간'의 통일성이다. 이 본질은 하나이며 나뉠 수 없다. 알렉산드리아의 클레멘트는 교회를 그리스도 전체, 나뉘지 않는 총체적 그리스도로 본다.

> 그분은 이방인도 유대인도 희랍인도 아니며 남자나 여자도 아니다. 그분은 성령에 의해 완전히 변화된 새로운 인간이다.[15]

막시모스 성인은 또한 이렇게 말한다.

> 남자, 여자, 아이, 종족, 민족, 언어, 삶의 유형, 직업, 학식, 신분, 재산 등에 따라 헤아릴 수 없이 갈라진 … 이 모든 것을 교회는 성령을 통해 재창조한다. 교회는 모두에게 똑같이 하나의 신적 형상을 새겨놓는다. 모두는 교회로부터 끊을 수 없는 유일한 본질, 그 모두를 매어 놓았던 수없이 많고 깊은 차이를 더 이상 고려하지 않도록 해주는 하나의 본성을 받

---

14 St. Irénée de Lyon, *Adv. Haeres.*, IV, 33, 14, *P.G.*, t. 7, col. 1082.
15 Clément d'Alexandrie, *Protreptique*, XI, P.G., t. 8, col. 229 B. Trad. fr. du P. Mondésert, dans la collection <Sources chrétiennes>, 2, Paris, 1942, p.173.

아들인다. 그것을 통해서 모두는 진정 보편적인 방식으로 양육되고 연합된다. 교회 안에서는 어떤 것도 공동체로부터 추호도 분리되지 않고, 오히려 모두가 신앙의 단순하고도 나뉘지 않는 힘에 의해 서로가 서로 안에 확고히 서게 된다. … 그리스도는 또한 만유 안에 만유이시다. 다시 말해 그리스도는 유일하고 무한한 권능과 그분의 선하심의 모든 지혜를 따라, 마치 모든 선들이 교차하는 중심과도 같이, 자신 안에 만유를 포함하시는 분이시다. 그런데 그것은 유일하신 하느님의 피조물들이 자신들의 친밀감과 평화를 보여줄 공동의 자리를 확보하지 못해 서로가 서로에게 낯설거나 혹은 적대적인 상태에 머물러 있지 않도록 하시려는 목적에서다.[16]

교회 안에서의 인간 본성의 이러한 통일성 앞에서, 요한 크리소스토모스 성인은 이렇게 자문한다.

이것은 무엇을 의미하는가? 이것은 그리스도가 이 사람들과 저 사람들을 모두 한 몸으로 만드신다는 것을 의미한다. 이렇게 해서 로마에 사는 사람은 인도 사람을 자신의 고유한 지체로 바라본다. 이것과 비견할 만한 연합이 또 있는가? 그리스도는 만유의 머리가 되신다.[17]

그것은 또한 그리스도가 우주뿐만 아니라 이 우주를 하느님

---

16 St. Maxime le Confesseur, *Mystagogie*, I, *P.G.*, t. 91, col. 665-668 ; P. Henri de Lubac, 앞의 책, p.27. 특별히 이 주목할 만한 저작의 2장을 보라. 여기서 저자는 교회 안에서의 인간 본질의 통일성이라는 사상을, 희랍 교부들에 주로 기초하여 발전시켰다.

17 St. Jean Chrysostome, *Hom.* 61, § 1, *P.G.*, t. 59, col. 361-362.

과 연합시켜야만 했던 인간 아담의 본성 전체를 '총괄'하신다는 것을 의미한다. 두 번째 아담이신 그리스도는 지금 이 총괄을 성취하신다. 그분 몸의 머리로서 그분은 우주의 구석구석까지도 다 모아들인 이 몸의 휘포스타시스가 되신다. 그리스도 안에서 교회의 자녀들은 그분의 지체가 되고 그렇게 해서 그리스도의 휘포스타시스 안에 포함된다. 그러나 그리스도 안의 이 '유일한 인간'은 갱신된 본성으로 인해 하나로 존재하지만, 그럼에도 불구하고 인격으로는 다수로 존재한다. 비록 인간의 본성이 그리스도의 휘포스타시스 안에서 재연합되었다 해도, 또 그것이 한 휘포스타시스 안에 존재함으로써 위격화(enhypostasié)된 본질이 되었다 해도, 인간 인격들, 이 연합된 본성의 휘포스타시스들은 제거되지 않는다. 이 인격들은 절대로 그리스도의 신적 위격과 혼동되거나 연합되지 않는다. 왜냐하면 휘포스타시스는 인격적 존재로 머물기를 포기하지 않는 한 다른 휘포스타시스와 결코 연합될 수 없기 때문이다. 만약 그렇다면, 그것은 유일한 그리스도 안에서 인간 인격들이 사라져 버리는 것을 의미하게 될 것이고, 따라서 비인격적 신화(神化)요 복된 자가 존재하지 않는 지복이 될 것이다. 그리스도 안에서 하나의 본성을 이루면서도, 인류의 새로운 몸인 교회는 수많은 인간적 휘포스타시스를 포함한다. 이것이 바로 알렉산드리아의 키릴로스 성인이 말하고자 한 바다.

어떤 면에서는 잘 구별된 인격들로 나뉘어, 베드로, 요한, 토마스, 마태오 등으로 존재하는 우리는 그리스도 안에서 단 하나의 몸으로 용해되어 단 하나의 육체로 먹고사는 것과 같이 된다.[18]

그리스도의 사역은 자신의 휘포스타시스 안에 총괄한 인간의 본성과 관련된다. 반대로 성령의 사역은 인격들 혹은 이 인격들 각자와 관계된다. 성령은 교회 안에서, 하느님의 형상대로 창조된 인격으로서의 사람들 각각에게 적용되는 고유하고도 '개별적인' 방식으로, 인간적 휘포스타시스들에게 신성의 충만을 공급하신다. 바실리오스 성인은 성령은 "성화의 원천"이며, "이 원천은 그것을 찾는 사람이 아무리 많다 해도 고갈되지 않는다"[19]고 말한다. 그는 또 다음과 같이 말한다.

성령은 각자 안에 그리고 도처에 전적으로 현존하신다. 성령은 스스로를 나누시지만 결코 분열을 겪지 않으신다. 우리가 성령과 교제할 때, 성령은 언제나 전체로 머물러 계신다. 그것은 마치, 모두에게 맛있는 과실을 제공해 주기 때문에 각자는 오직 자신만이 그 유익을 누리고 있다고 믿게 되지만, 실상은 그 빛이 땅과 바다를 두루 비추어 주고 공기들까지도 다 헤아려 비추어 주는 태양의 빛줄기와도 같다. 이와 마찬가지로 성령도, 오직 하나에게만 내어주시는 것처럼 여겨

18　St. Cyrille d'Alexandrie, *In Ioannem*, XI, 11, *P.G.*, t. 74, col. 560.
19　St. Basile le Grand, *Lib. de Spiritu Sancto*, IX, 22, *P.G.*, t. 32, col. 108 BC.

지지만 실상은 모두에게 총체적인 은총을 부어주시고, 각자의 고유한 능력에 따라 이 은총에 참여하는 모두가 그 은총을 총체적으로 누릴 수 있게 되는 방식으로, 성령을 받는 사람들 각자에게 현존하신다. 성령의 능력을 가늠할 척도는 존재하지 않기 때문이다.[20]

그리스도는 인류의 공통된 본성의 유일한 형상(image)이시다. 반대로 성령은 하느님의 형상대로 창조된 각 인격이 공통된 본성 안에서 닮음(ressemblance)을 실현해 나갈 수 있는 능력을 제공해 주신다. 그리스도는 인간 본성에 휘포스타시스를 빌려주시고, 성령은 인간 인격들에게 자신의 신성을 주신다. 이렇게 그리스도의 사역은 연합시키고, 성령의 사역은 다양화시킨다. 그러나 이 두 사역은 서로가 다른 것 없이는 불가능하다. 본성의 통일성은 인격들 안에서 실현된다. 또 인격들은, 오직 본성의 통일성 안에서만, 다시 말해 고유한 '개인적인' 본성과 의지를 가지고 자신만을 위해 살아가는 '개인'이기를 그칠 때만 완전에 이를 수 있고 더욱 충만하게 인격적일 수 있다. 그리스도의 사역과 성령의 사역은 그러므로 결코 분리할 수 없다. 그리스도는 성령을 통해서 자신의 신비한 몸의 통일성을 창조하고, 성령은 그리스도를 통해서 인간 인격들에게 공급되신다. 실제로, 우리는 성령이 두 가지 방식으로 교회에 주어졌음을 구별할 수 있다. 하나는, 부활하신 날 저녁,

---

20 위의 책, col. 108-109.

그리스도가 사도들에게 나타나셔서 숨을 불어넣어 주셨을 때 이루어진 것이요(요한 20:19-23), 다른 하나는 오순절 날에 있었던 성령의 위격적 출현을 통해서 이루어졌다.(사도행전 2:1-5)

첫 번째 성령 주심은 한 몸으로서의 교회 전체에 주어졌다. 아니 오히려 성령은, 그리스도가 동시에 풀기도 하고 매기도 할 사제적 권한을 부여해 주신 사도 집단에 주어졌다. 그것은 위격적인 성령의 현존이 아니라, 오히려 성령을 주시는 그리스도와 관련된 기능적인 현존이다. 니싸의 그레고리오스 성인의 해석에 의하면, 그것은 교회의 통일성의 끈이다.[21] 여기서 성령은, 하나의 끈이요 하나의 사제적 권한으로서, 공통된 것으로 모두에게 주어졌다. 성령은 인격들에게는 아직 낯선 것으로 남아있게 될 것이고, 아직은 그들에게 어떠한 개인적 성덕도 공급하지 않으실 것이다. 이것은 지상을 떠나시기 전 그리스도가 교회에 주신 마지막 완전성이다. 니콜라스 카바질라스는 인간 창조, 그리고 교회를 세우신 그리스도가 이루신 인간 본성의 회복, 이 둘 사이에 하나의 유비를 확립했다. 그는 말한다.

> 그리스도는 애초에 창조하셨던 바와 동일한 물질로 우리를 재창조하지 않으신다. 그때, 그분은 땅의 먼지를 사용하셨다면, 오늘날, 그분은 자신의 육체에 호소하신다. 그분은, 자연 질서 안에 두신 생의 원리를 재형성함으로써가 아니라, 그분

21 St. Grégoire de Nysse, *In Canticum hom*. XV, *P.G.*, t. 44, col. 1116-1117.

의 생명이 싹을 틔우도록 거룩한 잔(聖杯)를 받는 사람들의 마음속에 그의 피를 뿌리심으로써, 우리 안에서 생명을 갱신하신다. 예전에 그분은 생명의 숨을 불어넣으셨지만, 지금 그분은 우리에게 자신의 영 그 자체를 공급해 주신다.[22]

본성과 관련되고 또 자신의 몸인 교회와 관련되는 것이 바로 그리스도의 사역이다.

성령의 위격적 출현 시점(오순절 성령 강림 때)에 있었던 성령의 주심은 전혀 다른 것이다. 여기서 성령은, 비록 '성자의 이름으로' 이 세상에 보내지셨지만, 자신의 휘포스타시스의 기원에 있어서는 성자와는 완전히 독립된 성 삼위 하느님의 한 위격으로 등장하신다. 그분은 갈래갈래 갈라진 '불같은 혀들'의 모양으로 나타나서, 그 자리에 참석했던 사람들 각자에게 즉 그리스도의 몸의 각 지체에게 임하셨다. 그것은 몸으로서의 교회 전체에 주신 성령이 더 이상 아니다. 이 성령의 공급은 일치의 기능과는 거리가 멀다. 성령은 교회의 각 지체에게 성 삼위 하느님과의 인격적이고도 유일한 관계의 표를 찍어줌으로써, 또 각 인격들 안에서 현존하심으로써, '인격들에게' 공급되신다. 어떻게? 그것은 알 수 없는 하나의 신비다. 그것은 세상에 오신 성령의 자기 비움과 케노시스의 신비다. 성자의 케노시스 안에서는 위격이 우리에게 나타나고 그의 신성은

---

22 St. Nicolas Cabasilas, *De vita in Christo*, IV, *P.G.*, t. 150, col. 617 AB.

대신 '종의 모습'으로 숨겨져 있었다면, 성령은 그의 출현에서 성 삼위 하느님의 공통된 본질은 드러내는 대신, 자신의 위격은 신성 아래 숨기신다. 그분은 말하자면 은사에 가려 드러나지 않고 숨겨진 채로 계신다. 그것은 그분이 공급하시는 이 은사가 완전히 우리의 것이 되고, 우리의 인격에 적용되도록 하시기 위해서다. 신신학자 시메온 성인은, 자신이 지은 한 성가에서, 우리 안에 신적 충만을 선사하셔서 우리와 하나가 되시는 성령께 이렇게 영광을 돌렸다.

> 모든 존재를 초월하여 계시는 신적 존재시여,
> 당신께 감사드리나이다.
> 당신은, 혼동되지도 변질되지도 않으시면서,
> 나와 한 영이 되시어 나에게 만유 안에 만유가 되셨나이다.
> 내 영혼의 입술에서 흘러 넘치고
> 내 심장의 샘에서 풍요롭게 흐르는,
> 아! 말로 다할 수 없는 양식이시여,
> 무상으로 분배된 양식이시여.
> 나를 감싸고 나를 보호하며
> 악마들을 다 태워버릴 휘황찬란한 의복이시여.
> 방문하시는 사람들마다
> 당신의 현존을 통해 선사하시는 거룩하고 영원한 눈물로
> 온갖 흠들로부터 나를 씻기시는 정화(淨化)시여.
> 황혼이 오지 않는 한낮과 같이,
> 지지 않는 태양과도 같이,

당신을 보여주시니,
오! 감춰질 수 없는 이시여,
이로 인해 당신께 감사드리나이다.
당신은 결코 피하지 않으셨고,
아무도 싫어하지 않으셨기 때문이나이다.
오히려 당신께로 가길 원치 않아 숨은 자들은
바로 우리 자신이었나이다.[23]

만약 동방교회가 영원한 기원에 있어서 성령의 휘포스타시스가 성자의 그것으로부터 독립해 있음을 고백하지 않는다면, 성령 강림 축일 성가의 가사가 표현해주는 바의 "지극히 자유로우신"[24] 성령의 위격적 출현은 충만 혹은 각 인격의 내면에 급작스럽게 개방되는 무한한 풍요로 인식될 수 없었을 것이다. 만약 그렇지 않았다면, 성화(聖化)의 원리로서의 오순절 성령 강림은, 사도들에게 공급하신 그리스도의 '숨' 즉 성령이 단지 그리스도의 신비한 몸의 통일성을 창조하는 그리스도의 사역의 보조자로서 활동할 때와 구별되지 않았을 것이다. 만약 하나의 신적 위격으로 성령이 성자에 의존하는 것으로 간주되었다면, 그분은 자신의 위격적 출현에 있어서조

---

23 St. Syméon le Nouveau Théologien, *Introduction aux hymnes de l'Amour divin*, P.G., t. 120, col. 509 (trad. latine); trad. fr. *Vie spirituelle*., XXVII, 2, 1ᵉʳ mai 1931, p.202.

24 이 표현은 신학자 그레고리오스 성인의 성령강림 축일 설교(*In Pentecosten*, *Oration XLI*, § 9, P.G., t. 36, col. 441)에서 차용된 것으로 성령강림 축일 전례의 가장 아름다운 본문을 구성하는 자료로 사용되었다.

차 우리를 성자와 밀착하게 해주는 하나의 끈으로 나타났을 것이다. 신비적 삶은 따라서 성령을 통해 영혼이 그리스도와 연합해 나가는 길로 발전되었을 것이다. 이것은 연합 안에서의 인간 인격들의 정체성 문제로 우리를 인도한다. 그것은 그리스도의 위격에 연합됨으로써 인간 인격들은 사라져 버리고 말게 되든지, 아니면 그리스도의 위격이 외부로부터 우리에게 강제되든지 할 것이다. 후자의 경우 은총은 자유의 내적인 만개(滿開)이기보다는, 자유에 외적인 것으로 이해될 것이다. 그러나 우리는 바로 이 자유 안에서 우리 안에 거주하시는 성령을 통해 우리의 영에 분명하게 확인되는 성자의 신성을 고백하지 않는가?

동방 그리스도교의 신비 전통에 있어서, 성화의 개시인 성령의 현존을 인간 인격들에게 선사해주는 오순절 성령 강림은 목표요 마지막 목적을 의미하는 동시에 영적 삶의 시작을 의미한다. '불같은 혀'로 제자들에게 강림하신 성령은 '기름 바름의 성사'(Sacrement du Saint Chrême, 혹은 Chrismation)를 통해 새로운 세례자들에게 보이지 않게 강림하신다. 동방 전례에서 견진 성사(Confirmation)[25]는 세례에 즉각적으로 뒤따른다. 성령은

---

25 역자주) 여기서 '기름 바름의 성사'(Sacrement du Saint Chrême)와 견진성사(Sacrement de la Confirmation)는 동일한 대상을 지칭한다. 그러나 이 용어가 가톨릭 교회에서 사용될 때와는 그 의미와 실천에 있어서 차이가 있음을 유의해야 한다.

이 두 성사(세례성사와 견진성사) 안에서 활동하신다. 그분은 본성을 정화하시고 그것을 그리스도의 몸에 연합시킴으로써 그것을 재창조하신다. 그분은 또한 인간 인격에게 신성(divinité), 성삼위 하느님의 공통된 에너지, 다시 말해 은총을 공급하신다. 세례와 견진, 이 두 성사의 밀접한 관련 때문에, 성령 강림이 교회의 지체들에게 선사해 주는 창조되지 않은 신화(神化) 은총은 자주 '세례 은총'(grâce baptismale)이라고도 불린다. 그래서 사로프의 세라핌 성인은 성령 강림절의 은총에 대해 이렇게 말했다.

> 그리스도교의 성도인 우리 모두가 거룩한 세례 성사 때 받는 이 은총의 불타는 숨결은 교회의 규범에 따라 우리 몸의 중요한 부분들에 발라지는 거룩한 성유 표식을 통해서 날인 받는다. 왜냐하면, 우리의 몸은 이 순간부터 영원히 은총의 장막이 되기 때문이다. 이 세례 은총은 너무도 크고, 이 생명의 샘은 인간에게 너무도 필요해서, 그것은 한 이단자에게서조차 죽을 때까지, 즉 신의 섭리가 인간을 시험하기 위해 이승에서 허락해 주신 생애의 마지막 순간까지도 절대로 철회되지 않는다. 왜냐하면 하느님은 주어진 은총의 덕들을 가치 있게 사용하여 자신들의 과제를 완수할 수 있는 시간을 사람들에게 지정해 주심으로써, 그들을 시험하시기 때문이다.[26]

---

26 St. Séraphin de Sarov의 *Les révélations*. 불어로는 *Le Semeur*, 1927 에 부분적으로 번역되어 있다. 여기서는 미간행된 우리의 번역본에서 인용했다.

누구에게나 인격적이고 친밀한 이 세례 은총, 즉 우리 안에 계시는 이 성령의 현존은 모든 그리스도교적 삶의 토대이다. 세라핌 성인에 따르면, 그것은 성령께서 우리 내부에서 준비하시는 하느님 나라이다.[27]

성령은 우리 안에 거하러 오심으로써 우리를 성 삼위 하느님의 거처로 만드신다. 성부와 성자는 성령의 신성과 분리될 수 없기 때문이다. 신신학자 시메온 성인은 이렇게 말한다.

> 우리는 신성의 가식 없는 불을 받는다. 그것은 주님이 말씀하셨던 불이다. "나는 이 세상에 불을 지르러 왔다."(루가 12:49) 신성으로는 성자와 동일본질이시고 성부, 성자와 함께 우리 안에 들어오셔서 관상될 수 있는 성령이 아니라면 이 불은 도대체 무엇이겠는가?[28]

성령의 오심을 통해서 성 삼위 하느님은 우리 안에 거주하시고, 우리를 신화(神化)시키시며, 우리가 참여하게 될 영원한 빛인 그분의 창조되지 않은 에너지들, 그분의 영광, 그분의 신성을 우리에게 선사해주신다. 시메온 성인에 따르면, 이것이 바로 은총이 우리 안에 숨겨진 채로 존재할 수는 없으며, 성 삼위 하느님의 거주가 드러나지 않을 수 없는 이유다. 이 위대한 신비가 시메온 성인은 말한다.

---

27 위의 책.
28 St. Syméon le Nouveau Théologien, *Hom.*, 45, 9.

만약 누군가 '모든 신자는 비록 의식하거나 경험하지 못해도 성령을 받고 소유한다'고 주장한다면, 그는 "성령은 영생으로 흐르는 샘물"(요한 4:14)이요, 또 "나를 믿는 사람은 성서의 말씀대로 그 속에서 샘솟는 물이 강물처럼 흘러 나올 것이다"(요한 7:38)라고 하신 그리스도의 말씀을 거짓말로 만들어서 하느님을 욕되게 하는 사람이다. 만약 샘물이 우리 안에서 솟아난다면, 눈을 가진 사람이라면 누구나 거기서 흘러나오는 강물을 볼 수 있어야 한다. 그런데 이 모든 것이 우리가 인식하지도 경험하지도 못하게 우리 안에서 일어난다면, 우리는 또한 그로부터 나오는 영원한 생명도 느끼지 못할 것이고, 성령의 빛도 볼 수 없을 것이다. 따라서 우리는 여전히 영원한 생명 안에서조차 죽은 자, 눈먼 자, 감각이 없는 자로 남게 될 것이고 현실의 삶에서도 그럴 것이 확실하다. 만약 영원한 생명의 경험을 박탈당함으로써 우리가 항상 사망 안에 있게 되고 또 영으로도 죽은 자로 남게 될 것이라면, 우리의 희망은 이제 헛되고 우리의 인생은 무용지물이다. 그러나 사실은 그렇지 않다. 진정 그렇지 않다. 내가 수없이 반복해서 말했던 이것을, 나는 또다시 말할 것이고 결단코 그렇게 말하기를 중단하지 않을 것이다. 다시 말해, 성부도 빛이시고 성자도 빛이시고 성령도 빛이심을 말이다. 이 세 분 하느님은 일시적이지 않고 나뉠 수 없고 섞이지 않고 영원하고 창조되지 않고 썩지 않고 가늠할 수 없고 보이지 않는 - 만물 바깥에, 만물 위에 있기 때문에 - 단 하나의 빛이심을 말이다. 온전히 정화되기 전에는 누구도 이 빛을 볼 수 없으며 그것을 보지 않고는 누구도 이 빛을 받을 수 없다. 왜냐하면 모

든 수고와 수많은 노력을 통해 이 빛을 얻으려면 무엇보다도 먼저 이 빛을 보아야 하기 때문이다.[29]

우리가 이미 말한 바와 같이, 동방교회의 신학은 은총의 수여자이신 성령의 위격과 그분이 우리에게 선사하시는 창조되지 않은 은총을 구별한다. 은총은 본질상 창조되지 않았으며 또한 신적이다. 그것은 설명할 수 없는 방식으로 본질과 구별되며, 피조물들을 신화(神化)시키기 위해 피조물에게 주어지는, 에너지요 본질의 발출이요 신성이다. 그러므로 그것은 구약성경에 언급된 것처럼 인격에 외적 원인으로 활동하는 신적 의지가 영혼 안에 창출한 어떤 결과가 아니다. 반대로 그것은 바로 지금 성령 안에서 우리에게 개방된 신적 삶이다. 성령은 온전히 교제불가능한 분이심과 동시에 인간 인격들과 신비스럽게 자신을 동화하시는 분이시기 때문이다. 말하자면, 성령은 우리를 자신으로 대체하신다. 바울로 사도의 말과 같이, 우리의 마음 안에서 "아바, 아버지"라고 부르시는 분은 바로 성령이시기 때문이다. 아니 오히려 성령은 은총을 피조물의 것이 되도록 만들어 주시지만, 이 피조물들 앞에서 위격으로서는 스스로를 지워버리신다. 성령 안에서 하느님의 의지는 더 이상 우리에게 외적이지 않다. 인간의 의지가 은총을 얻고 또 그 은총을 자신의 것으로 만듦으로써 하느님의 의지와

---

29 St. Syméon le Nouveau Théologien, *Hom.*, 57, 4.

일치하고 협력하는 한, 하느님의 의지는 우리의 인격 안에 발현됨으로써 우리에게 내부로부터 은총을 선사해주신다. 이것이 바로 하느님 나라로 귀결될 신화(神化)의 길이며, 이 길은 현재의 삶에서부터 성령을 통해서 우리의 마음 안에서 개시된다. 성령은 그리스도뿐만 아니라 그분과 함께 다가올 세상을 다스리도록 부름 받은 모든 그리스도인에게 부어지는 왕적 기름부음이기 때문이다. 이렇게 해서 알려지지 않은 하느님의 이 위격은 다른 신적 위격 안에서는 자신의 형상을 가지지 않지만, '신화(神化)에 이른 사람들' 다시 말해 성인들 안에서 현현하신다. 왜냐하면 수많은 성인들이 바로 그분의 형상(image)이 될 것이기 때문이다.

9장 교회의 두 가지 측면

비록 성자와 성령이 지상에서 동일한 사역, 즉 하느님과의 연합의 통로가 될 교회를 창조하시는 사역을 수행하시지만, 세상에 보냄 받은 하느님의 이 두 위격의 역할은 결코 동일하지 않다. 이미 우리가 말한 바와 같이, 교회는 그리스도의 몸인 동시에 "만물 안에서 만물을 채우시는" 성령의 충만이다. 이 몸의 통일성은 그리스도 안에서 '유일한 인간'으로 나타나는 인간 본성과 관련되는 반면, 성령의 충만은 인격들, 인간적 휘포스타시스의 복수성과 관련된다. 여기서 각 인격들은 한 부분일 뿐만 아니라 전체를 대표한다. 이렇게 해서 사람은 본성에 있어서는 그리스도의 몸의 한 부분, 한 지체지만, 인격으로서는 자신 안에 전체를 포함하는 존재이기도 하다. 교회의 머리이신 그리스도의 인간 본성 위에 왕적 기름부음으로 임하신 성령은 그 몸의 모든 지체 각각과 교통하심으로써 말하자면 수많은 '그리스도' 즉 '주님의 기름부음 받은 자들'을 창조하신다. 그들은 신적 위격 곁에서 신화(神化)의 길을 걸어가는 인격이다. 교회는 그리스도와 성령의 사역의 열매이기 때문에 교회론 또한 이중의 토대를 갖는다. 그것은 그리스도론과 성령론에 그 뿌리를 둔다.

콩가르 신부(P. Congar)는 『분열된 그리스도인들』이라는 자신의 저서에서 이렇게 주장한다.

> 동방의 교회론적 사고는 애초부터 교회의 신비 안에서 그것의 지상적 측면과 인간적 함축보다는 신적 현실에 관한 것을 찾으려 했고, 교회 일치라는 구체적인 요구보다는 신앙과 사랑 안에서의 일치라는 내적 현실을 더욱 주목했다. 우리는 희랍 교부들에게서 교회론이 상대적으로 저조하게 발전했음에 주목한다. 대부분의 경우, 그들은 있는 그대로의 교회적 현실에서 교회를 보기보다는 그리스도와 성령 안에서 교회를 바라봄으로써, 그리스도론, 그리고 한층 더 성령론에 머물러 있다는 것은 분명한 진실이다.[01]

어떤 의미에서 콩가르 신부의 주장에는 일리가 있다. 동방의 신학은 결코 교회를 그리스도와 성령 바깥에서 이해하지

---

01 M. J. Congar, *Chrétiens désunis : Principes d'un « œcuménisme » catholique*, collection <Unam Sanctiam> t. I, Editions du Cerf, Paris, 1937, p.14.

않는다. 그러나 이것은 교회론의 빈약한 발전과는 아무런 상관이 없다. 오히려 그것은, 동방의 교회론에 있어서 "있는 그대로의 교회적 존재"란 극도로 복합적인 것임을 의미한다. 비록 지상의 공간을 차지하고 있고 그래서 이 세상 안에 또 이 세상을 위해 존재하지만, 그럼에도 불구하고 교회는 이 세상에 속하지 않는다. 그러므로 교회는 순전히 그리고 간단하게 그것의 '지상적 측면'과 '인간적 함축'으로 축소될 수 없다. 그것은 다른 모든 사회 집단과 구별되는 교회의 진정한 본질을 포기하는 것이기 때문이다. 콩가르 신부는 헛되게도 동방의 교리 전통에서 교회의 사회학을 찾으려 한다. 또 그는 다양한 교회법전들, 아리스티노스(Aristinos), 발사몬(Balsamon), 조나라스(Zonaras)와 같은 비잔틴 교회법 주석가들의 작품들, 그리고 현대의 교회법 문헌들과 같은 정교회 교회법 전통의 놀랄만한 풍요는 주목하지도 않은 채 옆으로 제쳐놓는다. '지상적 측면'에서 교회의 삶을 규율하는 교회법은 그리스도교 교리와 분리될 수 없다. 그것은 엄밀히 말해서 법률적 정관이 아니다. 오히려 그것은 교회에 계시된 교리들과 전통을 그리스도교 사회의 실천적 삶의 모든 영역에 적용하는 것이다. 교회법에 비추어 볼 때, 이 그리스도교 사회는 '개인들의 권리'가 존재하지 않는 '전체주의적 집단주의 체제'처럼 보일 수 있다. 그러나 동시에 이 몸의 각 인격은 목적이지 결코 하나의 수단으로 고려되지 않는다. 교회는 모든 개인의 이익과 집단 전체의 이익 사이의 일치가 해결불능의 어떤 문제도 야기하지 않는 유일한 사회다. 각 개인의 궁극적 열망은 전체의 숭고한 목표와 일치하며, 이 후자는 어떤 개인의 이익에 반해서 실현될 수 없기 때문이다.

실상 여기서 문제가 되는 것은 정작 개인과 집단의 문제가 아니라, 본질의 통일성 안에서만 자신들의 완전에 이를 수 있는 인간 인격들이다. 말씀의 '육화'는 이 본질의 통일성이 서는 토대이고, '오순절 성령 강림'은 교회 안 인격들의 다수성에 대한 확인이다.

교회론 영역에서, 우리는 다시 한번 본질과 위격들(인격들) 사이의 구별 앞에 서게 된다. 우리는 동방 전통의 삼위일체 교리를 검토하면서 이 구별을 처음으로 일견해 보았는데, 이것은 조금도 놀랄 일이 아니다. 니싸의 그레고리오스 성인이 말한 것처럼, "그리스도교는 하느님의 본성을 닮는 것"이기 때문이다.[02] 교회는 성 삼위 하느님의 형상(image)이다. 교부들은 이를 되풀이하여 말했고, 교회법도 그것을 확증한다. 예를 들어, 『사도 규칙』(Règles apostoliques)[03]의 유명한 교회법 34항

---

02 St. Grégoire de Nysse, *De professione christiana*, P.G., t. 46, col. 244 C.
03 역자주) 『사도규칙』(Règles apostoliques 혹은 Canons apostoliques)은 3세기경의 문헌으로 인정받고 있으며, 초기 그리스도교의 예전(禮典)과 교회의 모습을 잘 보여주고 있다. 여기에 34항을 번역 소개하면 다음과 같다. "각 나라의 주교들은 그들 중 누가 첫째가 되는지 알 것이며, 그를 머리로 생각하고 그의 동의 없이는 어떤 중요한 일도 하지 말 것이며, 주교 각자는 자신의 교구와 그에 딸린 지역에 관련된 일만 돌보아야 한다. 한편 머리가 되

은 대주교구 지역의 집단적 주교 관리 체제를 수립하면서, 그 이유를 교회적 삶의 질서 안에서 "성부와 성자와 성령이 영광 받으셔야 한다"는 데서 찾는다. 교회의 탁월한 속성인 '보편성'(catholicité)[04]은 보통 'universalité'라는 추상적 용어로 번역되지만, 그것은 삼위일체 하느님 교리의 빛 아래서만 자신의 진정한 의미를 드러낸다. '보편성'(혹은 '공번성')으로 번역되는 이 용어 '카톨리시테'(catholicité)의 구체적인 의미는 통일성만 아니라 다수성도 포함하고 있기 때문이다. 이 단어는 이 둘 사이의 일치, 통일성과 다수성의 동일성을 표시하며, 이 동일성은 교회를 그 전체로서 보편되게 할 뿐 아니라 그 각각의 부분 안에서도 보편되게 해준다. 각 부분이 전체와 똑같은 충만을 가지기에 전체의 충만은 부분들의 단순 합이 아니다. 교회의 보편성이라는 기적은 교회의 삶에서 구현되는 성 삼위 하느님의 고유

는 주교 또한 나머지 주교들의 동의 없이는 어떤 일을 해서도 안 된다. 이렇게 해서 서로의 일치가 지배하게 될 것이고, 하느님이 그리스도를 통해 성령 안에서 영광 받으실 것이다." *Les Constitutions apostoliques*, 3권 <Sources Chrétiennes> n° 336, Paris : Cerf, 1987, p.285.

04 역자주) 이 단어(희랍어 'καθολικός')의 정확한 번역을 찾기 쉽지 않다. 한국 교회의 관례를 보면, 개신교는 이 단어를 '보편성'으로, 가톨릭 교회와 정교회는 '공번성'으로 번역했다. 최근에 와서는 가톨릭 교회도 '보편성'이라고 번역하여 사용한다. 정교회만 '공번성'이라는 번역어를 여전히 사용하고 있는데, 일상에서 잘 사용되지 않는 용어라서 그 뜻을 이해하기 어렵다. 그래서 최근의 경향을 반영하여 '보편성'이라 번역한다. 하지만 '공번성'이든 '보편성'이든 이 용어는 정교회가 이 희랍어를 사용하며 드러내고자 하는 교회론적 함축을 정확히 살릴 수 없는 어려움이 있다. 독자들은 이 번역어에 집착하지 말고 정교회가 이 단어를 통해 말하고자 하는 바를 문맥 속에서 정확히 이해하길 바란다.

한 생명의 질서를 드러내준다. 탁월하게 보편된 성 삼위 하느님 교리는 모든 교회법의 본보기요, 교회법 중의 교회법이요, 모든 교회적 경륜의 토대다. 비록 삼위일체 교리와 정교회의 조직 구조 사이의 밀접한 연관을 공부하는 것이 큰 관심을 끌지만, 우리는 여기서 교회법 차원의 문제는 일단 제쳐두자. 왜냐하면 그것은 하느님과의 연합이라는 문제와 관련된 신학적 요소를 겨냥하고 있는 우리의 주제로부터 너무 멀리 나가는 것이기 때문이다. 바로 이러한 관점에서 우리는 동방교회의 교회론을 검토해 보고자 한다. 그것은 바로 인간 인격과 하느님의 연합이 실현되는 장으로서의 교회다.

알렉산드리아의 키릴로스 성인은 교회에 대해 이렇게 말한다.

> 교회는 율법을 지킴으로써 성화되는 거룩한 도성이 아니다. "율법은 아무것도 완전하게 하지 못했"(히브리 3:19)기 때문이다. 오히려 교회는 그리스도에 부합하는 존재가 됨으로써, 그리고 성령의 교통으로 말미암아 하느님의 본질에 참여하게 됨으로써 그렇게 된다. 이 성령은 우리가 모든 흠으로부터 정결케 되고 모든 불의로부터 벗어났을 때, 우리의 구속의 날을 그분의 날인을 통해 표시하셨다.[05]

---

05 St. Cyrille d'Alexandrie, *In Isaiam,* V, I, c. 52, § 1, *P.G.,* t. 70, col. 1144 CD.

우리가 성령의 샘에 다가갈 수 있는 것은 '그리스도의 몸 안에서'라고 이레네오스 성인은 말한다.[06] 그러므로 성령의 은총을 받기 위해서는 그리스도의 몸에 연합되어야 한다. 그럼에도 불구하고, 그리스도와의 연합과 은총의 수여, 둘 다 동일한 성령에 의해서 이루어진다. 막시모스 성인은 세상 안에서의 성령의 다양한 현존 방식을 구별한다.

> 성령은 만물의 보존자시요, 자연 속의 모든 종자에 생명을 수여하시는 분으로서 예외 없이 모든 사람 안에 현존하신다. 성령은 계명의 위반을 알려주시고 또 그리스도의 위격을 증언하심으로써, 율법을 가진 사람들 안에 현존하신다. 그리스도인들과 관련해서 성령은 그들 모두를 하느님의 아들로 만들어주심으로써, 그들 각각 안에 현존하신다. 지혜의 수여자로서 성령은 그들 모두 안에 현존하시는 것이 아니라, 단지 '이성적인 사람들', 다시 말해 하느님 안에서 투쟁하고 노력하여 성령의 거주와 신화(神化)에 합당하게 된 사람들 안에만 현존하신다. 하느님의 뜻을 행하지 않는 사람에게는 이성적인 마음(coeur raisonnable)이 없기 때문이다.[07]

이렇게 하느님과의 연합과 관련하여, 우주는 교회를 중심으로 삼는 다양한 동심원으로 배열되며, 교회의 지체들은 하느님의 아들이 된다. 그러나 아들이 되는 것은 최종 목표가 아

---

06 St. Irénée de Lyon, *Adv. Haeres.*, V, 24, § 1, *P.G.*, t. 7, col. 966 s.
07 St. Maxime le Confesseur, *Capita theologica et œconomica*, Centurie I, 73, *P.G.*, t. 90, col. 1209 A.

니다. 왜냐하면 교회 안에는 또 하나의 더욱 좁은 원, 즉 하느님과의 연합 안에 들어간 성인들의 원, 다시 말해 인용된 본문의 표현에 따르면 '이성적인 사람들'(τῶν συνιέτων)의 원이 존재하기 때문이다.

교회는 우주의 중심이고 우주의 운명이 정해지는 곳이다. 모든 것이 교회 안에 들어가도록 부름 받았다. 막시모스 성인의 말대로, 인간이 만약 '소우주'(microscosmos)라면, 교회는 '인간의 확장'(macro-anthropos)이기 때문이다.[08] 교회는 선택받은 자들을 자신의 품안에 받아들이고 또 그들을 하느님과 연합시키면서 역사 속에서 성장하고 형성되어 간다. 세상은 쇠락하고 노쇠해 가지만 교회는 생명의 원천이 되시는 성령에 의해 나날이 젊어지고 새로워진다. 어떤 시점에, 즉 하느님의 의지에 의해 결정된 성장의 충만에 교회가 이르게 될 때, 외적 세상은 자신의 생의 모든 원천을 다 소비하게 됨으로써 죽게 될 것이다. 그때, 교회는 영원한 영광 안에서 하느님 나라로 등장하게 될 것이다. 교회는 이렇게 해서 모든 피조물의 진정한 기초로 드러날 것이며 피조물들은 만물 안에 만물 되시는 하느님과 연합되기 위해 썩지 않을 것으로 다시 부활하게 될 것이다. 그러나 막시모스 성인에 따르면 어떤 것들은 은총을 '통해'(κατὰ χάριν) 연합될 것이지만 다른 것들은 은총 '바깥에'(παρὰ

---

08 St. Maxime le Confesseur, *Mystagogie,* cap.II-IV, *P.G.,* t. 91, col. 668-672.

τὴν χάριν) 있게 될 것이다.[09] 어떤 것들은 그들 존재 내부에 받아들인 에너지들에 의해 신화(神化)될 것이다. 그러나 다른 것들은 바깥에 머물러 있게 될 것이고 하느님께 저항하는 의지의 소유자에게 성령의 신화(神化)시키는 불은 참을 수 없이 뜨거운 외적인 불덩이가 될 것이다. 그러므로 교회는 현재의 삶 안에서 하느님과의 연합이 실현되는 장이다. 그리고 이 연합은 다가올 세상, 죽은 자들의 부활 이후에 완성될 것이다.

하느님과의 연합에 필요한 모든 조건은 교회에 주어졌다. 희랍 교부들이 자주 교회를 최초의 인간들이 신화(神化)된 상태에 이르러야만 했던 지상의 낙원과 동일시했던 것도 다 이 때문이다. 확실히, 인간의 본성은 이 원초의 불멸성과 비부패성을 더 이상 가지고 있지 않다. 그러나 이 죽음과 부패성은 영원한 생명을 향한 길이 되었다. 그리스도는 "죽음이 관통한 모든 것을 수용하셨고"[10] 또 자신의 죽음으로 이 죽음을 짓밟아 버리셨기 때문이다. 니싸의 그레고리오스 성인에 의하면 우리는 세례와 부활을 통해서 영원한 생명 안으로 들어간다. 그리스도의 죽음의 형상인 세례는 이미 우리의 부활의 시작

---

09 St. Maxime le Confesseur, *Quaestiones ad Thalassium,* LIX, *P.G.,* t. 90, col. 609 BC ; *Capita theol. et oeconom.,* Centuria IV, 20, *ibidem,* col. 1312 C.
10 St. Grégoire le Théologien, *Oration XXX* (4ᵉ *théologique,* 2ᵉ sur le Fils), *P.G.,* t. 34, col. 132 B.

이요, "죽음의 미로(迷路)로부터의 탈출"이다.[11] 아타나시오스 성인에 의하면, 세례를 통해서 그리스도인이 연합되는 그리스도의 몸은 "우리의 부활과 구원의 뿌리"다.[12]

교회는 지상의 낙원보다 더 위대한 것이다. 그리스도인의 상태는 최초 인간의 조건보다 더 훌륭하다. 우리는 하느님과의 교제를 회복할 수 없을 정도로까지 상실할 염려가 더 이상 없다. 우리는 단 하나의 몸 안에 포함되어 있고, "모든 죄와 흠으로부터 우리를 정화시키는 그리스도의 피가 이 몸 안에서 순환하고 있기 때문이다. 말씀이 육체를 수용하신 것은 우리가 성령을 받을 수 있게 하시기 위해서다."[13] 신화(神化)의 조건인 우리 안의 성령의 현존은 결코 상실될 수 없다. 교회의 지체들조차도 박탈당할 수 있는 '은총의 상태'(état de grâce)라는 개념이나 '대죄'(péché mortel)와 '소죄'(péchés veniel)의 구별 같은 것은 동방 전통에 매우 낯설다. 모든 죄는 그것이 아무리 작은 것일지라도 또 외부로 나타난 행동만이 아니라 마음 내부의 상태까지도 본성을 흐리게 만들 수 있고 은총의 흐름을 가로막을 수 있다. 은총은 비록 성령을 받은 인격과 연합되어 언제나 현존할 지라도 비활동적인 상태로 머물게 될 것이다. '그리스도 안

---

11 St. Grégoire de Nysse, *Oration catechetica magna*, cap.35, *P.G.*, t. 45, col. 88 s.
12 St. Athanase le Grand, *Oration III contra Arianos*, § 13, *P.G.*, t. 25, col. 393-396.
13 St. Athanase le Grand, *De incarnatione et contra Arianos*, § 8, *P.G.*, t. 26, col. 996 C. "Αὐτος ἐστι Θεὸς σαρκοφόρος, καὶ ἡμεῖς ἄνθροποι πνευματοφόροι."

의 삶'(la vie dans le Christ)¹⁴인 성사 생활(vie sacramentelle)은 본성을 변화시키는 은총을 얻기 위한 간단(間斷)없는 투쟁이요, 비록 구원의 객관적 조건들이 결코 그 사람에게서 철회되지는 않을지라도 끊임없이 상승과 추락이 교차하는 쉼없는 투쟁으로 표현된다. 동방의 영성에서 은총의 상태는 결코 절대적이고 정태적인 의미를 갖지 않는다. 그것은 사람의 나약한 의지의 열매에 따라 다양하게 나타나는 역동적이고 다채로운 현실이다. 하느님과의 연합을 열망하는 교회의 모든 지체는 어느 정도는 은총 안에 있기도 하고 또 어느 정도는 은총의 부재 상태에 머물기도 한다. 시리아의 에프렘 성인은 "교회는 항상 회개하는 자들의 교회이고 멸망하는 자들의 교회다"라고 말했다.¹⁵

죄악의 모든 공격으로부터 해방되고 은총 안에서 한없이 자라기 위해서는 그리스도 자신을 휘포스타시스로 가지는 본성의 통일성 안에 점점 더 깊이 뿌리 내려야 한다. 성체성혈성사(sacrement du corps et du sang)는 우리의 본성과 그리스도, 그리고 동시에 교회의 모든 지체와의 통일성의 실현이다. 요한 크리소스토모스 성인은 말한다.

---

14 이것은 니콜라스 카바질라스가 성사들을 다룬 저작의 제목이기도 하다.
15 P. G. Florovsky, *Les Pères orientalaux du IVᵉ siècle* (러시아어), Paris, 1931, p.232 에서 재인용함. 참고. St. Ephrem le Syrien, *Paraenetica* XXXVIII, éd. Assemani, texte syr.-lat., t. III, 493 s. ; *Testam.*, texte gr-lat., t. II, 241 ; *De Poenitentia*, gr-lat., t. III, 167-168 ; 175 ; Th. J. Lamy, *St. Ephraemi Syri hymni et sermones,* Mechliniae, 1882, I, 358.

이 성사의 위대함과 이 예식(禮式)의 목표와 그 결과를 배워보
자. 성경의 가르침대로, 우리는 단 한몸, 그 몸의 지체들이요
그 뼈의 뼈들이 된다. 그분이 우리에게 주시는 양식이 그렇
게 만들어준다. 마치 모든 몸이 머리와 연결되어 있듯이, 그
분은 우리 모두가 단 하나가 되도록 우리와 섞이신다.[16]

다마스커스의 요한 성인은 이를 더욱 구체화시킨다.

만약 성사가 그리스도와의 연합이요 동시에 사람들 서로 간
의 연합이라면, 그것은 우리와 함께 그것을 받는 모시는 모
든 사람과의 통일성을 우리에게 선사해 준다.[17]

**성만찬 전례 속에서, 교회는 그리스도와 연합된 단 하나의
본성으로 나타난다. 신신학자 시메온 성인은, 그의 찬양시 중
하나에서, 우리를 실질적으로 그리스도의 지체로 만들어주는
성만찬 연합에 대해 이렇게 찬미한다.**

오, 주님이시여! 당신은,
이 인간의 몸, 이 부패할 성전이
당신의 거룩한 살과 연합할 수 있도록,
내 피가 당신의 피와 섞일 수 있도록 허락하셨나이다.
이제 당신의 투명하고 또 반투명한 지체가 된 나는
기뻐 어쩔 줄 모르겠나이다.
내가 무엇으로 변화되었는지 알게 되었나니,

---

16 St. Jean Chrysostome, *In Joannem,* homil. XLVI, *P.G.,* t. 59, col. 260.
17 St. Jean Damascène, *De fide orthodoxa,* IV, 13, *P.G.,* t. 94, col. 1153 B.

오! 놀라움 자체여!
두렵고 부끄러운 마음으로
당신을 흠숭하며 또 경외하나이다.
이 신화(神化)된 두렵고 새로운 이 지체를
어디에 두고 어떻게 써야 할지 알지 못하겠나이다.[18]

이 성만찬의 연합은 그리스도의 몸과 피와 결코 분리될 수 없는 '신성의 불'을 우리의 본성 깊은 곳에까지 도입한다.

나는 불(火)과 교제하나이다.
지푸라기에 불과한 내가.
하지만, 오, 놀라운 기적이여!
나는 불타면서도 타 없어지지는 않음을 느끼니,
흡사 옛적 모세가 보았던
불타는 가시떨기 나무와 같나이다.[19]

교회 안에서 성사를 통해, 우리의 본성은 신비한 몸의 머리이신 성자의 휘포스타시스 안에 있는 신적 본성과 연합한다. 우리의 인간 본성은 그리스도의 위격 안에 연합된 그분의 신화(神化)된 인간성과 동일한 본질이 되지만, 우리의 인격은 아직 그 완전에 이르지 못한다. 바로 이 지점에서 "신화된 놀랍고 두려운" 자신의 지체로 무엇을 해야 하는지 알지 못해 두

---

18 St. Syméon le Nouveau Théologien, trad. fr., *Vie spirituelle*, XXVII, 3, 1931, p.309-310.
19 위의 책, p.304.

려움과 부끄러움으로 가득 찼던 시메온 성인의 주저함이 나온다. 우리의 본성은 그리스도의 몸인 교회 안에서 그리스도와 연합되며 이 연합은 성사적 삶에서 실현된다. 그러나 이 한 본성에 참여하는 각 인격은 그리스도에 부합되게 변화되어야 한다. 또한 창조된 본성과 창조되지 않은 은총의 충만을 결합시키고, 또 성령이 그리스도의 몸의 각 지체에게 선사하시고 또 그들의 것이 되게 하시는 신성을 자기 안에서 결합시켜 냄으로써, 인간 휘포스타시스들 또한 '두 본성을 가지는 존재'가 되어야 한다. 왜냐하면, 교회는 그리스도의 휘포스타시스 안에서 한 본성으로 통일된 것일 뿐만 아니라, 성령의 은총 안에 있는 다양한 휘포스타시스들이기 때문이다.

그러나 이 다양성은 오직 통일성 안에서만 실현될 수 있다. 그리스도인의 삶, 그리스도 안에서의 삶은, 부패시키는 다양성, 즉 인간을 파편화시키는 개인의 다양성으로부터 순수 본질의 통일성을 향해 나아가는 길이다. 성령 안에서 하느님과 연합된 인격들의 새로운 다양성이 바로 이 순수 본질의 통일성 안에서 새롭게 등장한다. 성령의 신화(神化)하는 불꽃을 동화시킨 성인들의 인격 안에서 발견되듯이, '아래로부터' 수많은 개인의 파편적 본질로 나뉘어졌던 것이 '위로부터' 새롭게 구분되기 위해서는 먼저 단 하나의 토대이신 그리스도 안에 연합되어야 한다.

인격적 존재를 추구하는 것은 적절치 않다. 인격의 완전은 전적(全的) 포기와 자기를 단념하는 것을 통해 실현되기 때문이다. "나와 함께 모아들이지 않는 사람은 헤치는 사람이다"(마태오 12:30)라 하셨듯이, 스스로 서고자 하는 모든 인격은 그리스도의 사역에 역행하는 일을 행함으로써 결국 본성의 파편화로 굴러떨어질 것이며 특수하고 개인적인 존재로 귀착될 뿐이다. 그러나 한편, 각 인격의 고유한 소유가 되어야 할 은총을 모아들이고 획득하기 위해서는 자기의 고유한 본성을 - 그러나 실상 그것은 공통된 본성이다 - 그리스도와 함께 일소하고 또 포기해야 한다. "너희가 남의 것에 충실하지 못하다면 누가 너희의 몫을 내어주겠느냐?"(루가 16:12) 우리의 본성은 남의 것이다. 그리스도가 그분의 보배로운 피로 우리의 본성을 얻으셨다. 반대로 창조되지 않은 은총은 이제 우리의 것이다. 그것은 성령에 의해 우리에게 주어졌다. 이것이 바로 교회의 헤아릴 수 없는 신비다. 교회는 그리스도와 성령의 사역이요, 그리스도 안에서는 하나이고 성령 안에서는 다양하다. 다시 말해, 교회는 '그리스도의 휘포스타시스 안에 있는 단 하나의 인간 본성이요, 성령의 은총 안에 있는 다양한 인간적 휘포스타시스들'이다. 하지만 무엇보다도 교회는 하나다. 교회는 그리스도의 위격 안에서 하느님과 연합된 한 몸이요 한 본성인 반면, 우리 각 인격 안에서 이루어지는 하느님과의 완전하고도 인격적인 연합은 다가올 세상에서 완성될 것이기 때문이다. 교회가 우리에게 제공하는 성사적 연합들, 심지어 모든 것들 중에서도 가장 탁월한 성사인 성만찬 성사를 통한 연합조차도, 그리스도의 위격 안에 수용된 우리의 본성과 관련된다. 우리의 인격과 관련해서 볼 때, 성사는 수단이요, 우리 안에 계시는 성령의 도움으로 우리의 의지가 하느님의 의지에 일치되어가는 간단없는 투쟁 속에서 우리 자신의 것으로 실현되고 획득되고 그렇게 해서 진정 우리 자신의 것이 되어야 할 것들이다. 교회의 성사는 우리의 본성에 아낌없이 부어짐으로써 우리를 영적 삶에 적합한 존재로 만들어 주고, 이 영적 삶 안에서 우리 인격과 하느님의 연합이 성취되어 간다. 우리의 본성은 교회 안에서 이 연합의 모든 객관적 조건들을 제공받는다. 주관적 조건들은 단지 우리 자신에 의존할 뿐이다.

바울로 사도가 그의 가장 탁월한 교회론적 편지인 「에페소인들에게 보낸 편지」에서 보여주듯이, 교회는 두 측면을 가지고 있음을 우리는 이미 수차에 걸쳐 언급한 바 있다. 교회의 이 두 가지 측면, 이 두 가지 근본적 특징은 너무나도 서로 밀접히 연결되어 있기에 바울로 사도는 그것을 단 한 구절(에페소 1:23)로 표현했다. 17-23절[20]에 걸쳐서 바울로 사도는 교회를

---

20 역자주) [17]그리하여 우리 주 예수 그리스도의 하느님, 영광의 아버지께서 당신을 알아보게 하는 지혜와 계시의 영을 여러분에게 주시기 바랍니다. [18]바로 [여러분의] 마음의 눈을 비추시어, 여러분이 다음 사실을 알게 하시기 바랍니다. 곧 하느님의 부르심이 얼마나 희망에 차 있는지, 성도들에게 베

성 삼위 하느님의 경륜의 완성으로, 성자와 성령의 사역을 통한 성부의 계시로 표현한다. 영광의 성부는 신자들에게 지혜와 계시의 성령(πνεῦμα σοφίας καὶ ἀποκαλύψεως)을 주신다. 그것은 신자들이 인격적 연합의 소명(κλήσις)을 깨닫게 하려함이다. 그것은 또한 실제적인 연합을 실현시킨 수많은 사람과 성인에게서 드러나는 그 상속(κληρονομία)의 영광의 풍요를 깨닫게 하려함이다. 성령은 성부가 성자를 통해 이루신 신적 사역을 우리에게 깨우쳐주신다. 그리스도의 신성에 대한 증언이 바로 그것이다. 교회의 그리스도론적 측면은 이렇게 교회의 성령론적 측면을 통해서 우리에게 계시된다. 성령은 각자에게, 성부가 만물을 그 발 아래 놓으시고 교회의 머리로 세우신 분, 또 죽은 자들 가운데서 살리시고 자기의 우편에 앉게 하셔서 모든 권세와 능력과 또 현재와 미래에 있을 모든 이름 위에 있게 하신 그리스도를 보여준다. 그러고 나서 곧바로 교회에 대한 정의가 뒤따르는데(23절), 거기서, 이 두 측면, 즉 그리스도론적 원리와 성령론적 원리는 동시적으로 주어지고, 최상의 종

> 푸시는 당신의 영광스러운 상속이 얼마나 부요한지, [19]또한 당신의 강력한 힘의 작용에 의해, 믿는 사람들인 우리에 대한 당신의 권능이 얼마나 뛰어나게 큰지 알게 하시기 바랍니다. [20]하느님께서는 그리스도 안에서 작용하시어 죽은 이들 가운데서 그분을 일으키시고 하늘에서 당신 오른편에 앉히시어 [21]모든 권력과 권세와 능력과 주권의 천신들 위에, 그리고 현세에서뿐 아니라 내세에서도 불려지는 온갖 이름 위에 군림하게 하셨습니다. [22]그리고 만물을 그분 발 아래에 굴복시키셨고 그분을 만물 위에 교회의 머리로 삼으셨습니다. [23]교회는 그분의 몸이요, 만물 안에서 만물을 충만케 하시는 그분의 충만입니다.(에페소 1:17-23, 가톨릭 『200주년기념성서』에서 인용)

합 안에 거의 함께 용해된다.

> 교회는 그분의 몸이요, 만물 안에서 만물을 충만케 하시는 그분의 충만입니다.(에페소 1:23)[21]

교회는 그리스도에 의해 총괄되고 또 그의 휘포스타시스 안에 포함된 우리의 본성이다. 그것은 또 신-인(神-人)적(théandrique) 유기체다. 그렇지만 우리의 본성이 그리스도의 몸 안에 총괄되었다 할지라도, 그것이 인간 인격들의 자유를 제거해 버리고 또 인격들 그 자체를 무(無)로 만들어 버리는 물리적이고 무의식적인 신화(神化)의 과정으로 인도하는 것은 결코 아니다. 죄의 결정론에서 단번에 해방된 우리는 또한 신적 결정론에도 빠지지 않는다. 은총은 자유를 파괴하지 않는다. 은총은 인간 본성의 휘포스타시스이시고 머리이신 성자로부터 비롯되는 결합의 힘이 아니기 때문이다. 오히려 은총은, 성자에 의존하지 않는 또 하나의 위격적 원리와 원천을 가지는데, 그것은 성부로부터 발생하시는 성령이시다. 이렇게 교회는 유기성과 인격성, 필연과 자유, 객관과 주관의 특징을 동시에 지니며, 안정되고 견고한 현실이면서 동시에 형성 중에 있는 현실이다. 그리스도의 '휘포스타시스 안에 연합된'(enhypostesiée) 교회는 서로 불가 분리하게 연합된 두 의지, 두 본성을 가진

---

21 희랍어 성경 본문은 "ἥτις ἐστὶν τὸ σῶμα αὐτοῦ, τὸ πλήρωμα τοῦ τὰ πάντα ἐν πᾶσιν πληρουμένου." 이다.

신-인적 존재요, 그리스도의 위격 안에서 실현된 피조물과 하느님의 연합이다. 다른 한편, 그 본성의 다양한 휘포스타시스들인 인간 인격들 안에서, 교회는 단지 잠재적으로만 자신의 완전에 이른다. 성령은 각 인격에게 자신을 내주신다. 성령은 그리스도의 몸의 각 지체에게 신적 상속 유산의 충만을 열어주신다. 그러나 교회의 인간 인격들, 피조물인 인간 휘포스타시스들이 자유롭게 하느님과의 완벽한 연합을 향해 고양되지 않는다면, 또한 성령의 은총과 자신의 의지로 자신 안에 이 연합을 실현하지 않는다면, '두 본성을 가진' 존재가 될 수 없다. 성자의 신적 휘포스타시스는 우리를 향해 내려오셨고 '창조된 본성'(인성)과 '창조되지 않은 본성'(신성)을 자신 안에서 결합시키셨다. 그것은 인간적 휘포스타시스들이 하느님을 향해 고양되고, 이제는 반대로 성령 안에서 '창조되지 않은 은총'과 '창조된 본성'을 자기 안에 결합시키도록 하려함이다.

우리는 성령의 은총 안에서 우리의 인격을 실현하고 건축해 나가도록 부름 받았다. 그러나 바울로 사도의 말처럼 우리는 이미 확립된 토대요 흔들리지 않는 반석이신 그리스도 위에서 건축한다. 자신의 신적 위격 안에 우리의 본성을 수용하신 그리스도 위에 굳게 기초해서, 우리는 창조된 인격인 우리 자신 안에 하느님과의 연합을 담아내야 한다. 이 연합이란 그리스도처럼 우리도 두 본성을 가진 인격이 되는 것이다. 막시모스 성인의 대담한 주장을 따라 다시 말한다면, 우리는 "은총의 획득을 통해서 창조된 본질과 창조되지 않은 본질을 통일성과 동일성 안에 나타냄으로써, 사랑으로 이 둘을"[22] 결합시켜야 한다. 그리스도의 위격 안에서 성취된 연합은 성령과 우리의 자유를 통해서 우리의 인격들 속에서 또한 성취되어야 한다. 그로부터 교회의 두 측면, 즉 완성의 측면과 형성의 측면이 나온다. 형성은 완성이라는 객관적 조건에 바탕을 둔다.

그리스도론의 측면에서, 교회는 두 본성, 두 활동, 두 의지를 가진 유기체로 나타난다. 교회사에 나타났던 모든 그리스도론적 이단들은 교회론과 관련해서 새롭게 되살아날 것이고 재생산될 것이다. 그래서 우리는 교회론적 네스토리우스주의의 출현, 다시 말해 교회를 구분되는 두 존재로 분리시키길 원하는 자들의 오류를 목도한다. 이를테면 눈에는 보이지 않으나 유일하게 참되고 절대적인 '천상의 교회'(l'Église céleste)와 불완전하고 상대적이며 어둠 속에서 방황하지만 가능한 범위 안에서 초월적 완전에 다가가려 애쓰는 인간 집단으로서의 '지상의 교회'(l'Église terrestre) 혹은 '교회들'(les églises)을 구별하는 것이 그런 예이다.

반대로 교회론적 단일본성론에 따르면, 교회는 각각의 세부적인 것에 이르기까지 모두가 신성하고 그래서 모든 것이

---

22 St. Maxime le Confesseur, *De ambiguis*, P.G., t. 91, col. 1308 B.

신적 필연성의 특징을 지닐 수 밖에 없고, 그 결과 인간의 자유나 '시너지'(synergie, 협력)의 자리는 그 안에 존재하지 않는다. 인간적 차원을 배제하는 이 위계 조직 안에서 사람과 하느님의 협력은 그 자리를 발견할 수 없고 따라서 어떤 것도 변화되거나 수정될 수 없는 탁월한 신적 현실로 이해된다. 그것은 정확하게 거행된 성사와 예식에서 발휘되는 구원의 마술적 능력과 같은 것이 된다.

서로 반대되는 이 두 경향의 교회론적 이단은 거의 동시에 17세기 말엽에 등장했다. 전자는 콘스탄티노플 총대주교좌의 영내에서 키릴로스 루카리스의 동방적 개신교주의의 형태로 등장했고, 후자는 러시아에서 '구(舊)예식(vieux rite) 신봉자들'이라 명명된 이단 분파(라스콜, raskol)의 형태로 발전했다. 이 두 교회론적 오류는 예루살렘과 모스크바의 여러 중요한 공의회에 의해 분쇄되었다. 교회론적 단일의지론(monothélitisme)은 교회의 목적인 구원을 위해 교회가 외부 세계를 향해 펼치는 경륜을 부정하는 것으로 표현된다. 그에 반대되는 오류는, 반(半)네스토리우스주의의 그리스도론적 이단들에서 그 전신을 찾아볼 수 있는데, 세상을 향한 교회의 경륜적 목표들을 위해서라면 진리조차도 희생시킬 준비가 된 타협의 태도에서 발견된다. '에큐메니즘' 혹은 그와 유사한 운동들의 교회론적 상대주의가 바로 그것이다. 그리스도의 인간 본성 안에서 인간적 영의 존재를 부정하는 아폴리나리오스주의 이단은 교회론 영역에서는, 예를 들자면 교회의 교리적 과제에서 인간의 충만한 의식을 허용치 않으려는 태도로 되살아난다. 그에 따르자면 진리는 공의회에서 참석자들과는 무관하게 마치 '데우스 엑스 마키나'(deus ex machina, 기계적으로 작동하는 신)처럼 계시된다.

이렇게 교회가 신-인적 유기체, 더 정확히 말해, 성자의 휘포스타시스 안에서 하느님과 불가분리하게 연합된 '창조된 본성'이요, 그리스도가 그러하시듯이, 떨어질 수 없지만 동시에 구별되는 두 본질과 두 의지와 두 활동을 가지는 존재인 한, 그리스도에 관해 긍정되거나 혹 부정될 수 있는 모든 것은 곧바로 교회에 관해서도 동일하게 적용될 수 있다. 그리스도론의 이 구조는 교회 안에서의 성령의 영속적이고 필연적인 사역, 즉 숨을 통해 사도 집단에 성령을 불어넣어주신 그리스도와 관련되는 성령의 기능적 행위를 결정짓는다. 성령과의 이 비인격적 연합, 교회 조직의 이 조건적 거룩성은 인격이나 지향과는 독립된 객관적 특징을 성직자의 예식 행위에 제공해준다. 그러므로 교회에서 거행된 거룩한 성사와 예식은 동시에 발휘되는 두 의지와 두 활동을 포함한다. 사제는 제단의 빵과 포도주를 축복하면서 성령을 부르고, 성령은 성만찬 성사를 이루신다. 또 고백성사를 받는 사제는 사죄의 말을 선언하고, 고백된 죄는 하느님의 의지로 용서된다. 또 주교는 성직 서품자의 머리에 안수하며 성령은 사제적 은총을 선사한다. 이와 같은 두 의지의 일치는 비록 조금의 차이는 있을지라도 주교 권한의 행사에서도 발생한다. 주교 권한으로부터 나오는 행위들은 강제성을 띠는데, 그 이유는 주교가 신적 권한으로 행동하기 때문이다. 주교의 의지에 복종함으로써 우리는 하느님의 의지에 복종한다. 그러나 여기서 개인적 요소는 불가피하다. 만약 주교가 개인적으로 은총을 얻지 못했다면, 또 성령에 의해 밝히 조명된 지성을 가지지 못했다면, 그는 인간적 동기에 따라 행동할 수 있다. 그는 그에게 주어진 신적 권한의 행사에 있어서 오류를 범할 수 있다. 확실히 주교는 하느님 앞에서 자신의 행동에 대해 책임지게 될 것이다. 그러나 어쨌든 주교가 교회법에 반해서 다시 말해 교회의 공통된 의지와 불일치하게 행동하여 분열의 원인이 되고 교회의 일치 밖에 서게 되는 경우를 제외한다면, 그는 객관적이고 강제적인 성격을 가지게 될 것이다. 공의회의 결정은 교회 안에의 두 의지의 일치를 표현해준다. 모든 공의회의 모범이 되는 사도들의 첫 번째 공의회가 "성령과 우리에게 좋은"(사도행전 15:28)이라는 정식을 통해 자신의 결정들을 내오게 된 것도 이 때문이다. 하지만 공의회가 객관적이고 강제적인 결정들을 통해 전통을 증언한다 할지라도, 그것들이 증언하고 선포하는 진리 그 자체는 교회법적 형식에 결코 종속되지 않는다. 실제로 '전통'(Tradition)은 성령론적 특성을 가진다. 전통은 '교회가 성령 안에서 살아가는 삶'이다. 진리는 그 내적 명증성으로 인해 스스로 발현되며, 교회의 모든 자체들에게 주어지기에 그 밖의 어떤 외적 기준을 가질 수 없다. 모두가 신앙의 진리를 깨닫고 보존하며 수호하도록 부름 받았기 때문이다. 여기서 그리스도론적 측면은 교회의 보편성 안에서 성령론적 측면과 조화를 이룬다. 그리스도로부터 '부여받은' 권한으로 교회는 성령이 '계시해 주는' 것을 확인하고 선포한다. 그러나 인간 지성으로는 헤아릴 수 없는 신앙의 신비를 구체적인 교리로 정의하고 표현하고 견지하는 기능은 말씀의 육화에 기초를 둔 교회의 그리스도론적 측면에 속한다.

동일한 원리가 거룩한 형상(이콘)에 대한 신앙적 인식의 기초가 된다. 그것들은 비가시적인 것을 표현해주고 그것을 진정 현존하고 가시적이고 살아있는 것으로 만들어준다. 이콘(icône)이나 십자가는 기도할 때 우리의 상상력을 이끌어가는 단순한 형상물이 아니다. 그것들은 인간의 예술과 연합된 신적인 에너지 혹은 신적 덕이 머무는 물질적 중심이다.

마찬가지로 축성된 물, 십자 성호, 전례에서 봉독되는 성경 본문, 성가, 전례 도구, 교회 장식, 향, 촛불은 실제적 의미에서의 상징(symbole)들, 영적 세계의 현존의 물적 표상이다. 전례적 상징주의(le symbolisme rituel)는 영적 차원의 현실을 상기시켜주기 위해 우리 감각에 호소되는 어떤 표상 그 이상이다. '기억' 혹은 '기념'을 뜻하는 희랍어 '아남네시스'(ἀνάμνησις)는 단순히 회상(回想)을 의미하는 것이 아니다. 그것은 오히려 신비에의 입문, 교회 안에 언제나 현존하는 하나의 현실에 대한 계시(啓示)다. 막시모스 성인이 전례적 상징들에 대해 말하는 것은 바로 이러한 의미에서다. 막시모스 성인에게 있어서, 성만찬 전례는 하느님의 구원 섭리 전체를 보여주는 것이다. 거룩한 성찬 예배에서의 '첫 번째 입당'(소입당)은 구세주의 첫 번째 오심을 나타낸다. 대주교가 제단과 그의 보좌로 올라가는 것은 '승천'을 형상화한다. 신자들의 입당은 이방인들이 교회에 들어감을 상징한다. 죄의 용서는 특수한 방식으로 각 인격들을 향한 하느님의 의지를 계시해 주는 하느님의 심판을 상징한다. 성가(聖歌)는 순전한 마음들이 하느님을 향해 고양될 때 느끼게 되는 기쁨을 표현해 준다. 평화의 기원은 치열한 금욕적 투쟁에 뒤따르는 관상의 평화로운 삶을 상기시켜 준다. 복음경 봉독, 대주교가 주교좌에게 내려오는 것, 예비 신자들과 참회자들이 교회 밖으로 나가는 것, 교회 문을 잠그는 것 등은 마지막 심판, 즉 주님의 재림, 선택된 자들과 정죄될 자들의 구분, 가시적 세계의 사라짐 등을 의미한다. 이어서 성체 성혈의 입당(대입당)은 위로부터의 계시를 보여주고, 평화의 입맞춤은 하느님 안에서 점진적으로 실현되는 모든 영혼의 일치를 나타낸다. 신앙 고백은 선택된 자들의 크나큰 감사이며, 삼성송(Sanctus)은 영원한 운동 속의 부동성 안에서 순일(純一)하게 존재하시는 성 삼위 하느님을 높이고 찬양하는 천사들의 합창대를 향한 영혼의 상승이다. 주기도문은 그리스도 안에서 우리가 아들이 되었음을 나타내주고, "거룩한 분도 한 분, 주님도 한 분 …"이라 선포하는 마지막 찬양은 피조물이 하느님과의 연합의 그 심연 안에 들어가는 숭고함을 생각하게 해준다.[23] 교회의 축일은 우리로 하여금 단순한 역사적 사실을 뛰어넘는 심오한 차원에서 그리스도의 지상 생애의 여러 사건과 국면들에 참여하게 해준다. 교회 안에서 우리는 외부에 있는 관객이 아니라 성령을 통해 밝히 알게 된 증인이기 때문이다.

우리는 교회의 그리스도론적 측면, 다시 말해 그리스도는 자신의 신비한 몸의 머리가 되시고 우리의 본성은 그의 위격 안에 연합되고 포함되었다는 것, 그리고 교회는 이를 통해서 두 본성(신성과 인성)을 가진 유기체가 된다는 것과 그러한 사실에 기초를 둔 교회의 변함없는 객관적인 제 조건을 검토했다. 그러나 이미 말한 바와 같이, 교회의 목적인 각 인간 인격 안에서 실현되어야 할 하느님과의 연합과 관련해서 볼 때, 보다 내밀(內密)해서 분명하지는 않지만 위에서 언급한 측면에 버금가게 중요한 또 하나의 측면을 추상화시켜 버린다면 교회는 불완전한 것이 되어 버린다. 그것은 바로 교회의 성령론적 측면으로, 이것은 오순절 성령 강림에 그 근원을 둔다. 교회의

---

23 St. Maxime le Confesseur, *Mystagogie,* cap.8-21, *P.G.,* t. 91, col. 688-697 ; H. von Balthasar, *Kosmische Liturgie,* p.326-327.

이 두 측면의 차이는 성사들, 예식들, 직제, 교회의 권위, 예배와 성스러운 상징들 속에서 이미 결정된 필연성의 특징을 지니는 은총의 현존 양식과, 교회 안에서의 은총의 또 다른 차원, 즉 외적이고 기능적일 뿐 아니라 '은총을 얻은 존재'와 결부되어 있는 은총의 보다 내밀한 현존, 다시 말해 교회 안의 각 인격들에게 고유한 것, 획득된 것, 개인적인 것으로 존재하는 은총의 현존을 비교해 본다면 더욱 분명해진다. 전자에서 은총의 현존이 객관적인 것이라면, 후자에서는 불확실성이라는 부정적 의미와는 다른 의미로서의 주관적인 것이라고 말할 수 있을 것이다. 아니면 첫 번째 현존이 기저에 이미 정해진 형태로 존재하는 것이라면 두 번째 현존은 선택적인 것이라고 말할 수도 있을 것이다. 성유해들, 성모 발현 혹은 성인들의 기도로 성화된 장소들, 기적의 샘들, 신비한 힘을 지닌 이콘들, 카리스마적인 은사들, 기적들, 또 은총을 획득한 인간 인격들과 성인들 안에서의 은총의 발현들이 바로 그런 현존의 예들이다. 인격들 안에서 또 인격들에 의해서 마치 그들 자신의 힘처럼 발휘되는 것이 바로 이런 현존 양태로 존재하는 은총이다. 그것은 다시 말해 하느님과의 연합을 실현한 '창조된 인격들'이 자신의 것으로 획득한 신적이고 창조되지 않은 덕들이다. 성령은 신화(神化)의 연합을 실현하도록 부름받은 인간 인격들에게 신성을 공급하시기 때문이다. 이 연합의 신비는 다가올 세상에서 확연하게 드러날 것이지만, 그 전조는 이미 이곳에서 하느님에 동화되고 일치된 사람들 안에서 투명하게 비쳐질 것이다.

이렇게 해서, 우리는 그리스도론적 측면에서 교회는 절대적 안정성으로, 또 바울로 사도가 언급했던, 움직이지 않는 토대로 나타난다고 말할 수 있다.

> 여러분이 건물이라면 그리스도께서는 그 건물의 가장 요긴한 모퉁잇돌이 되시며 사도들과 예언자들은 그 건물의 기초가 됩니다. 온 건물은 이 모퉁잇돌을 중심으로 서로 연결되고 점점 커져서 주님의 거룩한 성전이 됩니다. (에페소 2:20-21)

바울로 사도가 위 인용된 본문의 마지막에서 겨냥했던 것과 같이, 성령론적 측면, 즉 인간 인격들과 관련된 성령의 경륜의 측면에서 보면, 교회는 역동적인 성격들 가지며 그 궁극적 목표 즉 각 인격의 하느님과의 연합이라는 목표를 향해 서 있다. 그리스도론적 측면에서는 교회가 그리스도의 몸으로 나타난다면, 성령론적 측면에서는 마치 하나의 불기둥 끝에서 갈래갈래 펼쳐지는 불꽃과 같다고 할 수 있다. 이 두 측면은 분리될 수 없다. 그럼에도 불구하고 첫 번째 측면에서 교회는 그리스도의 휘포스타시스 안에 존재하는 반면, 두 번째 측면에서는 머리되시는 그리스도의 존재와는 구별되는 우리 자신의 고유한 존재를 발견할 수 있다.

실제로, 우리가 신랑 신부의 연합으로 비유된 그리스도와 교회의 연합이라는 바울로 사도의 이미지를 취한다면, 우리는 신랑이 혼인을 통해 '한 몸을 이룬'(에페소 5:31)[24] 부부의 머리인 것처럼, 그리스도도 그 몸의 머리 즉 교회의 머리가 된다는 사실을 확인할 수 있다. 바울로 사도가 "이는 큰 신비입니다. 그러나 나는 그리스도와 교회를 두고 이 말을 합니다"(에페소 5:32)[25]라고 말했듯이, 이 신비한 연합 안에서, 단 하나의 몸, 둘에 공통된 본성은 신랑이신 그리스도의 휘포스타시스를 부여받는다. 즉 교회는 '그리스도의 교회'가 된다. 그러나 신랑 아래에 있고 또 신부로서 신랑과는 구별되는 교회는 이 연합의 또 다른 한 인격으로 남아있다. 육체적 사랑의 연합이라는 이미지로 그리스도와 교회의 연합을 표현했다고 교부들이 해석했던 '아가서'와 구약 성경의 다른 여러 본문에서도, 신부는 반드시 인격적 특징을 가지고 나타난다. 그것은 신랑에 의해 사랑받고 또 반대로 신랑을 사랑하는 한 인격이다. 우리는 불가피하게, 머리이신 인격과는 구별되는 또 하나의 인격, 즉 교회의 인격이 무엇인지, "단 하나의 몸으로"라는 이 연합 안에서 신부는 도대체 누구인지, 교회의 고유한 휘포스타시스는 무엇인지 자문해야만 한다. 그것은 분명 성령의 휘포스타시스는 아니다. 앞의 장에서 우리가 보았듯이, 성령은 성자와는 달리 자신의 위격적 도래 안에서도 위격으로는 숨겨져 드러나

---

24 οἱ δύο εἰς σάρκα μίαν.
25 τὸ μυστήριον τοῦτο μέγα ἐστίν, ἐγὼ δὲ λέγω εἰς Χριστὸν καὶ εἰς τὴν ἐκκλησίαν.

시지 않으며 또한 자신의 휘포스타시스를 교회에 공여하시지도 않는다. 성령은 인간 인격들에게 신성 혹은 신화(神化)의 에너지들이라는 제2의 본성을 부어주시고, 또 그들 속에 숨어버리시고 동화되신다. 성령은 인격들의 신화(神化)의 원천이 되고 또 그들 각각 안에서 창조되지 않은 풍요의 샘이 되신다. 성령은 각 인격에게 자신의 긍극적 완전을 선사해 주시지만, 교회의 인격이 되시지는 않는다. 실제로 성령은, 그리스도가 본질을 포함하듯이, 자신 안에 인간적 휘포스타시스를 포함하시지는 않는다. 반대로 성령은 각 인격들에게 다르게 자신을 내어주신다. 그리스도의 신부로 존재하는 교회는 그러므로 창조된 휘포스타시스의 다양함으로 나타난다. 하나의 본성을 가지는 교회의 여러 휘포스타시스는 인격 아니 오히려 인간 인격들이다. 교부들이 '아가서 주석'에서 신부를 교회로, 또한 하느님과의 연합 안에 들어가는 각 인격으로 이해한 것도 다 이런 까닭에서다. 그러나 바울로 사도처럼, "이 신비는 참으로 크도다"라고 말해 마땅하다. 이 신비는 다가올 세상에 속하는 것으로, 그때 교회는 성령 안에서 자신의 완전에 이르게 될 것이고, 또 각 인간 인격들은 자신 안에서 그들의 '창조된 본성'을 '창조되지 않은 충만'과 결합시킴으로써 신화(神化)된 인간 휘포스타시스들이 될 것이며, 그렇게 해서 창조되지 않으신 신적 휘포스타시스이신 그리스도를 둘러싸게 될 것이다.

그러므로 이 세상의 종말, 죽은 자들의 부활과 마지막 심판

이전에는 어떤 인간 인격도 하느님과의 완전한 연합에 이르지 못할 것이기에 교회는 고유한 휘포스타시스, 창조된 휘포스타시스를 가지지 않을 것이라는 주장이 나올 것이다. 그러나 이렇게 말하는 것은 교회의 심장, 교회의 가장 비밀스러운 신비 중 하나이며 그 중심이 되는 것, 다시 말해 교회의 완전성이 하느님과 충만하게 연합되어 이미 부활과 심판을 넘으신 한 인간 인격 안에서 이미 실현되었다는 것을 알지 못하는 것이다. 이 인격은 바로 성모(聖母) 마리아시다. 말씀이신 분께 인간성을 주시고 인간이 되신 하느님을 세상에 낳으신 마리아는 성령에 의해 정화된 자신의 본성 안에서 자발적으로 성육화의 도구가 되셨다. 그러나 성령은 오순절에 다시 한번 동정녀에게 임하셨는데, 이번에는 그녀의 본성을 도구로 사용하기 위해서가 아니라 오히려 그녀의 인격에 자신을 내어주시고 또 그녀의 신화(神化)를 위한 도구가 되시기 위해서였다. 그리고 '말씀'(Verbe)을 자신 안에 품은 지극히 순결한 인간 본성은 성모님의 인격 안에서 신성과의 완벽한 연합 안에 들어갔다. 그녀가 여전히 세상에 머물면서, 죽음에 이르기까지 인간의 모든 삶의 조건들 아래 종속되어 있었다면, 그것은 바로 그녀의 아들 그리스도의 자발적인 '케노시스'(κένωσις)를 다시 한번 이루기 위함이었다. 그러나 죽음은 그녀를 언제까지나 사로잡고 있을 수 없었다. 그녀의 아들 그리스도처럼 그녀 또한 부활했고 하늘로 올라가셨으며, 그렇게 해서 이 세상 창조의 최종 목표를 자신 안에 실현시킨 최초의 인간 휘포스타시스가 되셨다. 교회와 우주 전체는 그로부터 자신의 완성을 이미 소유하게 되었고 모든 피조물에게 신화(神化)의 길을 열어 밝히 보여준 최고의 인격을 가지게 되었다.

그레고리오스 팔라마스 성인은, 마리아에 관한 설교에서, 모든 창조된 완전과 창조되지 않은 완전을 자신 안에 결합하고 창조 세계의 아름다움을 절대적으로 구현한 창조된 인격을 성모님 안에서 보았다. 그는 말한다.

> 절대적인 아름다움의 형상을 창조하시고 또 천사들과 사람들에게 그분의 작품의 능력을 분명하게 보여주시길 원하셨기에, 하느님은 마리아를 진정 완벽하게 아름다운 분으로 만드셨다. 하느님은 다른 피조물들에게 부분적으로 나누어주신 아름다움을 그녀 안에 다 모아놓으셨고, 그녀를 유형무형의 모든 존재의 공통의 영광이 되게 하셨다. 아니 오히려 하느님은 그녀를 모든 신적인 완전과 천사들과 인간들의 모든 완전의 융합이 되게 하셨고, 또 지상에서 하늘에 이르기까지 아니 하늘도 뛰어넘어 이 두 세계를 아름답게 꾸며주는 지극한 아름다움이 되게 하셨다.[26]

팔라마스에 따르면, 성모님은 "창조된 것과 창조되지 않은 것 사이의 경계"시다.[27] 그녀는 다가올 세상과 우리를 갈라놓

26　St. Grégoire Palamas, *In Dormitionem*, P.G., t. 151, col. 468 AB.
27　위의 책, col. 472 B.

는 이 경계를 뛰어 넘으셨다. 이렇게 시간적 조건으로부터 자유롭기에, 마리아는 그녀에 앞섰던 모든 것의 원인이 된다. 또한 동시에 그녀는 그녀 이후에 오는 모든 것을 주재하신다. 그녀는 영원한 지복을 마련하신다. 사람들과 천사들은 바로 그녀를 통해서 은총을 받는다. 영광스럽게 될 교회의 전조가 되시는 성모님의 도움 없이는 어떠한 은사도 교회에 주어질 수 없다.[28] 하여 이미 미래의 궁극에 도달하신 마리아가 아직 시간 안에서 펼쳐질 교회와 우주의 운명을 주재하심은 필연적이다.

동방교회의 한 마리아 찬가는 성모님을 신적 존재의 충만에 이른 인간 인격으로 흠숭한다.

> 성도들이여! 우주의 영광이요, 하늘의 문이요, 인류의 꽃이며, 하느님을 낳으신 분이신 동정녀 마리아를 노래합시다. 그녀는 하늘이요 신성이 거하는 성전. 죄의 제한을 뒤엎으신 분. 우리 신앙을 더욱 굳게 하시는 분. 오, 하느님의 백성이여, 그녀에게서 출생하신 주님이 우리를 위해 싸우시고, 전능하신 그분이 적들을 쳐부쉈으니, 용맹하고 담대해집시다.[29]

교회의 신비는 두 완전한 인격 안에 새겨졌으니, 신적 위격이신 그리스도와 인간 인격이신 성모님이 바로 그 두 인격이시다.

---

28 위의 책, col. 472 D - 473 A ; St. Grégoire Palamas, *In praesentationem*, éd. Sophoclès, II, 158-159; 162.
29 『8조 예식서』(*Octoïchos*), 1조, 주일 대만과 스티히라 테오토키온.

10장 연합의 길

피조물의 신화(神化) 즉 테오시스(θέωσις)는 다가올 세상, 죽은 자들의 부활 이후에 충만하게 실현될 것이다. 그러나 이 신화(神化)의 연합은 지금 여기 이곳에서부터 부패하고 타락한 본질을 변화시키고 그것을 영원한 생명에 적합하게 만들어 감으로써 조금씩 실현되어 가야만 한다. 만약 하느님이 그것을 위한 모든 객관적 조건과 그 목적에 이를 수 있는 모든 수단을 우리를 위해 교회에 제공해 주셨다면, 이제 우리는 필요한 주관적 조건들을 만들어내야 한다. 연합은 '시너지'(synergie) 즉 '인간과 하느님의 협력' 안에서 실현되기 때문이다. 하느님과의 연합의 길에서 이 주관적 측면은 그리스도인의 삶으로서의 연합의 길이다.

19세기 초 사로프의 세라핌 성인은 한 제자와의 대화 마지막 부분에서 그리스도교적 삶의 목표에 대해 정의를 내렸다. 언뜻 보기에 지나치게 단순해 보일 수 있는 이 정의는 정교회 영성 전통 전체를 요약하고 있다. 그는 말한다.

> 기도, 금식, 철야 등, 모든 그리스도교적 실천은 그것이 아무리 훌륭해 보일지라도 그것만으로는 결코 그리스도교적 삶의 목표를 대변할 수 없습니다. 그것은 단지 이 목표에 이르는 데 필요한 수단일 뿐입니다. 그리스도교적 삶의 진정한 목표는 '성령을 얻는 것'이기 때문입니다. 금식, 철야, 기도, 자선, 그 밖의 그리스도의 이름으로 행해진 선행은 성령을 얻기 위한 수단일 뿐입니다. 이것을 잘 주목해 보십시오. 그리스도의 이름으로 행한 모든 선행은 우리에게 성령의 열매를 맺도록 해준다는 사실을 말입니다. 아무리 선한 것이라 할지라도 그것이 그리스도의 이름으로 행해지지 않았다면, 다가올 세상의 삶에서 아무런 보상도 얻을 수 없고, 또 현재의 삶에서도 하느님의 은총을 입을 수 없습니다. 그래서 주님이신 예수 그리스도께서 "나와 함께 모으지 않는 사람은 흩어 버리는 자다."(마태오 12:30)라고 말씀하신 것입니다.[01]

달리 말하자면, 그 자체로 족한 선(善)은 그리스도인에게 존재하지 않는다는 것이다. 하나의 행동은 그것이 하느님과의 연합에 봉사할 때, 우리에게 은총을 가져다 줄 때만 선한 것이다. 성덕들 또한 목표가 아니라 수단 혹은 그리스도교적 삶의

---

01 St. Séraphin de Sarov, *Entretien de St. Séraphin sur le but de la vie chrétienne*, 8장의 주 26)을 참고하라.

외적 증표이거나 발현일 뿐이며, 유일한 목표는 바로 은총을 얻는 것이다.

공로(功勞, mérite)라는 개념은 동방 전통에 매우 낯설다. 이 단어는 동방교회의 영적 저술들 속에서 매우 드물게 발견되며 그 경우에도 서방에서와는 다른 의미를 가진다. 그것은 자유 의지와 은총에 대한 동방 신학의 일반적인 태도에 기인한다. 이 문제는 아우구스티누스 성인 이후 서방에서는 매우 첨예하게 다루어졌지만 동방에서는 그와 같은 일이 일어나지 않았다. 동방 전통은 이 두 국면을 결코 분리하지 않는다. 동방 전통에 있어서 은총과 인간의 자유는 동시에 발현되며 서로가 다른 하나 없이는 이해될 수 없다. 니싸의 그레고리오스 성인은 은총과 자유 의지를 하나의 동일한 현실의 두 측면으로 여기게 해주는 이 상호 관계성을 매우 명확하게 표현한다. 그는 말한다.

> 하느님의 은총이 구원으로부터 도망치는 영혼에 거할 수 없는 것처럼, 마찬가지로 인간의 덕 또한 그 자체만으로는 은총에 낯선 영혼을 완전에까지 고양시키기에 충분치 않다. … 행위의 의로움과 성령의 은총은 서로 함께 연합함으로써, 이 둘을 함께 동화시킨 영혼을 복된 삶으로 가득 채워준다.[02]

그러므로 은총은 펠라기우스주의자들이 원했던 것처럼 인

---

02 St. Augustin, *De instituto christiano*, *P.G.*, t. 46, col. 289 C.

간 의지의 공로에 대한 보상이 아니다. 반대로 은총은 자유 의지의 "공로가 될 만한 행동"들의 원인 또한 아니다. 문제는 공로가 아니라 협력이며 하느님의 의지와 인간의 의지의 '시너지'(synergie), 즉 그 안에서 은총이 점점 더 활짝 피어날 뿐 아니라 그 은총이 인간 인격의 소유가 되는 바의 일치이기 때문이다. 은총은 우리의 끊임없는 노력을 요구하시는 하느님의 현존이다. 그럼에도 불구하고 이 노력은 은총을 조금도 규정하지 않으며, 은총 또한 우리의 자유를 그것에 낯선 어떤 힘처럼 대하지 않는다.

동방의 아포파시스 신학(부정신학) 전통에 충실한 이 교리는 긍정적이고 합리적인 용어들을 피함으로써 선한 행위에서 은총과 우리의 자유가 조화를 이루는 신비를 표현해 준다. 펠라기우스의 근본적인 오류는 은총의 신비를 합리적 차원으로 옮겨 놓으려 한 데 있다. 거기서 영적 차원의 현실인 은총과 자유는 마치 서로가 외적인 두 대상으로서 서로 일치되어야 할 병렬적인 두 개념으로 변형되었다. 펠라기우스주의에 맞선 논쟁에서, 아우구스티누스 성인은 결코 이 문제를 해결할 수 없는 합리적인 태도에 똑같이 서 있고자 함으로써 그의 적대자의 모범을 따라갔다. 이 논쟁에서 펠라기우스와 아우구스티누스 모두에게 동시에 맞서는 쪽을 택했던 동방 전통의 한 대변자, 요한 카시아누스 성인을 이러한 조건에서는 결코 바르게 이해할 수 없었다. "이 논쟁을 넘어서 있었던" 그의 태도는 합리주의 차원에서 반(半)펠라기우스주의로 해석되었고 따라서 서방에서는 정죄되었다. 그러나 반대로 동방교회는 그를 항상 전통의 증인으로 간주해왔다.[03] 그리스도교적 금욕의 스승이었던 마르세유(Marseille)의 카시아누스 성인은 베네딕투스 성인보다 앞선 서방 수도원 제도의 아버지였으며, 베네딕투스 성인 또한 대부분 그의 저술에 기초해 있었다. 뿐만 아니라 서방 중세의 베르나르두스 성인과 시토 수도회의 모든 유파도 그에게 큰 빚을 지고 있다. 그러나 서방 세계가 동방 전통과의 살아있는 접촉을 상실해 감에 따라, 요한 카시아누스 성인에게서 비롯된 동방적 영감을 간직한 영성과, 은총과 자유 의지에 대한 아우구스티누스 교리 사이의 간극은 점점 더 두드러지게 되었고, 서방에서는 아우구스티누스 교리가 점점 발전되고 일반화되었다. 그러나 동방 전통은 하느님의 은총과 인간의 자유의 협력에 있어서 항상 동시성을 확인했다. 그래서 이집트의 마카리오스 성인은 "인간의 의지는 근본적인 조건이다. 이 의지가 존재하지 않는다면, 하느님도 혼자서는 아무 것도 하지 않으신다"고 말했다.[04] 19세기 러시아의 위대한 금욕 저술가였던 은둔자 테오판 주교는 "우리 안

---

03 더 나아가, 그는 오랫동안 서방에서도 성인으로 존경받았다. 대 그레고리오스 성인(st. Grégoire le Grand)은 그를 참조했을 뿐 아니라, 14세기, 교황 우르바누스 5세(le pape Urbain V)는 자신의 한 교황 교서에서 다시 한번 그를 '요한 카시아누스 성인'이라고 부른 바 있다.

04 St. Macaire d'Egypte, *Hom. spirit.*, XXXVII, 10, *P.G.,* t. 34, col. 528D - 529A.

에서 활동하시는 성령은 우리와 함께 우리의 구원을 이루신다"고 확언했다. 그러나 그는 동시에 "사람은 은총의 도움을 받아 자신의 구원 사역을 이룩한다"고 말하기도 한다.[05] 마카리오스 성인의 표현을 빌자면, 은총은 마치 효소가 반죽을 부풀게 하듯이 인간 인격 안에서 활짝 피어나며, "인간 본질에 고유하고 그것과 분리할 수 없는 어떤 것이 된다. 마치 은총이 애초부터 인간의 본성 자체였던 것처럼 말이다."[06] 이것이 바로 세라핌 성인이 '은총의 획득'이라 불렀던, 하느님과의 연합의 주관적 차원이다.

영적 삶의 시작은 회개(conversion, ἐπιστροφή) 즉 세상을 단념하고 하느님을 향해 돌아서고자 하는 의지와 태도에 있다. 여기서 '세상'은 하나의 금욕적 용어의 가치를 가진다. 시리아의 이삭 성인은 "영적 사고에 있어서 세상이란 우리가 정념(passion)이라 부르는 모든 것을 포함하는 하나의 집합 명사다"라고 말했다.[07] 이 위대한 금욕가이자 신비가인 이삭 성인에게,

---

05 St. Théophane le Reclus, *Lettres sur la vie spirituelle*, éd. du Mont Athos, p.19, 65, 67, 83 (러시아어).

06 St. Macaire d'Egypte, *Hom. spirit.*, VIII, 2, *P.G.*, t. 34, col. 528 D-529 A.

07 Wensinck, 앞의 책, p.13. 이삭 성인의 저술들의 시리아어 본문은 P. Bedjan에 의해 처음으로 출판되었다 : *Mar Issacus Ninevita, De perfectione religiosa* (Paris, 1909). 이 시리아 본문의 영어번역으로 A. J. Wensinck의 *Mystic treatises by Isaac of Nineveh* (5장의 주 29를 참고하라)가 있다. 희랍어 본문으로는 Bedjan의 출판 이전에 알려진 유일한 9세기 번역으로서 N. Théotoki

"정념은 세상의 끊임없는 유전 속에 지속되는 요소이다. 정념이 멈추는 곳에서 세상도 멈추고, 정념의 흐름이 정지하는 곳에서 세상은 사라진다."[08] 여기서 세상은 영혼이 자기 밖으로 분산되어 방황하는 것, 그래서 자신의 고유한 본질을 배반하는 것을 의미한다. 왜냐하면 영혼은 그 자체로는 평정하지만(impassible), 자신의 내적 단순성을 떠나 외적인 것이 되어버릴 때 정념에 종속되기 때문이다. 그러므로 세상을 단념하는 것은 영혼이 자기 자신으로 되돌아가는 것이요, 하느님과의 교제 안으로 되돌아 온 영적 존재의 집중이요 재통합이다. 이 참회는 자유 안에서 이루어진다. 그것은 마치 죄가 스스로 자유롭게 하느님으로부터 분리된 것을 의미하는 것과 마찬가지다. 그러므로 참회는 하느님께로 돌아선 의지의 끊임없는 노력이다. 수도원 제도는 이러한 태도의 최상적 수준을 보여준다. 7세기 요한 클리막스 성인은 그것을 간략한 정의로 표현하며 이렇게 말한다.

> 수도사는 본성에 가해지는 끊임없는 강제요, 감각에 대한 끊임없는 경계다.[09]

또 말하기를,

가 출판한 것이 있다(Leipzig, 1770). 우리는 특별히 Wensinck의 번역본을 참조하였고, 가끔씩 Théotoki의 희랍어 본문도 참고하였음을 밝혀둔다.

08 Wensinck, 앞의 책, p.13.
09 St. Jean Climaque, *Scala paradisi, gradus* I, *P.G.*, t. 88, col. 634 C.

충실하고 현명한 수도사는 어떤 사람인가? 끝까지 그 열심을 간직하는 사람, 인생을 마치는 순간까지, 불에 불을, 열심에 열심을, 열정에 열정을, 열망에 열망을 끊임없이 더해 가는 사람이다.[10]

그러나 비록 마음(coeur, καρδία)은 언제나 뜨겁게 불타야 하지만, 영(esprit)은 냉정을 지켜야 한다. 왜냐하면 마음을 지키는 것은 바로 영이기 때문이다. 마음은 동방 그리스도교 금욕 전통에서 볼 때 인간 존재의 중심이고, 활동과 관계된 기관인 지성과 의지의 뿌리이며, 모든 영적 삶이 흘러나오고 또 수렴되는 초점이다. 이집트의 마카리오스 성인에 의하면, 모든 육체적 영적 운동의 원천인 마음은 "정의(正義)와 함께 불의(不義)도 자라는 온상"이다.[11] 그것은 모든 악덕이 저장되는 그릇이지만 또한 동시에 "하느님, 천사들, 생명, 왕국, 빛, 사도들, 은총의 보물들"이 발견되는 곳이기도 하다.[12] 그는 또 말한다.

> 은총이 마음이라는 초장(草場)을 점령하게 되면, 그것은 본성의 모든 부분과 모든 생각을 지배하게 된다. 지성과 더불어 영혼의 사유는 바로 마음에서 발견되기 때문이다.[13]

그렇기 때문에 은총은 마음을 거쳐서 인간의 본성 전체로

---

10 위의 책, col. 644 A.
11 St. Macaire d'Egypte, *Hom. spirit.*, XV, 32, *P.G.*, t. 34, col. 597 B.
12 위의 책, XLIII, 7, col. 776 D.
13 위의 책, XV, 20, col. 589 B.

나아간다. '영'(靈, νοῦς, πνεῦμα)은 인간 존재의 최고 부분으로 관상의 기관이며, 이를 통해서 사람은 하느님을 향하게 된다. 사람의 가장 인격적인 부분이요 의식과 자유의 원천이 되는 '영'(νοῦς)은 인간 본질 안에서 인격에 가장 부합하는 부분이다. 영은, 영과 영혼과 육체라는 본성 전체를 포함하는 인격, 즉 인간 휘포스타시스의 본부라 할 수 있다. 그래서 희랍 교부들은 종종 이 '영'(νοῦς)을 인간 안에서 발견되는 하느님의 형상과 동일시했다.[14] 사람은 영에 따라 살아야 한다. 인간을 구성하는 모든 것은 '영적인'(πνευματικός) 것이 되어야 하고, '닮음'을 획득해야 한다. 실제로, 세례 은총과 함께 연합에로 들어가는 것은 영이며, 신화(神化)되어야 할 인간 본성의 중심인 마음에 은총을 도입하는 것 또한 영이다. '영과 마음의 일치', '마음을 향해 영이 내려감', '영을 통한 마음의 경성(警省)'과 같은 표현은 동방교회의 금욕 문학에 끊임없이 등장한다. 모든 활동의 중심인 마음 없이 영은 무력하고, 영이 없는 마음 또한 맹목적이고 방향을 상실한 것이 되어 버린다. 그러므로 은총 안에서 인격을 조성하고 건설해 나가려면 영과 마음의 조화로운 관계를 찾아야 한다. 연합의 길은 무의식적으로 이루어지는 과정이 아니기 때문이다. 그것은 영의 끊임없는 경성(깨어 살핌)과 의지의 지속적인 노력을 전제한다. "이 세상은 원형 경기장이

---

14 '6장 형상과 모양'을 참조하라.

요, 우리 인생의 시간은 투쟁의 시간이다"라고 시리아의 이삭 성인은 말했다. 이 투쟁에서 승리하려면 끊임없이 하느님을 향해 돌아서야 한다. 그는 또 말한다.

> 주님은 모든 것보다 더 능력 있으시고 강하시기 때문이다. 성도들과 함께 싸우실 때 주님은 항상 이 사멸할 육체 안에서 승리를 거두신다. 성도들이 패배한다면, 그것은 그들이 자신의 불건전한 의지로 하느님으로부터 벗어났기 때문임이 분명하다.[15]

열심(熱心)이 줄어들면 각오도 사라지고, 은총은 더 이상 활동하지 않는다. "깨어 있어라"는 복음서의 명령은 완전한 연합을 향한 상승의 모든 단계에게 인간 인격에게 최대한의 의식성을 요구하는 동방 금욕주의의 핵심적인 주제다.

이 상승은 두 단계를 포함한다. 아니 더 정확히 말해 그것은 서로 구분되지만 또한 밀접하게 서로 연결되어 있는 두 차원에서 동시적으로 이루어진다. 활동(action) 즉 '프락시스'(πρᾶξις)의 차원과 관상(contemplation) 즉 '떼오리아'(θεωρία)의 차원이 그것이다. 이 둘은 영적 현실에 대한 인격적이고 의식적인 체험인 그리스도교의 지식, 즉 영적 지식(γνῶσις)[16] 안에서 서로 분리

---

15 Ed. Wensinck, *hom.* LXXIII, p.340 과 *hom.* XXXVI, p.187 ; éd. Théotoki, *hom.* L 과 LIV ; trad. russe, 3ᵉ éd., 1911, p.204, 331.
16 인간 인격이 성령을 통해 획득하는, 하느님 지식을 지칭하는 이 용어가 영지주의자(gnostique)들의 사변과 하등의 공통점도 없다는 사실은 말할 필요도 없다.

될 수 없는 것들이다. 막시모스 성인에 따르면, 활동 없는 관상 즉 실천에 의지하지 않는 이론은 상상 혹은 현실적인 실체가 없는 환상에 불과하다. 마찬가지로 관상에 의해 격려되지 않는 활동은 마치 조각상처럼 무미건조하고 딱딱하기 마련이다.[17] 시리아의 이삭 성인은 다음과 같이 말한다.

> 영의 생명 자체는 마음의 활동에 있기에, 영의 관상을 통합적인 것으로 만들어 주는 것은 바로 마음의 정결함이다.[18]

그러므로 활동적 삶은 마음의 정화에 있다. 이때 이 활동은 의식적인데, 그것은 인간 존재를 은총 안에 모으고 집중시키면서 마음으로 들어가 마음과 하나가 되는 관상 기관인 영(νοῦς)에 의해 인도되기 때문이다.

4세기 폰투스의 에바그리오스에 의하면, 활동(πρᾶξις)을 통해서 사람은 마침내 평정 상태(아파테이아, ἀπάθεια)에, 즉 더 이상 정념의 노예가 되지 않고 어떤 것에도 동요되지 않는 본성의 독립에 이르러야 한다.[19] 아파테이아(평정)는 수동적 상태가 아니다. 아파테이아가 실현되는 영적 삶에서는 능동과 수동의 대립이 발생하지 않는다. 이 둘이 서로 충돌하는 것은 부패

---

17 St. Maxime le Confesseur, *Capita theologica et oeconomica*, Centuria IV, cap.88, *P.G.*, t. 90, col. 1341-1344.

18 St. Isaac le Syrien, Ed. Theotoki, XVII, p.87-88 ; Wensinck, XL, p.202. 참고로, 같은 책, I, p.20.

19 Evagre le Pontique, *Capita practica*, LXXI, *P.G.*, t. 40, col. 1244 AB. 참고로, 같은 책, col. 1221 D.

하고 죄의 포로가 된 본성에서만 발견된다. 자신의 통합성을 회복한 영은 그 어떤 것에도 영향 받지 않으며 어떤 것도 '겪지' 않는다. 하지만 그것은 또한 통상적인 의미에서의 능동성도 아니다. 동방교회의 금욕적 신비 전통은 영적 삶의 고차원에서 능동적 상태와 수동적 상태를 날카롭게 구별하지 않는다. 정상적인 상태로 돌아온 인간의 영은 능동적이지도 수동적이지도 않다. 그저 깨어(vigilant, 깨어 살핌)있다. 그것은 통합된 상태의 인간 존재를 특징짓는데 '단순함'(νῆψις, sobriété)요, '마음의 집중'(ἡ καρδιακή προσοχή)이요, 영적인 것들에 대한 분별과 판단의 능력(διάκρισις)이다. 반대로 능동적 상태와 수동적 상태는 내적 균열을 드러내 주는 표시이며 죄로부터 기인한 상태다. 그러므로 이것을 신비 안에 도입하려는 것은 영적 삶에 대한 이해를 왜곡하고 여러 혼동을 조장하는 것이 될 것이다.

시리아의 이삭 성인은 연합의 길에서 세 가지 단계를 구분한다. 그것은 속죄(pénitence), 정화(purification), 완전(perfection), 다시 말해 의지의 변화, 정념으로부터의 해방, 은총의 충만으로서의 사랑의 획득이다.

속죄(pénitence)가 이 길의 시작이요 '은총의 문'[20]이라고 해서, 과정 속의 한 순간 혹은 거쳐 지나가야 하는 어떤 단계를

---

20 Wensinck, 앞의 책, p.210.

말하는 것은 아니다. 바르게 말하면, 그것은 한 단계라기보다는 언제나 지속되어야 할 하나의 상태요 하느님과의 연합을 진정으로 열망하는 사람이 견지해야 할 지속적인 태도다. '속죄'(pénitence)라는 단어는 하느님을 향해 돌아선 모든 그리스도인의 이 근본적인 태도를 표현하는 개념으론 너무 부적절하다. 오히려 '참회'(repentir)라는 단어가, 비록 그것이 언제나 순전히 부정적인 의미로만 제한되어 왔을지라도, 보다 더 정확한 것일 수 있다. '메타니아'(μετάνοια)라는 희랍어 단어는 문자적으로 '생각의 바뀜', '영의 변화'를 말한다. 그것은 세례 후에 하느님으로부터 부여받는 '두 번째 거듭남'이며, 성부에게로 돌아갈 수 있는 가능성이며, 자신의 자아 밖으로의 끊임없는 탈출이며, 우리 본성의 변화를 동반하는 덕이다. 그것은 결코 충분한 상태에 이를 수 없다. 또한 그것은 자신을 바로 알지 못하고 스스로를 '은총의 상태'에 있다고 생각하는 바리사이파 사람과 같은 자칭 '의인'의 '영적 속물 근성'과 자기 과시와도 반대되는 영혼의 상태이다. 하느님을 향한 상승의 길과 마찬가지로 참회 또한 끝이 없다. 이삭 성인은 이렇게 말한다.

> 참회는 항상 모두에게, 구원을 갈구하는 죄인뿐 아니라 의인에게도 필요한 것이다. 완전에는 어떠한 한계도 없다. 그래서 가장 완전한 것의 완전도 불완전한 것에 불과하다. 죽음의 순간까지 참회의 기간과 참회의 행동에 상관없이 참회가 결

코 완전해 질 수 없는 것도 이런 까닭이다.[21]

참회에 대한 이러한 이해는 하느님에 대한 아포파시스 신학적 태도와 조응한다. 하느님과 연합하면 할수록 그분의 인식불가능성을 더욱 잘 깨닫게 되듯이, 완전에 다가가면 갈수록 우리는 우리 자신의 불완전성을 더욱 잘 깨닫게 되는 것이다.

참회로 감화되지 않은 영혼은 은총에 매우 낯설다. 그것은 상승의 도정(道程)에서 멈추는 것이며 "화석화된 마음의 느낌 없는 상태"이며 영적 죽음의 증상이다. 요한 클리막스 성인에 따르면, 참회란 세례의 갱신이다. 하지만 여기서 "세례 이후 흘리는 참회의 눈물샘은 세례보다 더욱 위대하다."[22] 참회가 세례 은총의 열매라는 사실을 우리가 망각한다면, 다시 말해 인격에 의해 획득되고 소유되는 것으로서의 세례 은총, 또한 그 인격 안에서 마음이 하느님의 사랑에 의해 녹아버렸음을 보여주는 확실한 증표인 '눈물의 은사'[23]로 나타나는 세례 은총의 열매라는 사실을 우리가 망각한다면, 이러한 주장은 역설적으로 들리고 더 나아가 우리를 당황케 할 수 있다. 요한 클리막스 성인은 다시 이렇게 말한다.

---

21 Ed. Théotoki, LV, p.325.
22 St. Jean Climaque, *Scala paradisi,* gr. VII, *P.G.,* t. 88, col. 804 AB.
23 '눈물의 은사'에 관해서는 다음 글을 보라. Lot-Borodine, "Le mystère du don des larmes dans l'Orient chrétien", *La vie spirituelle*, XLVIII, n. 39 (1er sept, 1936), Etudes et documents, p.65-110.

> 우리는 기적을 베풀지 못했다거나 또 신학자가 아니었다거나 혹은 환상을 보지 못했다고 해서 문책 당하지는 않을 것이다. 그러나 우리의 죄악을 두고 날마다 눈물 흘리지 않은 것에 대해서만큼은 반드시 하느님께 답변해야 할 것이다.[24]

참회 끝에 오는 이 눈물의 은사는 동시에 한없는 기쁨의 시작이다. 복음서에서 선포된 지복의 모순적 역설이 이를 잘 표현해 준다. "애통하는 자는 복이 있나니, 그들은 위로를 받을 것이다." 눈물은 본성을 정화한다. 왜냐하면 참회는 우리의 노력, 우리의 노고일 뿐만 아니라 우리의 마음을 관통하고 변화시키는 성령의 빛나는 선물이기 때문이다. 속죄(pénitence)를 다음과 같이 정의한 다마스커스의 요한 성인에 따르자면, 그것은 하느님께로 돌아옴이요 나약한 본성의 치유다. 요한 성인은 이렇게 정의한다.

> 참회(repentir)는, 많은 노력과 수고를 통해 실현되는 것으로, 본성에 반대되는 것에서 본성에 고유한 것으로 되돌아가는 것이며, 악마의 포로 상태에서 하느님께로 되돌아오는 것이다.[25]

이러한 노력은 상승의 모든 단계에서 필요하다. 시리아의 이삭 성인이 말한 것처럼 우리는 끝까지 우리 자신의 자유를

---

24 St. Jean Climaque, 위의 책, col. 816 D.
25 St. Jean Damascène, *De fide orthodoxa,* I, 30, *P.G.,* t. 94, col. 976 A.

신뢰해선 안 되기 때문이다.[26] "주여, 이 죄인을 불쌍히 여기소서"라는 세리의 기도는 하느님 나라의 문에 이를 때까지 모든 의인과 동행하게 될 것이다. 19세기 러시아의 위대한 영적지도자(staretz) 중 하나였던 옵티나 수도원의 암브로시오스 성인이 말한 것처럼, 구원의 길 위에 있는 그리스도인은 끊임없이 "두려움과 소망 사이에" 서 있어야하기 때문이다. 시리아의 이삭 성인은 이런 생각을 이렇게 감동적인 말로 표현했다.

> 참회란 낙원의 입구 앞에 선 영혼의 전율이다.[27]

만약 사람이 자신의 의지를 통해서 또 진정 자신의 열망을 통해서 하느님을 향해 돌아서지 않는다면, 또 믿음을 다해 하느님께 기도하지 않는다면, 그는 치유 받을 수 없다.[28] 시나이 산의 닐 성인에 따르면, 기도는 눈물과 참회로 시작하지만, 정념에 대립하는 이 수단이 또 하나의 정념이 되어서는 안 된다.[29] 말로 드리는 능동적인 기도가 있는데, 이 기도는 그것의 한계점인 '평정의 산'(ὄρος τῆς ἀπαθείας)에서 멈추게 된다. 거기서 말이 없는 관상 기도가 시작되는데, 이 기도로 마음은 침묵 속에서 하느님 앞에 열리게 된다. 기도는 모든 인간적 노력과 모든 영적 삶의 동력(動力)이다. 시리아의 이삭 성인은 '기

---

26 Wensinck, 앞의 책, p.338.
27 위의 책, p.310 ; 참고. p.211.
28 St. Macaire d'Egypte, *Hom. spirit.*, XXXIII, *P.G.*, t. 34, col. 741 s.
29 St. Nil de Sinaï, *De oratione,* c. 8, *P.G.*, t. 79, col. 1169 AB.

도'라는 단어에 매우 포괄적인 의미를 주면서 정의하기를, 기도란 "은밀하게 이루어지는 하느님과의 대화"고, 또한 "하느님에 대한 모든 생각이요 영적인 것에 대한 모든 묵상"이라고 말한다.[30]

하느님과의 연합은 기도를 떠나서는 결코 실현될 수 없다. 기도야말로 사람과 하느님과의 인격적 관계이기 때문이다. 그러나 연합은 인간 인격들 안에서 실현되어야 하고, 또 그것은 인격적이고 의식적이며 자발적이어야 한다. 그레고리오스 팔라마스 성인은 "기도는 이성적 피조물과 창조주 사이의 관계이기에 기도의 덕은 우리와 하느님의 연합의 성사를 완성한다"고 말한다.[31] "기도는 모든 덕의 지휘자"(κορυφαῖος τις τοῦ χοροῦ τῶν ἀρετῶν)이기에 덕들을 실천하는 것보다 더욱 완전한 것이다.[32] 모든 덕은 기도 안에서 완전에 이르는데 봉사해야 한다. 다른 한편, 만약 영이 끊임없이 기도를 향해 정향되어 있지 않다면, 덕들은 결코 안정된 것일 수 없다. 시리아의 이삭 성인은, 모든 덕 중에 가장 위대한 덕이요, 그 안에서 신비적 연합이 완성되는 하느님을 향한 사랑(amour)은 바로 기도의 열매(ἡ ἀγάπη ἐκ τῆς εὐχῆς)라고 말한다.[33] 기도로 사람은 하느님과 '인

---

30 Wensinck, 앞의 책, p.294-295, éd. Théotoki, *hom.* XXXV.
31 St. Grégoire Palamas, *Περὶ προσευχῆς*, *P.G.*, t. 150, col. 1117 B.
32 St. Grégoire de Nysse, *De instituto christiano, P.G.*, t. 46, col. 301 D.
33 Ed. Théotoki, XXXV, p.229 ; Wensinck, p.318s.

격적으로' 만나고 하느님을 알게 되며 하느님을 사랑하게 되기 때문이다. 지식(영적 지식)과 사랑은 동방의 금욕주의에서 매우 긴밀하게 연결되어 있다.

기도는 간구로 시작한다. 시리아의 이삭 성인에 따르면, 그것은 관심사와 근심으로 채워지고 염원을 담아내는 '청원 기도'다.[34] 그것은 하느님을 향한 점진적 고양, 노력, 추구로서의 진정한 기도, 즉 '영적인 기도'를 위한 준비에 불과하다. 조금씩 영혼이 집중되고 통합되면, 특별한 요구는 사라지고 더 나아가 불필요하게 된다. 하느님은 모든 것을 포괄하는 자신의 섭리를 분명하게 보여주시면서 기도에 응답해 주시기 때문이다. 우리는 요구하기를 멈춘다. 하느님의 의지에 우리 자신 전체를 의탁하기 때문이다. 이러한 상태를 '순수 기도'라 부른다. 기도에 낯선 그 어떤 것이 의식 안에 침범하지도 않고, 또 그 어떤 것도 하느님을 향해 정향되고 하느님의 의지와 연합된 인간 의지를 되돌리지 못하는데, 이것이 바로 프락시스(활동)의 경계다. 시너지(synergie), 즉 함께 작동하는 두 의지, 두 에너지의 일치는 하느님을 향한 상승의 모든 단계에서 지속적으로 나타난다. 그러나 어떤 단계에 이르면, 우리의 영이 활동 상태의 물리적 영역을 벗어나는데, 그렇게 되면 모든 운동은 정지하고 기도 또한 정지한다. 이것이 기도의 완전 혹

---

34 Wensinck, p.113.

은 영적인 기도요 관상이다. "기도라 할 수 있는 모든 것이 정지되고, 영혼은 기도 밖에서 기도한다."³⁵ 그것은 절대 평화요 안식인 '헤시키아'(ἡσυχία)다. 시리아의 이삭 성인은 말한다.

> 영혼의 모든 운동은, 절대적 순수를 획득함으로써, 성령의 에너지들에 참여한다. … 본성은 운동도 활동도 지상의 것에 대한 기억도 없이 그 자체로 머물러 있게 된다.³⁶

그것은 기도보다도 탁월한 '영의 침묵'이며, 다가올 세상에서 얻게 될 상태다.

그 안에서 성인들은 자신의 영이 하느님의 영에 흠뻑 빠져 있게 됨으로써 더 이상 기도 안에 있지 않고 오히려 기도 밖에서 기도한다. 아니 오히려 그들은 그들을 기쁨으로 충만하게 채우는 영광 안에서 완전히 경탄한 채 머물러 있게 된다. 우리의 영이 다가올 세상의 지복을 체감하도록 허락될 때, 이런 일이 우리에게 일어난다. 그러므로 이 세상의 모든 것을 남겨 둔 채, 무엇이든지 간에 그 어떤 것을 향한 운동도 자신 안에 가지지 않음으로써 우리의 영은 자신을 완전히 잊어버린다.³⁷

'침묵'과 '안식'의 상태(헤시키아)에 있는 영의 이 '놀라움', '경탄', '환희'는 종종 '엑스타시스'(ἔκστασις, 신비경)라고 불리는데, 그 이유는 사람이 자신의 존재로부터 뛰쳐나와서, 도대체 자

---

35 St. Isaac le Syrien, éd. Théotoki, XXXII, p.206-207 ; Wensinck, p.118.
36 Ed. Theotoki, LXXXV, p.511 ; Wensinck, p.174.
37 Ed. Théotoki, XXXII, p.202 ; Wensinck, p.115.

기가 이 세상에 있는지 아니면 영원한 생명 안에 있는지 더 이상 알지 못하기 때문이다. 시리아의 이삭 성인에 따르면, 그런 사람은 더 이상 자기 자신에 속하는 것이 아니라 하느님께 속하게 되고, 자기를 지배하는 것은 자기 자신이 아니라 오히려 인도하시는 성령이며, 그의 자유는 더 이상 그에게 귀속되지 않음을 알게 된다.[38] 그러나 수동성, 자유와 자아에 대한 의식의 상실, 이러한 엑스타시스의 상태는 특별히 신비적 삶의 초기에 전형적으로 나타난다. 신신학자 시메온 성인에 따르면, 엑스타시스와 환희는 초심자, 무경험자, 아직 '창조되지 않은 은총'에 대한 경험을 획득하지 못한 자에게 적합한 것이다. 시메온 성인은 엑스타시스를, 희미한 등불만 비치는 어두운 감옥에서 태어나서 태양 빛이나 바깥세상의 아름다움에 대한 어떤 관념도 가질 수 없었던 어떤 감옥수가 어느 순간 감옥의 벽 틈새로 태양 빛과 그 빛으로 물든 풍경을 보게 되었을 때의 상태와 비교한다. 이 사람 또한 환희에 사로잡힐 것이며 '엑스타시스'를 경험할 것이다. 그러나 조금씩 그의 감각은 태양 빛에 익숙해지고 새로운 경험에 적응하게 될 것이다. 마찬가지로 영적 삶에서 진보하는 영혼도 더 이상 엑스타시스를 경험하지 않고, 대신 자기가 살아가는 신적인 현실에 대한 지속적인 경험만을 알게 된다.[39]

---

38 위의 책. 앞에 인용된 본문 다음에 이어 나온다.
39 St. Syméon le Nouveau Théologien, *Hom.* XLV, 10, éd. de Smyrne (1886), ; éd.

연합의 길과 분리될 수 없는 신비 체험은 기도로서, 기도를 통해서만 누릴 수 있다. 가장 일반적인 의미로 볼 때, 기도는 사람이 하느님 면전에 현존하는 것이다. 그러나 이 현존은 지속적이고 또 언제나 의식적이지 않으면 안 된다. 기도는 호흡처럼 또 심장 박동처럼 영속적이고 단절이 없어야 한다. 이것은 모든 수도사가 전적으로 열심을 다해 구하는 특별한 통제, 기도의 방법, 영적인 지식을 요구한다. '헤지카즘'(hésychasme)이라는 이름으로 알려진 '내적 기도 혹은 영적 기도의 방법'은 동방교회의 금욕주의 전통에 속하고 또 의심할 바 없이 아주 고대에 기원하여 지금까지 전해져 온다. 구두(口頭)로 또는 실천적 모범과 영적 지도를 통해 스승에게서 제자에게로 전수되어온 이 내적 기도의 원리는 11세기에 이르러서야 비로소 신신학자 시메온 성인의 것으로 인정되는 글에 기록으로 남겨지게 되었다. 얼마 후 그것은 13세기 수도사 니케포로스와, 특별히 14세기 초엽 아토스 산에서 이러한 실천을 제창하고 확립한 바 있는 시나이 산 출신의 그레고리오스(Grégoire le Sinaïte) 성인의 특별한 저작의 주제가 되었다. 우리는 또한 덜 명확하기는 하지만, 요한 클리막스 성인(7세기)과 시나이 산의 헤지키오스(Hésychius de Sinaï, 8세기) 성인, 그 밖의 동방 그리스도교 영적 삶의 여러 스승들에게서도 동일한 금욕주의 전통의

russe du Mont Athos, I, 414-416.

예를 발견한다.[40] 서방에서는 헤지카즘이 주로 쥐지(P. Jugie) 신부와 오쉐르(P. Hausherr) 신부의 저작 덕분에 알려지게 되었는데, 그들은 비록 매우 박식하지만 불행하게도 자신들의 연구 대상을 중상하려는 이상스런 열의를 보였다. 특별히 영적 기도의 외형적 방법에 주목한 이 현대적인 비판들은 그들 자신에게는 낯설기만 한 이 영적 삶의 실천을 비웃는데 적용되었다. 그들은 헤지카스트들을 "영혼은 배꼽 안에 있고 우리의 호흡은 하느님의 영을 담고 있다"고 생각하는 무식하고 조잡한 유물론자로 소개한다. 그러므로 그들에게 헤지카즘이란 엑스타시스의 상태에 빠지기 위해 같은 말을 끊임없이 반복하고 호흡을 조절하며 시선을 배꼽에 맞추는 일련의 행위에 관한 것일 뿐이다. 그것은 간단히 말해서 어떤 영적인 상태를 만들어 내기 위한 순전히 기계적인 일련의 과정이 될 것이다. 그러나 실제로 동방의 금욕주의 전통 안에서 나타나는 정신 기도는 이러한 묘사와는 아무런 공통점도 없다. 그것이 육체적인 측면, 기도할 때의 호흡 조절과 몸의 자세, 그리고 기도의 리듬에 관련된 일련의 방법을 포함하고 있음은 사실이다. 그러나 이러한 외적인 원리들은 집중을 용이하게 하고자

---

40 St. Jean Climaque, *Sc. parad.,* gr. XXVII-XXVIII, *P.G.,* t. 88, col. 1096-1117, 1129-1140. St. Hésychius de Sinaï의 두가지 금욕주의적 글은 Migne, *P.G.,* t. 93, col. 1479 –1544의 St. Hésychius de Jérusalem의 저작 중에 포함되어 출판되었다.

하는 오직 하나의 목표를 가지고 있다.[41] 모든 주의력은 "주 예수 그리스도, 하느님의 아들이시여! 이 죄인을 불쌍히 여기소서"라는 간단한 기도문에 돌려져야 한다. 호흡마다 끊임없이 반복되는 이 기도는 수도사의 제2의 본성이 된다. 내적 삶의 자동적 기제를 구축하려는 것과는 거리가 멀며, 오히려 이 기도는 '예수'라는 거룩한 이름의 능력을 통해 마음의 영역을 모든 죄의 감염과 외부로부터 오는 모든 생각이나 형상으로부터 보호해주고 내적 삶을 자유롭게 해주며 그것을 관상에로 돌아서도록 도와준다. 19세기 영적 삶의 스승이요 위대한 금욕적 저술가였던 은둔자 테오판 주교 성인은 영적인 기도의 목표를 이렇게 표현했다.

> 우리는 마음에 떨어지는 은총의 불을 추구한다. … 하느님(은총)의 이 불티가 우리의 마음 안에 발견될 때, '예수 기도'(la prière de Jésus)는 이 불티를 살려서 불기둥으로 변화시킨다. 그러나 이 기도는 결코 이 불티를 만들어 내지는 못하며 단지 생각을 모아내고 영혼을 주님의 면전에 세움으로써 이 불티를 받아들일 수 있는 가능성을 제공한다. 핵심은 마음 깊은 곳으로부터 하느님을 향해 호소하며 그분 앞에 서는 것이

---

41 Dr G. Wunderle의 글을 보라. "La technique psychologique de l'Hésychasme byzantin", *Etudes Carmélitaines,* octobre 1938, p.61-67. 또한 중요한 헤지카즘의 원천인 *Centurie de Callistos et Ignatios* (publiée en trad. allemande par le P. Ammann, Würzburg, 1938.)을 보라. 이 두 출판물은, 비록 서방에서는 오늘까지도 잘못 평가되고 있지만, 헤지카즘에 대한 보다 심오하고 편향되지 않은 연구의 출발점을 이루고 있다.

다. 은총의 불을 추구하는 모든 사람은 이래야만 한다. 기도할 때 말이나 몸의 자세로 말하자면, 그것은 단지 이차적인 중요성을 가질 뿐이다. 하느님은 마음을 보신다.[42]

이렇게 해서 우리는 지금까지 이 주제에 대해 주장되어 왔던 것들과는 달리 동방 그리스도교에 고유한 영적 기도 실천은 끊임없이 마음의 내적 순수를 깨어 살피면서 은총이 마음을 감싸 안도록 하는 것임을 보게 된다.

엑스타시스나 열광주의 상태를 추구하는 것과는 거리가 멀며, 기도 안에 있는 영은 이런저런 이미지를 신성(神性)에 부여하지 않도록 조심해야 한다. 시나이의 닐 성인은 이렇게 말한다.

> 하늘에 계신 성부의 얼굴을 보기 원하면서 기도할 때, 결코 어떤 형상이나 모습을 분별하려고 노력하지 말라. 천사들과 (영적) 권세들, 혹은 그리스도를 감각적인 형태로 보고자하는 열망에서 도망쳐라. 그렇지 않으면 너는 미치던지, 늑대를 목자로 삼게 되던지, 아니면 하느님 대신 악마를 숭배하는 위험에 처하게 될 것이다. 오류의 시작은 어떤 형상이나 모습 안에서 신성을 찾으려는 영혼의 의지에 있다.[43]

반대로, 은둔자 마르코스 성인의 말대로, 하느님에 관한 모

---

[42] St. Théophane le Reclus, *Lettres*, t. V, n. 911 (러시아어).
[43] St. Nil de Sinaï, *De oratione*, 114-116, P.G., t. 79, col. 1192-1193. 참고. 같은 책, col. 1181-1184, etc., passim.

든 표상에서 자유로워짐으로써 "영은 자신 안에 신적 형상의 특징들을 받게 되고, 주님과의 닮음이라는 형언할 수 없는 아름다움을 덧입게 된다."[44] 포티케의 디아도코스 성인은 끊임없는 기억(記憶)과 쉬지 않는 기도를 통해 우리 마음에 새겨진 예수 이름에서 이 이미지를 본다. 그는 이렇게 말한다.

> 그렇게도 부르고 싶은 이 영광스런 이름은 기억에 의해 지탱됨으로써 뜨거운 마음속에 오랫동안 머물러 있게 되고, 그렇게 해서 아무런 장애 없이 완벽하게 하느님을 사랑하는 습관을 우리 안에 창조한다. 그것은 우리가 가진 모든 것을 팔아서라도 가져야 할 값진 보배다. 그것을 얻게 되면 우리는 형언할 수 없고 결코 마르는 법이 없는 기쁨을 누리게 된다.[45]

기도의 열매는 하느님 사랑이요, 그것은 우리 존재 내부에 수용된 은총이다. 디아도코스 성인의 말대로 사랑은 단지 영혼의 운동일 뿐만 아니라 "끊임없이 영혼을 불태우고 성령의 능력 안에서 영혼을 하느님과 재결합시키는" 창조되지 않은 은사, '하나의 신적 에너지'이기 때문이다.[46] 사랑은 하느님의 이름이기에 결코 이 세상에 속한 것이 아니다. 요한 클리막스 성인이 사랑은 말로 다 표현할 수 없는 것이라고 말한 것도 이

---

44 St. Marc l'Ermite, *Ad Nicolaum praecepta, P.G.*, t. 65, col. 1040 C.
45 St. Diadoque de Photiké, *Discours ascétique,* ch. 59, éd. Popov, t. I, p.300, 303.
46 위의 책, ch. 16, t. I, 43, 참고., p.111, 479.

런 까닭에서다. 그는 이렇게 말한다.

> 사랑에 관한 말은 천사들을 통해서 알려지며, 그들 또한 조명 받은 한도 안에서만 그것을 안다. … 오, 사랑이여! 당신은 내 영혼에 상처 입히셨군요. 내 마음은 당신의 그 불꽃을 견딜 수 없다오. 나는 오직 노래하며 당신께 나아갈 뿐이라오.[47]

신신학자 시메온 성인도 이렇게 말한다.

> 오, 거룩한 사랑이여!
> 당신을 알지 못하는 사람은
> 체험으로만 비밀리에 알려지는 당신의 선(善),
> 그 감미로움을 맛볼 수조차 없다오.
> 그러나 당신을 아는 사람,
> 아니 당신에게 알려진 사람은
> 어떤 의심도 품을 수 없을 것이니,
> 당신은 율법의 완성,
> 나를 채우시고 따뜻하게 해주시고 불태우시고,
> 드넓은 자비로 내 마음 감싸는 분이기 때문이라오.
> 당신은
> 예언자들의 스승, 사도들의 후예,
> 순교자들의 힘, 교부들과 교회 박사들의 영감,
> 모든 성인의 완전이라오.
> 사랑이여, 당신은,

---

47 St. Jean Climaque, *Scala paradisi*, gr. XXX, *P.G.*, t. 88, col. 1156 A, 1160 B.

나를 진정한 하느님의 종으로 준비시킨다오.[48]

우리가 위에서 이미 말한 바와 같이 동방 신학은 언제나 은사와 은사의 수여자, 창조되지 않은 은총과 그것을 제공하시는 위격이신 성령을 구분한다. 또한 우리는 하느님의 세 번째 위격이 성 삼위 하느님의 두 위격(성부와 성자)을 연합시키는 '사랑의 끈'(nexus amoris) 혹은 성부와 성자의 사랑으로 간주된 적이 없다는 사실도 지적했다. 그것은 분명하다. 동방교회의 교리 전통은 성령의 휘포스타시스의 유일한 원천을 성부로 보기 때문이다. 그러므로 동방 신비가들이 성령에게 '사랑'(아가페 ἀγάπη)이라는 이름을 적용할 때, 그것은 성령의 휘포스타시스로서의 특징이나 성 삼위 하느님 안에서의 관계를 표시하는 것이 아니라, 오히려 사랑의 수여자, 혹은 우리 안에 있는 사랑의 원천으로서의 성령의 특징, 다시 말해 우리로 하여금 성 삼위 하느님에 공통된 이 본성의 지극한 완전에 참여할 수 있도록 해주는 분으로서의 성령의 특징을 지시하는 것이다. 니싸의 그레고리오스 성인의 말대로 사랑은 "신적 본성의 삶 그 자체"이기 때문이다.[49]

"우리는 하느님의 사랑을 통해, 하느님을 사랑한다", 다시 말해 서방신학자들에게는 언제나 성부와 성자의 상호적인 사

---

48 St. Syméon le Nouveau Théologien, *Homélie* LIII, 2, éd. russe du Mont Athos, II, 7 ; trad. fr., *Vie spirit.*, XXVIII, 1, 1ᵉʳ Juillet 1931, p.75.

49 St. Grégoire de Nysse, *De anima et resurrectione*, *P.G.*, t. 46, col. 96 C.

랑인 "성령을 통해" 하느님을 사랑하게 된다는 페트루스 롬바르두스(Pierre Lombard)의 교리는 동방 신학에는 결코 용납될 수 없는 것이다. 사랑은 성 삼위 하느님의 공통된 본질에 속하는 것이며, 휘포스타시스로서의 성령은 사랑 그 자체와는 구별된다고 동방 신학은 주장하기 때문이다. 그러나 『명제집』(Sentences)의 대가(大家) 페트루스 롬바르두스의 교리에 근본적으로 대립해 있는 토마스 아퀴나스의 교리는 동방교회의 신비 신학에 더더욱 받아들여질 수 없다. 비록 성령의 신적 위격과는 구분되는 것일지라도, 실상 성령이 인간 영혼에 부어주시는 사랑의 덕은 어떤 창조된 것 혹은 그 존재 여부가 우리의 창조된 실존에 의존하는 우연적인 것이 아니다. 그것은 창조되지 않은 선물, 신화(神化)의 신성한 에너지다. 그 안에서 우리는 '하느님 본질에 참여하는 자'(divinae consortes naturae)가 됨으로써 실제적으로 성 삼위 하느님의 본질에 참여한다. 사도 요한 성인은 "사랑은 하느님께로부터 오는 것입니다"(I요한 4:7)[50]라고 말한다. 그러나 바실리오스 성인에 의하면, 이 신성한 사랑이라는 은사는 창조된 존재의 자유로운 의향뿐만 아니라 인간 존재 안에 발견되는 사랑의 씨앗 혹은 사랑의 능력(ἡ ἀγαπητικὴ δύναμις)을 전제한다. 인간은 바로 이 의향과 능력을 가지고 사랑 안에서 완전에 이르라는 소명을 받은 존재이다.[51]

---

50 ἡ ἀγάπη ἐκ τοῦ θεοῦ ἐστιν.
51 St. Basile le Grand, *Regulae fusius tractatae, P.G.,* t. 31, col. 908 CD.

막시모스 성인의 표현을 빌자면, 하느님의 은사인 사랑은 "인간 본성이 은총을 통해 신적 본성과 통일되고 동일화되게 할 만큼" 인간 본성을 완전케 한다.[52] 그리고 이웃 사랑은 하느님의 참된 사랑을 얻었다는 한 증표가 될 것이다. 시리아의 이삭 성인은 이렇게 말한다.

> 완전에 이른 사람임을 알려주는 확실한 표시가 있으니, 그런 사람은 이웃 사랑을 위해 하루에 열 번을 불 속에 들어간다 해도 결코 족하다고 여기지 않을 것이다.[53]

신신학자 시메온 성인은 이렇게 말한다.

> 너무도 열심히 형제들의 구원을 바랬기에 모세와 같은 열의를 가지고 그 형제들이 자신과 함께 구원받기를 혹은 자신도 형제들과 함께 저주받기를 마음에서 우러나는 뜨거운 눈물로 하느님께 간구했던 한 사람을 나는 알고 있다. 그는 성령 안에서 그와 같은 사랑의 끈으로 형제들과 연결되어 있었기에, 만약 형제들로부터 헤어져야만 한다면 하느님 나라에 들어가는 것조차 원할 수 없었기 때문이다.[54]

각 인간 인격은 하느님을 향한 사랑 안에서 자신의 완전을 발견한다. 그러나 인간 본성의 통일성이 실현되지 않는다면

---

52 St. Maxime le Confesseur, *De ambiguis, P.G.,* t. 91, col. 1308.
53 Wensinck, p.342.
54 St. Syméon le Nouveau Théologien, *Livre de l'amour divin, homélie,* LIV, 1, de l'éd. russe du Mont Athos, II, p.11 ; trad. latine, *P.G.,* t. 120, col. 425.

인격들은 그 완전에 이를 수 없다. 하느님의 사랑은 그러므로 필연적으로 이웃을 향한 자비와 연결된다. 이 완전한 사랑은 사람을 그리스도와 닮게 만들어 준다. 사람은 자신의 창조된 본성 안에서 전 인류와 연합되어 있으며, 또 자신의 인격 안에 창조된 것과 창조되지 않은 것, 인간적 구성물과 신화(神化)의 은총을 재결합할 것이기 때문이다.

하느님과 연합된 택함 받은 자들은 완전한 사람의 상태에, 또 바울로 사도가 말한 대로, 그리스도의 충만한 경지(에페소 4:13)에 이르게 된다. 그러나 그리스도에 부합하는 이 상태가 우리가 이르게 될 최종 상태라 해도, 여기로 인도하는 길은 우리가 이미 살펴 본 바와 같이 단지 '그리스도를 모방하는 길'은 아니다. 사실 신적 위격이신 그리스도의 길은 창조된 본성을 향한 하강이며 우리의 본성을 수용하는 것이었던 반면, 창조된 인격들의 길은 반대로 상승, 신적 본질로의 고양, 성령이 주시는 '창조되지 않은 은총'과의 연합이다. 서방에서 발견되는 '그리스도를 본받음' 즉 '모방'의 신비 전통은 오히려 '그리스도 안에서의 삶'(la vie dans le Christ)으로 스스로를 정의하는 동방의 영성에는 낯선 것이다. 그리스도의 몸의 통일성 안에 있는 이 삶은, 성령의 은총을 얻기 위해, 다시 말해 성 삼위 하느님의 삶 자체에, 사랑의 지극한 완전에 참여하기 위해 요구되는 모든 조건을 인간 인격들에게 제공해준다.

사랑은 지식, 즉 '영적 지식'(gnose)와 분리될 수 없다. 이집트의 마카리오스 성인에 의하면, 이 사실은 인격적 의식의 한 특징으로, 지식과 결합된 사랑이 없다면, 연합의 길은 확실한 목표가 없는 맹목이 되거나 "환상에 치우친 금욕"(ἄσκησις φαινομένη)이 되고 만다.[55] "영적 지식 밖에서의"(οὐκ ἐν τῇ γνώσει) 금욕적 삶은 어떤 상도 없다고 도로테오스 성인은 말한다.[56] 오직 하느님과의 끊임없는 교제 안에 있는 삶, 언제나 의식적인(ἐν γνώσει) 영적 삶만이 우리의 본성을 신적 본질과 닮은 것으로 만들어주고, 또 다볼산(Mont Thabor) 위에서 창조되지 않은 영광으로 옷 입고 제자들에게 나타나셨던 그리스도의 인간성의 예에서 볼 수 있듯이, 우리의 본성을 은총의 창조되지 않은 빛에 참여하게 해줌으로써 그것을 변형시킬 수 있다. 영적 지식, 인격적 의식은 우리의 본성이 신화(神化)의 은총과의 보다 밀접한 연합에 들어감으로써 변형되어 가는 정도에 따라 성장한다. 완전한 인격 안에는 더 이상 '무의식'이나 본능적인 것이나 비자발성 같은 것의 자리가 존재하지 않는다. 반대로 모든 것은 인간 인격의 소유가 되고 성령의 은사를 통해 자신의 덕이 된 신적 빛에 의해 관통된다. 하느님 나라에서는 "의인들이 마치 태양처럼 빛날 것"이기 때문이다.(마태오 13:43)

이 최종 목표에 이르기 위한 모든 필요조건은 교회 안에서 그리스도인들에게 주어진다. 그러나 하느님과의 연합은 유기

---

55 St. Macaire d'Egypte, *Hom. spirit.*, XL, 1, *P.G.*, t. 34, col. 761.
56 St. Dorothée, *Doctrina,* XII, 3, *P.G.*, t. 88, col. 1776-1780.

적이고 무의식적인 과정의 산물이 아니다. 그것은 성령과 우리 의지를 통해서 인격들 안에서 성취된다.

사로프의 세라핌 성인에게 어떤 사람이 "무엇이 부족해서 과거에는 그렇게도 풍부했던 성덕의 열매가 우리 시대 그리스도인들에게는 존재하지 않습니까?"고 질문했을 때, 그는 이렇게 대답했다.

> 부족한 단 한 가지는 바로 '결단'이라네.

11장   신성한 빛

하느님과의 연합은 인간 인격 안에서 성취되는 신비다.

연합의 길을 가는 인간은 비록 자신의 의지나 자신의 본성적 경향들을 단념해야 함에도 불구하고 인격으로서는 자신의 특질을 조금도 잃어버리지 않는다. 인간 인격이 은총 안에서 충만하게 실현되는 것은 바로 자신의 고유한 본성 모든 것을 자유롭게 단념함을 통해서다. 자유롭지 않고 의식적이지 않은 것은 인격적 가치가 없다. 박탈과 고통은 그것이 자유롭게 수용된 것이 아니라면 결코 연합을 향한 길이 될 수 없다. 완전한 인격은 모든 결정에 있어서 완전히 의식적이다. 그것은 또한 모든 강제와 모든 본성적 필연으로부터 자유롭다. 인격이 연합의 길에서 진보하면 할수록 그것은 더욱 의식적이게 된다. 영적 삶에서의 이 의식(conscience, 意識)을 동방의 많은 금욕적 저술가들은 지식 혹은 영적 지식(γνῶσις)이라 불렀다. 이 지식은 신비의 길의 탁월한 단계들에서 성 삼위 하느님에 대한 완전한 지식으로 발현된다. 이것이 바로 폰투스의 에바그리오스가 하느님 나라를 성 삼위 하느님에 대한 지식 즉 연합의 대상에 대한 의식(意識)과 동일시한 이유다. 반대로 무의식(inconscience, ἄγνοια)은 그 극단의 경지에 가면 인간의 최종적 타락이나 다름없는 지옥이 되어버린다.[01] 인간 인격이 은총 안에서 성장해 가는 영적 삶은 언제나 의식적이지만, 반대로 무의식은 죄의 표지이고 '영혼의 잠'이다. 그러므로 끊임없이 '깨어 살핌의 상태'(état de veille)에 있어야 한다. "빛의 자녀답게 살아야 합니다", "잠에서 깨어나라. 죽음에서 일어나라. 그리스도께서 너에게 빛을 비추어주시리라"(에페소 5:8,14)라고 바울로 사도가 말한 것처럼, 빛의 자녀답게 행동해야 한다.

성경은 빛, 신적 조명(照明), 빛으로 불리시는 하느님 등과 관련된 풍부한 표현을 가지고 있다. 동방교회의 신비 신학에 있어서, 그것들은 은유나 수사학적 표현이 아니라 신성의 실제적 측면을 표현하는 말이다. 만약 하느님이 빛이시라면, 그것은 우리의 경험에도 낯설지 않은 것임을 의미한다. '영적 지식', 즉 하느님에 대한 의식(意識)은 비록 그것이 최고의 수준이 있지 않다 해도 '창조되지 않은 빛'(lumière incréée)에 대한 경험이

---

01 Evagre le Pontique, *Capita practica*, XXXIII, 25, *P.G.*, t. 40, col. 1268 A.

며, 이 경험은 그 자체로 또 하나의 빛이다. "우리는 당신의 빛 안에서 빛을 봅니다."(시편 36:9) 그것은 신비 체험에서 우리가 지각하는 무엇이요 동시에 지각을 가능케 해주는 그 무엇이다. 신신학자 시메온 성인에게 빛의 경험은 의식적인 영적 삶 혹은 '영적 지식'이며, 인격에 의해 획득된 은총의 현존이다. 그는 이렇게 말한다.

> 우리는 알지 못하는 것이 아니라 우리에게 알려진 것을 증언한다. 빛은 어둠 속에서 밤에도 낮에도 우리의 마음과 영 안에서 빛나기 때문이다. 그 빛은 우리를 밝혀주고 꺼지지 않으며 저물거나 가려질 수도 없다. 빛은 말씀하고 행동한다. 또 살아있고 살리기도 하며 사람들을 비추어서 빛으로 변형시킨다. 하느님은 빛이시다. 하느님이 자신을 볼 수 있게 허락해주신 사람은 그분을 빛으로 본다. 하느님을 받아들인 사람은 그분을 빛으로 받아들인다. 하느님의 영광의 빛은 그 얼굴에 온통 빛나기에, 빛이 아닌 다른 방식으로 하느님이 나타나시는 것은 불가능하기 때문이다. 이 빛을 보지 못했다면 하느님을 보지 못한 사람이다. 하느님은 빛이시기 때문이다. 이 빛을 받지 못한 사람은 또한 은총을 얻지 못한 사람이다. 왜냐하면 은총을 얻음으로써 우리는 신성한 빛과 하느님을 받아들이기 때문이다. … 빛을 받지 못한 사람, 빛에 참여하지 못한 사람은 아직 율법의 멍에 아래, 그늘과 이미지 아래 있는 사람이고, 그래서 노예의 자녀다. 참회해야 함에도 참회하길 원치 않는다면, 왕이나 족장이나, 주교나 사제나,

왕자나 신하나, 세속인이나 수도사나 모두가 마찬가지로 어둠 속에 있고 암흑 속을 걷게 된다. 참회는 어둠에서 빛으로 인도하는 문이기 때문이다. 그러므로 아직 빛 안에 있지 않은 사람은 진정한 참회의 문을 지나지 못한 사람이다. 죄의 노예는 자신의 숨겨진 일이 드러날까 봐 두려워서 빛을 싫어하기 마련이다.[02]

만약 죄 안에서의 삶이 하느님을 보지 않으려고 애써 눈을 감아버림으로써 종종 자발적으로 무의식 속에 있는 것이라면, 은총 안에서의 삶은 의식(意識)의 간단없는 진보이며 신성한 빛에 대한 점증하는 체험이다.

이집트의 마카리오스 성인에 따르면, 성령이 그리스도인들의 마음속에 지피신 은총의 불은 그들을 하느님의 아들 앞에서 촛불처럼 빛나게 만든다. 인간의 의지에 비례하는 이 신적인 불은 활활 타올라 보다 큰 빛으로 빛나기도 하고, 혹은 점점 약해져 정념으로 동요된 마음 안에서 더 이상 빛을 발하지 않기도 한다.

> 물질적 빛이 아니라 신적인 이 불빛은 영혼을 밝히 비추지만 또 고통을 주기도 한다. 이 불은 혀같이 갈라진 불의 모습으로 사도들에게 내려왔다. 이 불빛은 바울로에게 비추어졌고, 그에게 말씀했고, 그의 영을 밝혀주었을 뿐 아니라 동시

---

02 St. Syméon le Nouveau Théologien, *Homélie;* LXXIX, 2; éd. russe du Mont Athos, II, p.318-319.

에 그의 눈을 멀게도 했다. 육적인 것은 이 빛의 광채를 감당할 수 없기 때문이다. 모세는 불타는 가시떨기에서 이 불빛을 보았다. 이 불빛은 불 마차의 형태로 나타나 엘리야를 땅에서 거두어 올라갔다. … 하느님을 섬기는 천사들과 영들은 이 불빛의 밝음에 참여한다. … 이 불빛은 악마를 쫓아내고, 죄를 사멸시킨다. 그것은 부활의 힘이요, 영원한 생명의 현실이요, 거룩한 영혼들의 조명이며, 천상의 능력자들의 굳건함이다.[03]

그것은 신적인 에너지이며 아레오파고의 디오니시오스가 말한 '신성의 광선'이다. 그것은 우주를 꿰뚫을 뿐만 아니라, 성 삼위 하느님이 거하시는 접근 못할 빛으로 피조물에게 알려진 창조적인 덕이다. 성령이 그리스도인들에게 선사하시는 에너지들은 어떤 외적 원인이 아니다. 그것은 은총으로 나타나고 또 본성의 신화(神化)와 변모를 가능케 해주는 내적인 빛으로 나타난다. 그레고리오스 팔라마스 성인은 "하느님이 빛으로 불리시는 것은 그 본질에 따른 것이 아니라 그 에너지에 따른 것"이라고 말한다.[04] 현현하시고 자신을 친교에 내어놓으시고 알려지실 때, 하느님은 빛으로 임하신다. 하느님이 빛이라 불리시는 것은 단지 물질적 빛을 염두에 둔 하나의 은유나 비유만은 아니다. 신성한 빛은 결코 우화적이거나 추상적

---

03 St. Macaire d'Egypte, *Homélies spirituelles,* V, 8, *P.G.,* t. 32, col. 513 B ; XII, 14, col. 565 AB ; XXV, 9, 10, col. 673.
04 St. Grégoire Palamas, *Contra Akyndinum, P.G.,* t. 150, col. 823.

인 의미가 아니다. "하느님 체험은 각각에게 그 분수에 맞게 주어지며, 그것을 경험하는 사람의 자격에 따라 그 크기가 달라진다."[05] '창조되지 않은 빛' 안에서 인지(認知)할 수 있게 된 신성, 그 신성의 완전한 관상은 '제8요일의 신비'(le mystère du huitième jour)다. 그것은 다가올 세상에 속한다. 그럼에도 불구하고 그에 합당한 사람은 "권능을 떨치는 하느님 나라"(마르코 9:1)를 이 지상의 삶에서부터 볼 수 있게 된다. 다볼산 정상에서 세 명의 제자가 그것을 보았던 것처럼 말이다.

14세기 중엽 동방 교회 전통의 수호자들과 동방의 토마스주의자들을 대립시켰던, 그리스도의 변모 광채의 본질에 대한 신학적 논쟁은 아주 중요하고 심오한 종교적인 문제를 겨냥한 것이었다. 그것은 신비 체험의 실제, 하느님과 의식적으로 교제할 수 있는 가능성, 은총이 '창조된 것'인지 아니면 '창조되지 않은 것'인지에 관한 것이었다. 여기서도 결국 인간의 궁극적 소명의 문제, 지복과 신화에 대한 관념이 관건이었다. 그것은 신비 신학을 한편으로 하고, 종교 철학 혹은 비합리적

---

05 St. Grégoire Palamas, *Homélie sur le Transfiguration, P.G.*, t. 151, col. 448 B. 아토스 산의 수도사 출신 대주교 바실 크리보쉐인의 탁월한 연구를 참조하라. Basile Krivocheïne, "La doctrine ascétique et théologique de saint Grégoire Palamas", *Seminarium Konakoviaum*, VIII, Pargue, 1936, p.99-154 ((러시아어) avec un résumé français). 독일어 번역으로는 le P. Hugolin Landvogt의 것을 참조하라.(dans *Das östliche christentum*, 1889, VIII.)

이고 어리석어 보이는 것은 인정치 않으려는 개념적 신학을 또 한편으로 하는 신학적 충돌이었다. 계시와 신비적 체험의 하느님은 신비의 영역에서 철학자의 하느님과 직면하게 되었고, 다시 한번 하느님의 어리석음이 인간의 지혜를 이겼다. 모든 철학적 사변을 초월하는 현실에 대한 자신들의 입장과 개념적 정식화를 요구받게 되자, 철학자들은 결국 동방 전통에는 도리어 '어리석음'으로 밖에 보이지 않는 명제를 내놓았다. 그들은 신화(神化)시키는 은총이 '창조된 것'이라고 확언했다. 우리는 이미 4장에서 다룬 바 있기에 하느님의 본질과 에너지의 구별과 깊이 관련된 이 문제로 되돌아가지 않을 것이다. 우리의 연구를 마무리 짓는 이 지점에서 우리는 신적 에너지들을 다른 각도로, 즉 하느님이 자신과의 연합 안에 들어 온 자들에게 자신을 계시하시고 자신을 공여하시는 존재 방식으로서의 '창조되지 않은 빛'이라는 측면으로 살펴보지 않을 수 없다.

이 빛(lumière, φῶς), 조명(illumination, ἔλλαμψις)은 신성의 가시적 특징으로서 하느님이 그 안에서 자신을 알려주시는, 에너지들 혹은 은총들이라고 정의될 수 있다. 우화적이고 추상적 의미로 채택되는 지성의 조명이 종종 그러한 것과는 달리, 이 빛이나 조명은 지성적인 것이 아니다. 그렇다고 감각적인 현실은 더더욱 아니다. 반대로 이 빛은 인간의 지각 능력 중의 어느 하나만이 아니라 인간 전체에 계시됨으로써 지성과 동시에 감각을 채운다. 신비 체험의 내용인 이 신성한 빛은 감각과 지성을 능가한다. 그것은 물질적이지 않기에 감각적인 것은 그 안에 조금도 가지지 않는다. 신신학자 시메온 성인이 그의 시에서 이 빛의 가시성을 확인함과 동시에 그것을 "보이지 않는 불"이라고 부른 것도 이런 까닭에서다.

> 그 숨결은 진정 불이시다. (이 불은) 창조되지도 않았고 보이지도 않으며, 또 시작도 없고 물질도 아니다.[06]

그러나 이 빛은 지성적인 빛도 아니다. 그리스도 변모의 빛에 관한 신학 논쟁 당시 아토스 산의 수도사들에 의해 기록된 한 변증서인 『아토스 성산의 선언』은 '감각적인 빛'(la lumière sensible)과 '지성의 빛'(la lumière de l'intelligence) 그리고 이 둘을 초월하는 '창조되지 않는 빛'(la lumière incréée)을 구별한다. 아토스 성산의 수도사들은 이렇게 말한다.

> 지성의 빛은 감각이 지각하는 빛과 구별된다. 실제로 감각적인 빛은 감각에 고유한 대상을 우리에게 드러내 준다. 반면 지성의 빛은 생각 속에 있는 진리를 밝혀 주는데 봉사한다. 그러므로 시각(視覺)과 지성은 똑같은 빛을 포착하는 것이 아니다. 반대로 이 두 기관이 각각 그의 본질에 따라 또 그 한계 안에서 반응하는 것은 당연하다. 그럼에도 불구하고 영적

---

06 St. Syméon le Nouveau Théologien, *Œuvres de St. Syméon*, éd. de Smyrne, 1886, IIe partie, p.1. : "Ἔστι πῦρ τὸ θεῖον ὄντως. Ἄκτιστον ἀορατόν γε. Ἄναρχον καί ἄϋλον τέ …"

이고 초자연적인 능력과 은총을 부여받기에 합당한 사람들은 지성만큼이나 감각으로도 모든 감각과 지성 너머에 있는 것을 지각한다. … 어떻게? 그것은 하느님과 그분의 은총을 경험한 사람만 안다.[07]

변모(Transfiguration)에 대해 말한 대부분의 교부들은 다볼산에서 사도들에게 나타난 빛은 '창조되지 않은 신성한 본질'을 가진다는 점에 동의한다. 신학자 그레고리오스 성인, 알렉산드리아의 키릴로스 성인, 고백자 막시모스 성인, 크레테의 안드레아(André de Crète) 성인, 다마스커스의 요한 성인, 신신학자 시메온 성인, 에프티미오스 지가베노스(Εὐθύμιος Ζιγαβηνός) 등은 모두 이러한 의미로 표현했다. 따라서 이 주장을 수사학적 과장으로 해석하려는 것은 아주 서툰 짓이 될 것이다. 그레고리오스 팔라마스 성인은 신비 체험 문제와 관련하여 이 가르침을 더욱 발전시킨다. 사도들이 다볼산에서 본 빛은 본질상 하느님께 고유한 것이다. 영원무궁하며 시공간밖에 있는 이 빛은 구약 성경의 신현현 사건들에서 하느님의 영광으로서 나타났다. 그것은 피조물에게는 두렵고 견딜 수 없는 출현이었다. 그리스도 이전의, 또 교회 밖에 있는 인간 본성에겐 그것이 외적이고 낯선 것이기 때문이다. 신신학자 시메온 성인에 따르면, 아직 그리스도를 믿지 않았던 바울로가 다마스커스로

---

07 *Tome Hagioritique*, *P.G.*, t. 150, col. 1833 D.

가던 중 신성한 빛의 출현으로 눈이 멀고 꼬꾸라졌던 것도 다이 때문이다.[08] 반대로 그레고리오스 팔라마스 성인에 의하면, 아직 밤의 어둠이 깔려 있어서 '감각적인 낮'이 세상을 밝혀주지 않았음에도 불구하고, 막달라 마리아는 무덤을 가득 채우고 그 안의 모든 것을 환히 밝혀 준 부활의 빛을 볼 수 있었고, 이 빛은 또한 그녀가 천사를 보고 그들과 대화할 수 있게 해주었다.[09] 말씀의 육화의 순간, 신성한 빛은 '인간이 되신 하느님' 그리스도 안에 집중되었고 그분 안에서 신성의 충만이 육체 안에 거하게 되었다. 다시 말해 이것은 그리스도의 인간 본성이 휘포스타시스 안에서 신적 본질과 연합됨으로써 신화(神化)되었으며, 그리스도는 지상의 삶 내내 비록 대부분의 사람들에게는 볼 수 없는 것이었지만 신성한 빛을 비추었다는 것을 말해준다. 주님의 변모는 시공간에 국한된 일시적 현상이 아니다. 그 순간 그리스도께서는 그의 인간 본성 안에서 어떤 변화도 일어나지 않았다. 반대로 변화는 사도들의 의식과 감각 안에서 일어났고, 이 변화로 그들은 신성의 영원한 빛으로 빛나시는 주님을 있는 그대로 볼 수 있는 능력을 잠시 동안 부여받았다.[10] 사도들에게 그것은 역사로부터의 탈출이었고 영원한 현실에 대한 지각이었다. 그레고리오스 팔라마스

---

08 St. Syméon le Nouveau Théologien, *Hom.*, LVII, 1, éd. russe du Mont Athos, II, p.36 ; St. Grégoire Palamas, *Capita physica,* etc. (c.67), *P.G.,* t. 150, col. 1169 A.
09 *Sermon,* XX, *P.G.,* t. 151, col. 268 AB.
10 *Tome Hagioritique, P.G.,* t. 150, col. 1232 C.

는 변모에 관한 설교에서 이렇게 말한다.

> 주님의 변모의 빛은 시작도 끝도 없다. 그것은 시간과 공간에 국한되지 않으며, 그 빛이 육안(肉眼)으로 관상되긴 했지만 감각으로 지각될 수 있는 것이 아니었다. … 감각의 변모를 통해서 주님의 제자들은 육체에서 영으로 옮겨갔다.[11]

다볼산의 제자들이 그랬듯이, 육안으로 신성한 빛을 보려면, 이 빛에 참여해야 하고 그 빛에 의해 다소간이라도 변화되어야 한다. 그러므로 신비 체험은 우리 본성의 변화, 은총에 의한 본성의 변모를 전제한다. 그레고리오스 팔라마스 성인은 분명히 말한다.

> 신적 에너지에 참여하는 사람은 … 어떤 면에서 그 자신이 빛이 된다. 그는 빛과 연합되고 이 은총을 소유하지 못한 사람들에게는 숨겨져 있는 모든 것을 그 빛을 통해 분명한 의식으로 바라본다. 이렇게 해서 그는 육체의 감각만이 아니라 지성으로 알 수 있는 모든 것을 뛰어 넘는다. 마음이 청결한 자는 하느님을 볼 것이며, … 빛이신 하느님은 그들 안에 거하시고 그분을 사랑하는 모든 자들, 즉 그분이 사랑하는 자들에게 자신을 계시해 주시기 때문이다.[12]

---

11 St. Grégoire Palamas, *P.G.*, t. 151, col. 433 B.

12 St. Grégoire Palamas, *Homélie sur la présentation de la Sainte Vierge au temple,* éd. Sophoclès, *22 homélies de St. Grégoire Palamas,* Athénes, 1861, p.175-177.

몸은 신비 체험의 장애일 수 없다. 육체적 본성에 대한 마니교적인 평가절하는 동방의 금욕주의에서는 낯설다. 그레고리오스 팔라마스 성인은 이렇게 말한다.

> 우리는 '사람'이라는 명사를 영혼과 육체에 따로 적용하지 않고 반대로 그 둘 전체에 적용한다. 사람 전체가 하느님의 형상대로 창조되었기 때문이다.[13]

바울로 사도의 표현을 빌자면, 육체는 영화(靈化)되어야 하고 '신령한 몸'이 되어야 한다. 우리의 마지막 목표는 단지 하느님에 대한 지성적 관상에 있지 않다. 만약 그렇다면 죽은 자들의 부활은 필요치 않았을 것이다. 지복에 이른 이들은 자신의 창조된 본성의 충만 속에서 얼굴과 얼굴을 맞대고 하느님을 볼 것이다. 이것이 바로 『아토스 성산의 선언』이 정화된 육체적 존재들에게 이미 이승에서부터 몇몇 '영적인 상태들'을 귀속시킨 이유다.

> 만약 육체가 영혼과 함께 다가올 세상의 형언할 수 없는 지복에 참여해야 한다면, 그것은 또한 가능한 범위에서 바로 지금 이 순간부터 그것에 참여해야만 할 것이라는 점은 분명하다. … 영혼의 정념적 힘이 변형되고 성화될 경우 - 죽는 것이 아니라 - 육체 또한 신적인 것을 경험할 수 있기 때문

---

13 St. Grégoire Palamas, *Dialogues de l'âme et du corps, P.G.*, t. 150, col. 1361 C. 우리는 팔라마스 것으로 인정되는 이 저술의 진정성을 의심한다. 그러나 어쨌든 이것은 동일한 영적 범주에 속하는 것이 분명하다.

이다.[14]

현현의 원리요 빛으로서의 은총은 우리 안에서 지각될 수 없는 것이 결코 아니다. 만약 우리의 본성이 영적으로 건강한 상태에 있다면 우리는 하느님을 느끼지 않을 수 없다. 내적 삶의 무감각성은 비정상적인 상태다. 영적 삶의 고유한 상태를 알아 볼 수 있어야 하고 또 그 현상을 식별할 수 있어야 한다. 사로프의 세라핌 성인이 이렇게 자신의 영적 가르침을 시작한 것도 이 때문이다.

> 하느님은 마음을 뜨겁게 하고 태워버리는 불이시다. 만약 악마로부터 오는 차가움을 마음으로 느끼게 된다면 - 악마는 냉혹하기 때문이다 - 주님을 불러라. 그러면 주님이 오셔서 그분과 이웃을 향한 사랑으로 우리의 마음을 데워주실 것이다. 그분 얼굴의 온화 앞에서는 적들의 냉혹함도 다 쫓겨 갈 것이다.[15]

은총은 자신을 기쁨, 평화, 내적 온기, 빛 등으로 알려줄 것이다. 동방교회 영성 안에서, 메마름의 상태, '신비의 밤'의 상태는 서방 교회와는 다른 의미를 가진다. 하느님과 점점 더 밀접하게 연합해 들어가는 인격은 빛 바깥에 머물러 있을 수 없

---

14 *Tome Hagioritique, P.G.,* t. 150, col. 1233 BD.
15 St. Séraphin de Sarov, *Relation de la vie et des oeuvres du P. Séraphin, de bien-heureuse mémoire, hiéromoine et reclus de Sarov*, 3ᵉ éd., Moscou, 1851, p.63 (러시아어).

다. 만약 인격이 어둠 속에 빠져 있다면, 그것은 그의 본성이 어떤 죄로 인해 흐려졌기 때문이거나 혹은 하느님이 그의 신심을 더욱 증진시키기 위해 시험하시기 때문일 것이다. 이러한 상태는 순종과 겸손을 통해서 극복되어야 한다. 그러면 하느님은 다시 한번 자신을 영혼에 현현하시고, 또 잠시 뒤쳐진 사람에게 자신의 빛을 주심으로써 이러한 순종과 겸손에 응답하신다. 메마름은 오래 지속되어서는 안 될 병적인 상태다. 동방 전통의 신비 금욕 저술가들은 결코 그것을 연합의 길의 필수적이고 정상적인 한 단계로 간주하지 않는다. 이 연합의 길에서 그것은 매우 자주 나타나는 위험한 사건이요 상태다. 그것은 '아케디아'(ἀκηδία), 즉 슬픔, 근심, 무감각, 차가움 등과 밀접하게 관련된 것으로, 인간 존재를 영적인 죽음의 한계선으로 내모는 시련이다. 거룩한 덕을 향한 상승, 신성한 빛을 얻기 위한 투쟁은 패배와 멸망을 결코 배제하지 않기 때문이다. 빛과 하느님 안에서의 의식적인 삶을 추구하는 사람은 매우 커다란 영적 위험을 늘 감수하기 마련이다. 그러나 하느님은 그들을 어둠 속에 방황하도록 내버려두지 않으신다.

신신학자 시메온 성인은 이렇게 말한다.

> 나는 자주 빛을 보았습니다. 가끔씩 내 영혼이 평화와 고요를 누릴 때, 그 빛은 내 안에 나타났습니다. 그러나 그것은 또한 내게서 멀어지고 심지어는 완전히 숨어버리기도 했습니다. 나는 결코 그것을 다시 볼 수 없으리라 믿고 커다란 슬

픔을 느꼈습니다. 그러나 내가 눈물을 흘리기 시작하자마자 또 모든 것을 완전히 단념하고 절대적 겸손과 순종을 보였을 때, 빛은 다시 나에게 나타났습니다. 그것은 두터운 구름을 내쫓고 조금씩 드러나는 햇빛과도 같았고, 나를 기쁨으로 차오르게 했습니다. 이렇게 해서, 헤아릴 수 없는 분, 보이지 않는 분, 만질 수 없는 분, 모든 것을 움직이시고 만물 안에 현존하시며 만물을 채우시고 매순간 보여주시기도 하고 또 숨기도 하시는 당신은, 사라지셨다가는 다시 밤낮으로 나에게 나타나셨습니다. 당신은 천천히 내 안에 있던 어둠을 몰아내시고 나를 뒤덮고 있던 구름을 흩으시고 영적인 귀를 열어주시고 내 영의 두 눈동자를 정화시켜 주셨습니다. 그렇게 당신은 당신의 원대로 하시면서 내게 오셔서 반짝이는 내 영혼에 감히 쳐다 볼 수 없는 분이신 당신을 계시하셨습니다. 그 때 갑자기 당신은 또 다른 태양이셨습니다. 오, 형언할 수 없는 신성의 작열(灼熱)함이여![16]

이 글은 메마름이 지속적인 태도가 될 수 없는, 하나의 지나가는 상태라는 것을 우리에게 보여준다. 사실, 하느님과의 비극적 분리의 고통에 사로잡힌 서방 그리스도교의 위대한 성인들의 영웅적인 태도, 하나의 길이요 영적 삶의 필연성으로서의 '신비의 밤'은 동방교회의 영성에 잘 알려져 있지 않다. 이 두 전통은 모든 성덕의 원천이신 성령과 관련된 신비 교리

---

16 St. Syméon le Nouveau Théologien, *Homélie* XC, éd. russe du Mont Athos, II, 487-488 ; trad. fr., *Vie spirituelle*, XXVIII, 1, 1ᵉʳ juillet 1931, p.76-77.

의 한 지점에서 서로 갈라진다. 서로 다른 교리적 개념은 서로 다른 두 가지 경험, 성화의 두 가지 길에 조응한다. 분열 이후, 서방과 동방에서 성덕으로 이끄는 길은 서로 같지 않게 되었다.[17] 서방의 길은 게쎄마니 동산의 어둔 밤, 고독과 자기 포기의 그리스도에게 충성을 바쳤고, 동방의 길은 변모의 빛 안에서 하느님과의 연합의 확실성을 확보했다.

19세기 초에 쓰인 사로프의 세라핌 성인의 『계시들』(*Révélations*)에서 취한 한 구절은 우리로 하여금 이 확실성, 이 '영적 지식' 혹은 '하느님과의 연합에 대한 의식'이 무엇으로 구성되는 지를 그 어떤 신학적 논증보다 더 잘 이해할 수 있게 해준다. 한 겨울 아침, 거대한 숲 한 가장 자리에서 이루어진 대화 끝에 세라핌 성인의 한 제자가 스승인 세라핌 성인에게 말했다.

> 제자 : 그럼에도, 어떻게 하느님의 영 안에 있다는 확신을 가질 수 있는지 나는 이해하지 못하겠습니다. 어떻게 내 안에서 그분의 현현을 알아차릴 수 있겠습니까?

---

[17] 동방과 서방의 고유한 성화의 길을 대립시킴에 있어, 우리는 어느 하나의 절대적인 방식을 주장하길 원치 않는다. 너무나도 미묘하고 민감한 이 주제는 결코 단순화할 수 없다. 예를 들어 서방에서도 베르나르두스 성인(St. Bernard)과 같은 경우에는 '밤의 경험'이 조금도 특징이 되지 않는다. 반대로 동방의 영성도 적어도 꽤 특징적인 '신비의 밤'의 한 가지 경우를 제공해주는데, 18세기 보르네즈의 티콘 성인(St. Tykhone de Voronej)의 경우가 그렇다.

세라핌 : 내가 자네에게 이미 말한 것처럼 그것은 너무나 단순하다네. 나는 하느님의 영 안에 있는 사람들이 처하게 되는 상태에 대해 자네에게 길게 말했네. 나는 또한 우리 안에 그분이 현존하신다는 것을 어떻게 알아 볼 수 있는지를 자네에게 설명했네. 내 친구여, 그런데도 또 무엇이 필요한가?

제자 : 스승님께서 말씀하신 것을 조금 더 잘 이해하고 싶습니다.

세라핌 : 내 친구여, 우리 둘 다 지금 하느님의 성령 안에 있다네. … 왜 자네는 나를 쳐다보려 하지 않는가?

제자 : 스승님을 쳐다 볼 수가 없습니다. 스승님의 두 눈이 빛을 발하고, 얼굴은 태양보다 더 눈부시게 되었습니다. 스승님을 보자니 내 눈이 너무도 아픕니다.

세라핌 : 조금도 두려워 말게나. 지금 자네도 나 못지않게 빛나고 있다네. 자네 역시 지금 하느님의 성령이 충만한 가운데 있단 말일세. 그렇지 않다면, 자네는 지금 자네가 보고 있는 것처럼 나를 볼 수는 없을 테니 말이야. 내게로 와보게.

그는 내 귀에 대고 아주 작은 소리로 말씀하셨다.

세라핌 : 우리에게 주신 무한한 선하심에 대해 주 하느님께 감사하게나. 자네가 잘 보았듯이, 나는 십자성호조차 긋지 않았네. 생각으로, 내 마음속으로, 은밀하게 하느님께 이렇게 말하는 것으로도 족했거든. '주님, 그가 당신의 성령이 내려오심을 그의 두 눈으로 분명히 볼 수 있게 만들어 주십시오.

당신 영광의 찬란한 빛으로 제자들에게 나타나셨을 때, 당신은 제자들에게 당신의 성령을 부어주셨습니다.' 그러고 나자, 내 친구여, 자네가 보듯이, 주님은 이 불쌍한 세라핌의 기도를 즉각 들어주셨다네. … 우리 둘 모두에게 허락해 주신 이 놀라운 은사에 대해 우리가 어떻게 하느님께 감사드리지 않을 수 있겠는가! 사막의 교부들조차도 이와 같은 현현과 그분의 선하심을 항상 경험하지는 못했다네. 이렇게 자기 자식들을 향해, 온화함으로 충만한 어머니처럼, 하느님의 은총은 성모님의 중보로 자네의 죽어 가는 마음을 위로해 주신다네. 내 친구여, 그런데 어째서 자네는 나를 똑바로 보려고 하지 않는가? 두려움 없이, 정직하게 쳐다보게. 주님께서 자네와 함께 하실 것일세.

이 말에 용기를 얻어 나는 쳐다보았고 경건한 두려움에 사로잡혔다. 상상해 보라. 태양이 그 빛나는 광선들을 뿜어내는 한낮에 당신에게 말을 걸어오는 사람의 얼굴을. 당신은 그 입술의 움직임을 본다. 그 두 눈의 변화무쌍한 표현을 본다. 당신은 그 목소리를 듣는다. 당신은 당신의 어깨를 부여잡은 그 두 손을 느낀다. 그러나 당신은 당신의 대화 상대자의 손도 몸도 보지 못한다. 오직 반경 수 십 미터 멀리까지 번져나가는 찬란한 빛, 끊임없이 내리는 눈과 얼음 송이들로 뒤덮인 초장을 그 광채로 빛나게 하는 빛만 보인다.

세라핌 : 자네는 무엇을 느끼는가?

제자 : 한없는 지복을 느낍니다.

세라핌 : 어떤 복인가? 구체적으로 무엇인지 말해보게.

제자 : 나는 안온함, 평화를 내 영혼 안에서 느낍니다. 그것은 도저히 말로는 표현할 수 없는 것입니다.

세라핌 : 내 친구여, 그것이 바로 주님이 제자들에게 '내가 너희에게 세상이 줄 수 없는 나의 평화를 주노라' 하고 말씀하셨을 때의 그 평화라네. 그 평화는 모든 지성을 능가하는 것이라네. 또 무엇을 느끼는가?

제자 : 내 마음속에 무한한 기쁨이 있습니다.

세라핌 : 하느님의 성령이 사람에게 내려와서 자신의 현존의 충만으로 그를 감싸 안을 때, 영혼은 헤아릴 수 없는 기쁨으로 흘러넘치지. 성령은 그분이 만지시는 모든 것을 기쁨으로 채우시기 때문이라네. … 만약 장차 올 기쁨의 첫 열매가 이미 그와 같은 부드러움과 명랑함으로 우리의 영혼을 채워준다면, 지상에서 슬피 우는 자들을 기다리는 하느님 나라의 그 기쁨에 대해서는 감히 무어라 말할 수 있겠는가? 내 친구여, 자네 또한 이 세상을 사는 동안 슬픔을 많이 겪었겠지. 그러나 보게, 주님이 이 곳에서부터 자네를 위로하기 위해 보내신 기쁨을 말이야. 이제부터 열심히 일하고, 또 끊임없이 노력해서 점점 보다 더 큰 능력을 얻어야 한다네. 그래야 그리스도의 충만한 경지까지 이를 수 있는 게야. … 그러면, 지금 이 순간 자네가 느끼는 이 부분적이고 짧은 기쁨이 충만한 기쁨으로 나타나게 될 게야. 그래서 아무도 빼앗을 수 없는 형언치 못할 기쁨으로 우리의 존재 전체를 넘치도록 채워

줄 걸세.[18]

이 이야기는 신성한 빛의 관상의 최고 수준에 이르는 '영적 지식' 혹은 '은총의 의식'에 대해 동방 교부들이 말한 모든 교리를 단순한 방식으로 총괄한다. 이 빛은 하느님과의 연합에 이른 인간 인격을 채운다. 그것은 더 이상 일상적 경험에서 인간 존재를 앗아가는 엑스타시스의 상태가 아니다. 그것은 오히려 빛 안에서 그리고 하느님과의 끊임없는 교제 안에서 의식적으로 살아가는 삶이다. 실제로 우리는 앞에서 신신학자 시메온 성인의 한 구절을 인용하면서, 엑스타시스의 상태는 본성이 아직 변화되지 않아서 신적 삶에 적응하지 못한 인격에게 특별히 나타나는 고유한 현상이라고 말한 바 있다. 이 지상에서부터 시작되는 '창조된 본성의 변모'는 새 하늘과 새 땅에 대한 약속이며, 피조물이 죽음과 부활 이전에 이미 영원한 생명에 들어가는 것이다. 많은 위대한 성인 가운데서도 아주 극소수만이 지상에서 이러한 상태에 도달했다. 세라핌 성인의 예는 사막 교부들의 성덕을 아주 최근 시대에 다시 살아있게 했다는 점에서 더욱 감동적이다. 그러나 우리의 이성적이고 미지근한 신앙, 타락의 결과인 우리의 칸트적 정신에는 이러한 거룩한 덕도 거의 전설 같은 이야기로만 보일 것이다. 이

---

18 St. Séraphin de Sarov, *Entretien de St. Séraphin sur le but de la vie chrétienne*, 우리의 번역본에서 인용했다..

러한 신앙과 정신은 결국 가지적(可知的, noumenal)인 영역에서 '신앙의 영역', 우리의 타락한 본성의 법칙과 습관을 초월하는 모든 것을 제거해 버린다. 은총의 경험이 제한되고 폐쇄된 우리 본성의 이 모순적 현실을 철학적으로 변호하는 것은 결국 우리의 무의식(無意識)에 대한 의식적인 확인에 불과하다. 그리고 이 무의식은 영적 지식에 반하고 빛에 역행하는 것이며, 또한 하느님과의 교제에 대한 확고한 인식을 인간 안에서 열어 주시는 성령에 대립하는 것이다. 우리가 위에서 인용한 똑같은 대화에서, 세라핌 성인은 상대방에게 이렇게 말했다.

> 감히 말하건대 우리가 살고 있는 이 시대는 참된 그리스도 교적 삶으로부터 거의 완벽하리만큼 멀어졌다고 말할 수 있을 정도로, 우리 주 예수 그리스도에 대한 신앙이 거의 일반화된 미지근함의 상태에, 또 하느님과의 교제에 대한 거의 완전한 무감각 상태에 이르렀다. 성경 구절은 오늘날 우리에게 매우 낯설어 보인다. … 어떤 사람들은 "이 구절들은 이해할 수 없다" 혹은 "사람들이 그렇게도 구체적인 방식으로 하느님을 볼 수 있었다는 것을 어떻게 인정할 수 있겠는가?"라고 말한다. 그러나 거기에는 이해 못할 것이 하나도 없다. 이해 불가능성은 초기 그리스도교의 단순한 앎에서 우리가 너무 멀어졌기에 초래된 것이다. 옛 조상들은 하느님이 사람들에게 현현하셨다는 것을 마치 누구에게나 알려져 있고 또 전혀 이상한 일이 아닌 것처럼 말할 수 있을 정도로 분명한 관념을 가질 수 있었다. 그러나 오늘날 우리는 교육과 '계

몽'(lumières)의 구실 아래 이 모든 것을 도무지 이해할 수 없을
만큼 끔찍한 무지(無知)의 어둠 속에 사로잡히고 말았다.[19]

비록 이런 체험은 말로 표현할 수 없는 것이긴 하나, 세상의 눈에는 비밀스럽고 숨겨진 체험들 안에서 또 거룩한 삼위일체 하느님의 영원한 빛과의 연합에 이른 사람들의 삶에서 우리는 영적 지식과 사랑이 하나가 되는 '그리스도교 지식의 단순성'을 재발견한다. 시리아의 이삭 성인은 이렇게 말한다.

> 미래에 다가올 세상의 현실은 고유하고 직접적인 호칭을 가지지 않는다. 우리는 그것에 대해, 모든 말과 요소와 형상과 색채와 조합과 이름을 넘어서는 몇 가지 단순한 지식만 가질 수 있다.[20] …
>
> 무지야말로 모든 지식을 능가한다.[21]

우리는 다시 한번 동방 전통에 대한 우리의 연구의 출발점이었던 아포파시스 정신 안에 있는 우리 자신을 발견한다. 그러나 그것은 신적 어둠이 아니라 빛이었으며, 자기 자신에 대한 망각 대신에 은총 안에서 활짝 개화된 인격적 의식이었다. 이제 그것은 획득된 완전, 은총과의 연합을 통해 변형된 본질, 그 자신 빛이 된 본성과 관계된다. 그러면 그러한 체험을

---

19 위의 책.
20 Ed. Wensinck, *hom.* II, p.8-9 ; 참고. *hom.*, XXII, p.114.
21 위의 책, *hom.* XXII, p.118 (éd. Théotoki, *hom.* XXXII)

하지 못한 사람에게 이것을 어떻게 알려 줄 수 있을까? 시메온 성인이 설명하고자 했던 것은 아직 빛을 받지 못한 우리의 의식에는 여전히 봉쇄된 채로 남아있는 모든 것을 서로 모순되어 보이는 몇몇 용어를 통해 일견할 수 있게 해준다. 그는 이렇게 말한다.

> 우리가 완전에 이를 때, 하느님은 더 이상 이전처럼 이미지 없이 형체 없이 우리에게 오시지 않는다. … 하느님은 어떤 이미지를 가지고 우리에게 오신다. 그럼에도 불구하고 그것은 하느님의 한 이미지일 뿐인데, 하느님은 어떤 유형이나 이런저런 잔영 속에 나타나시지 않고, 반대로 그분은, 빛에 의해서, 형태가 없고 이해할 수 없으며 형언할 수 없도록 형성된 자신의 단순성 안에서 자신을 보여주신다. 나는 더 이상 아무 것도 말할 수 없다. 어쨌든 하느님은 분명하게 보여주신다. 그분은 완전히 알아 볼 수 있는 분이시다. 그분은 우리가 설명할 수 없는 방식으로 말씀하시고 들으신다. 본래 하느님이신 분은 그분의 은총을 통해 신으로 만들어 주신 사람들과 대화하신다. 마치 한 친구가 다른 친구와 얼굴을 맞대고 대화하듯 말이다. 그분은 그분의 자녀들을 아버지처럼 사랑하신다. 그분은 또한 측량할 수 없을 만큼 자녀들에게 사랑 받으신다. 그분은 그들 속에서 놀라운 지식이 되시고, 놀라울 정도로 모든 것을 다 듣고 계신다. 그들은 그분에 합당한 방식으로 말할 능력조차 없다. 또 그들은 그렇다고 해서 침묵을 지키고만 있을 수는 더더욱 없다. … 성령은 그들 안에서 성경이 하느님 나라에 대해 말한 모든 것, 즉 진주, 겨

자씨, 누룩, 물, 불, 빵, 생명의 젖줄, 침실, 신혼 방, 신랑, 친구, 형제요 아버지가 되신다. 그러나 헤아릴 수 없는 것에 대해 내가 과연 무엇을 말할 수 있을까? 눈이 결코 보지 못한 것, 귀가 전혀 들어보지 못한 것, 사람의 마음에 한 번도 들어오지 않았던 것, 그것이 어떻게 말로 표현될 수 있겠는가? 비록 우리가 이 모든 것을 다 하느님의 선물로 받고 마음 안에서 누린다 해도, 우리의 지성은 그것을 측량할 수도 말로 표현할 수도 없다.[22]

'창조되지 않은 빛'을 변호하고자 했던 사람들에게, 다가올 세상의 현실에 대한 이런 경험은 교리적으로 정의될 수 없다. 그래서 구약성경은 율법의 가르침과 계명과 더불어 장차 교회 안에 계시되고 또 교리가 될 현실에 대한 예언자적 예견들을 가지고 있었다. 마찬가지로 우리가 살아가는 복음의 시대에도 교리와 나란히 아니 오히려 교리 자체 안에, 미래의 세상인 하느님 나라와 관련되는 신비들이 하나의 숨겨진 심연과 깊이로 우리에게 나타난다.[23] 구약 성경이 신앙으로 살았고 또 소망을 향하고 있었듯이, 마찬가지로 복음 시대 또한 소망 안에서 살아가고 사랑을 향하고 있으며, 이 사랑은 다가올 세상에서만 온전히 드러나고 실현될 신비라고 우리는 말할 수 있다. 사랑을 얻은 사람에게는 "어둠은 지나가고 참 빛이

---

22 St. Syméon le Nouveau Théologien, *Homélie* XC, éd. russe du Mont Athos, 2ᵉ partie, p.488-489.
23 *Tome hagioritique, P.G.*, t. 150, col. 1225-1227.

벌써 비치고 있다"고 (Ⅰ요한 2:8) 사도 요한은 말한다.

신성한 빛은 지금 여기, 이 세상에서, 시간 속에서 나타난다. 그것은 역사 속에서 계시되지만 이 세상에 속하지는 않는다. 그 빛은 영원하며 역사적 실존으로부터의 탈피를 의미한다. 다시 말해 그것은 '제8일의 신비'이며, 종말이 오기까지는 이 세상이 결코 충만하게 담을 수 없는 '영적 지식의 완성', 곧 '참 지식의 신비'다. 그것은 거룩한 영혼들 안의 '파루시아'(παρουσία, 그리스도의 재림)의 시작이며, 하느님이 접근할 수 없는 빛으로 모두에게 나타나실 최종적 현현의 전조들이다. 이것이 바로 신신학자 시메온 성인이 말한 다음과 같은 사실들의 이유다.

> 빛의 자녀요 다가올 날의 자식이 된 사람들, 또 항상 빛 가운데 걸어가는 사람들에게, 주님의 날은 결코 오지 않을 것이다. 그들은 언제나 하느님과 함께 하느님 안에 있기 때문이다. 그러므로 주님의 날은 이미 신성한 빛에 의해 조명된 사람들에게 나타나는 것이 아니라, 정념의 어둠 가운데 머물러 있는 사람들, 썩어 없어질 것들에 매여 이 세상을 따라 살아가는 사람들에게 갑자기 닥쳐올 것이다. 이런 사람들에게 그 날은 갑작스럽고 예기치 않게 나타날 것이고, 따라서 그들에게 그 날은 마치 견딜 수 없는 불과 같이 두려

위 떨게 하는 것이 될 것이다.[24]

신성한 빛은 우리 의식(意識)의 원리가 된다. 그 안에서 우리는 하느님과 우리 자신을 알게 된다. 그 빛은 하느님과의 연합에로 나아가는 존재의 심층까지 다 파헤치며, 따라서 그것은 마지막 심판 이전에 경험하는 하느님의 심판이 된다. 시메온 성인에 따르면, 두 가지의 심판이 있기 때문이다. 그 하나는 이 지상에서 벌어지는 구원에 관련된 심판이요 다른 하나는 세상의 종말 이후에 있을 정죄(定罪)의 심판이다.

> 현세의 삶에서 우리가 참회를 통해 자발적이고도 의지적으로 신성한 빛 안에 들어갈 때, 우리는 고발당하고 심판 받는다. 하지만 하느님의 자비와 긍휼로, 이 고발과 심판은, 비밀스럽게, 우리 영혼 깊은 곳에서, 그것도 우리의 정화와 죄의 용서를 위해 행해진다. 우리 마음 속 깊이 숨겨진 곳을 바라볼 수 있는 것은 하느님과 우리 자신밖에 없다. 현재의 삶에서 이와 같은 심판을 경험한 사람들은 다른 시험을 결코 두려워하지 않을 것이다. 그러나 지금 이곳에서부터 고발당하고 심판 받기 위해 빛 안에 들어가길 원하지 않는 사람들, 빛을 싫어하는 사람들에게, 주님의 재림은 지금은 숨겨져 있는 빛을 환히 드러내실 것이고, 비밀에 묻어 두었던 모든 것을 확연하게 보여줄 것이다. 참회를 통해 우리 마음 깊은 속을 드러내지 않고 오늘 우리가 숨기는 모든 것은 빛 안에서, 하

---

24 St. Syméon le Nouveau Théologien, *Homélie* LVII, 2, éd. russe du Mont Athos, 2ᵉ partie, p.37.

느님 면전에서, 온 우주가 보고 있는 가운데 활짝 열리게 될 것이고, 실제로 우리가 어떤 사람이었는지가 명명백백하게 밝혀질 것이다.[25]

그리스도가 재림하시면, 신성한 빛 가운데서 의식 전체가 모두 펼쳐질 것이다. 그러나 그것은 은총 안에서 신적인 의지와의 일치를 통해 자유롭게 열려진 의식이 아닐 것이다. 말하자면 밖으로부터 오는, 다시 말해 의지에 반하여 인격 안에서 개방되는 의식일 것이며, 막시모스 성인의 말대로 "은총 바깥에서" 외적으로 존재들과 연합하는 빛일 것이다.[26] 그 속에서 하느님의 사랑은 그 사랑을 획득하지 못한 사람에게는 참을 수 없는 고통이 될 것이다. 시리아의 이삭 성인은 이렇게 말한다.

> 지옥에 처하게 될 사람들은 사랑이 마치 채찍으로 내리치는 듯한 재앙이 될 것이다. 사랑의 이 고통이 얼마나 매섭고 혹독하겠는가! 사랑에 역행해서 죄를 범한 것을 알게 된 사람들은 가장 무서운 고문의 고통보다 더한 고통을 당할 것이기 때문이다. 사랑에 역행했던 왜곡된 마음을 사로잡게 될 고통은 그 어떤 형벌보다 더욱 예리할 것이다. 지옥의 죄인들이 하느님의 사랑에서 완전히 뽑혀나갔다고 말하는 것은 옳지 않다. … 그러나 동일한 사랑은 다른 방식으로 작동할 것

---

25 위의 책.
26 9장의 주 8-9) 부근의 내용을 참고하라.

이다. 버림받은 자들에게는 사랑이 고통이 될 것이지만 복된 자들에게는 기쁨이 될 것이다.[27]

부활 자체도 모든 존재의 내적 상태를 드러내 주는 것이 될 것이다. 육체는 영혼의 비밀들을 여과 없이 보여줄 것이기 때문이다. 이집트의 마카리오스 성인은 자신의 종말론에서 이러한 생각을 표현했다.

> 그리스도인들이 지금 여기 이 세상에서 그들의 마음 속에 받아들이는 하늘로부터 오는 신성의 불은, 육체가 사멸하면 외적으로 활동할 것이다. 이 불은 다시 한번 흩어진 요소들을 회복시키고 해체된 육체를 부활시킬 것이다.[28]

따라서 영혼이 내적 보고(寶庫) 안에 쌓아 올린 모든 것은 외부에 즉, 육체 안에 나타나게 될 것이다. 모든 것이 빛이 될 것이고, 모든 것이 '창조되지 않은 빛'으로 관통될 것이다. 성인들의 육체는 다볼산 변모 사건에서 제자들에게 나타났던 주님의 영광스러운 몸과 같이 변하게 될 것이다. 하느님은 만물 안에서 만물이 되실 것이다. 또 신적인 은총과 성 삼위 하느님의 빛은 수많은 인간 휘포스타시스 안에서, 다시 말해 그 은총과 빛을 이미 받았고 따라서 빛의 수여자이신 성령에 의해 성자처럼 변모되어 성부 하느님 나라의 태양들이 될 사람들 안

---

27 Ed. Théotoki, LXXXIV, p.480-481 ; Wensinck, XXVII, p.136.
28 St. Macaire d'Egypte, *Homélies spirituelles*, XI, 1, *P.G.*, t. 34, col. 5440.

에서 빛나게 될 것이다. 시메온 성인은 말한다.

> 그분의 거룩하신 성령의 은총은 의인들 위에서 별처럼 빛날 것입니다. 그들 한가운데서, 오! 당신은 접근할 수 없는 태양처럼 눈부실 것입니다! 그러면 그들은 모두 각자 자신의 신앙과 업적에 따라, 그들의 소망과 자비에 따라, 당신의 성령이 정화시켜 주시고 조명해 주신 정도에 따라 빛을 받게 될 것입니다. 무한한 관용과 자비의 유일하신 하느님이시여![29]

피조된 우주 전체는 파루시아와 역사의 종말론적 완성으로 하느님과의 완벽한 연합에 들어갈 것이다. 이 연합은 교회에서 성령의 은총을 획득한 인간 인격들에게 각각 다르게 실현 아니 발현될 것이다. 그러나 죽음 이후의 교회의 경계들, 또 이 지상에서 빛을 알지 못했던 사람들의 구원 가능성의 문제는 우리에게 하느님 자비의 신비로 남아 있다. 그것에 대해 우리는 감히 생각할 수 없다. 또 우리는 인간적인 척도로 그것을 제한할 수도 없다.

---

29 St. Syméon le Nouveau Théologien, *Discours* XXVII, trad. fr., *Vie spirituelle*, XXVII, 3, 1er juin 1931, p.309.

■ 결론

12장 하느님 나라의 잔치

우리는 서론에서 신학과 신비, 교리 전통과 영성의 밀접하고도 분리할 수 없는 관련성을 주장한 바 있다. 도그마(교리)는 교회가 확증한 체험의 외적 표현이요 유일하게 객관적인 증언이기 때문에, 우리는 교리적 형식을 벗어나서 영성을 해석할 수는 없다. 개인적 체험과 교회의 공통된 체험은 그리스도교 전통의 보편성(catholicité)에 의거한 것이기에 동일하다. 그러나 전통은 단지 교회에 의해 보존된 도그마와 성직 제도와 예식의 총체인 것만은 아니다. 오히려 그것은 무엇보다도 먼저 이러한 외적 결정 안에 표현된 살아있는 전통, 교회 안에서 끊임없이 이어져온 성령의 계시, 교회의 각 지체가 각자의 방식으로 참여할 수 있는 삶 그 자체다. 전통 안에 있다는 것은 교회에 계시된 신비들에 대한 체험에 참여하는 것이다. 하느님 지식의 길과 신비 전통에 대해 교회가 정한 한계로서의 교리 전통과 신앙의 신비들에 대한 체험은 분리되거나 대립될 수 없다. 우리는 체험 밖에서 교리를 이해할 수 없고, 또 참된 가르침 밖에서 체험의 충만을 누릴 수 없다. 지금까지의 지면을 통해서 동방교회의 전통을 교리와 경험이 서로를 조건 지우는 신비 신학으로 소개하려 했던 것도 다 이 때문이다.

하느님과의 연합이라는 궁극적인 목표를 잊지 않으면서, 우리는 연속적으로 정교회 신학의 근본적인 요소들을 검토해 보았다. 이 목표를 향해 있을 뿐만 아니라 그 의도에 있어서도 항상 구원론적인 이 교리 전통은, 그 경험의 풍부함과 이 전통이 껴안고 있는 문화와 시대의 다양성에도 불구하고, 우리에게 매우 동질적인 것으로 보인다. 비록 시간과 장소에 따라 그 지체들이 서로 거리를 만들어내기도 했지만, 그것은 매우 쉽게 그 친족성을 알아차릴 수 있는 단 하나의 영적 가족이다. 연구 과정에서 이 동일한 영성을 증언하기 위해 한 시대에서 다른 시대로 옮겨 다니면서도 영적 기후의 변화라는 인상을 받지 않으면서, 우리는 아레오파고의 디오니시오스, 그레고리오스 팔라마스, 이집트의 마카리오스, 모스크바의 필라렛, 고백자 막시모스, 그리고 근대의 여러 러시아 신학자를 참고할 수 있었다. 그것은 비록 외적 세상을 향한 교회의 '경륜'이 시대와 지역에 따라 다양하게 펼쳐져야만 했음에도, 인격들이 자신의 소명을 실현하고 또 하느님과의 연합을 성취하는 장으로서의 교회는 언제나 동일하기 때문이다. 역사 속에서 여러 교리를 수호하고 또 정식화해야만 했던 교부들과 박사들은 오직 단 하나의 전통에 속하며 또 동일한 경험의 증인이다. 교회가 하느님의 육화와 관련된 명백한 진리를 증언할 경우에, 이 전통은 동방과 서방에 공통된 것으로 남아있다. 그러나 보다 내적인, 다시 말해 보다 신비적인 교리들, 즉 오순절 성령 강림, 성령에 대한 가르침, 은총, 교회 등과 관련된 교리는 로마 가톨릭 교회와 동방교회에 더 이상 공통되지 않는다. 분열된 두 전통은 서로 서로 대립된다. 어떤 시점까지는 공통됐던 것조차 퇴행적으로 서로 다른 강조점을 부여받게 되었고, 현재는 마치 서로 구별되는 두 가지 체험에 속하는 영적 현실이 된 듯 서로 다른 빛 아래 존재한다. 그래서 앞으로는 바실리오스 성인과 아우구스티누스 성인 같은 이들도 로마 가톨릭 전통과 정교회 전통 중 어느 전통 안에서 숙고하느냐에 따라 서로 다르게 해석될 것이다. 그것은 불가피하다. 각자가 준거로 삼는 전통의 정신에서가 아니라면, 그 어떤 교회 저술가도 권위를 인정받기 어려울 것이기 때문이다. 이 글에서 우리는 모든 가능한 혼동과 오해를 방지하기 위해 거의 배타적으로 동방 교부들의 증언에 근거하여, 동방교회 전통에 고유한 특징을 부각시키려고 노력했다.

우리는 동방교회의 신비 신학에 대한 이 연구 과정에서 동방교회의 신학 사상이 가지는 고유한 아포파시스(부정신학) 정신을 여러 차례 확인했다. 이미 보았듯이, 하느님의 인식불가능성을 강조하는 부정신학은 실상 '앎'을 금하는 것이 결코 아니다. 금지나 제한과는 거리가 멀게도, 이 아포파시스 신학은 모든 개념, 모든 철학적 사변의 영역을 뛰어 넘을 수 있게 해 준다. 그것은 지식을 무지로, 개념 신학을 관상으로, 교리를 형언할 수 없는 신비의 경험으로 변모시킴으로써 언제나 보다 더 웅대한 충만으로 나아가고자 하는 경향이다. 그것은 또한 존재 전체를 연합의 길 위에 세우고 그 존재 전체가 변화될 것을 요구한다. 또 성 삼위 하느님에 대한 관상에 다름 아닌 참 '영적 지식'에 이르기 위해 존재의 본성 자체를 변모시키라고 요구한다. 이렇듯 그것은 존재 전체를 요구하는 하나의 실존적 신학이다. 그런데 '영의 변화', '메타니아'(μετάνοια)는 참회를 의미한다. 동방 신학의 특징인 아포파시스의 길은 살아 계신 하느님 면전에 선 인간 인격의 참회다. 그것은 자신의 충만을 향해, 다시 말해 은총과 인간의 의지로 실현되는 하느님과의 연합을 향해 나아가는 존재의 끊임없는 변화다. 그러나 피조된 인격이 향해 서있는 이 신성의 충만, 궁극적 완성은 성령 안에서 열린다. 바로 이 성령이 아포파시스의 길을 이끌어 가시는 스승이시며, 아포파시스 신학의 부정들은 이름 붙일 수 없는 분, 제한되지 않는 분, 절대적 충만이신 이 성령의 현존을 의미한다. 그것은 모든 사람에게 드러났고 또 모든 곳에 선포된 전통에 숨겨져 있는 하나의 비밀스런 전통이다. 그것은 그리스도교 진리의 특징인 확실성, 내적 명증성, 생명, 온기, 빛 등을 교회의 가르침에 제공해 주는 동시에 또한 그 안에 숨겨진 채로 남아 있는 신비 그 자체다. 그것이 없다면 교리(도그마)는 추상적 진리가 되고, 맹목적 신앙으로 인도하는 외적 강제요 외적 권위가 되며, 이성(la raison)에 대립하는 이성들(les raisons)이 될 것이다. 이때 교리는 복종을 통해 받아들여질 것이며, 이어서 오성의 양식에 따라 적용될 것이다. 그것은 더 이상, 오성을 뛰어넘는 현실에 대한 관상에 우리의 본성을 적용시켜 주는 계시된 신비들, 우리 안에서 활짝 열리는 새로운 지식의 원천이 아니게 될 것이다. 동방 전통의 모든 신학적 사고에서 근본적인 특징을 형성하는 아포파시스의 태도와 정신은, 모든 불충분성을 채워 주셔서 모든 제한성을 뛰어넘도록 해주시고, 인식 불가능한 분에 대한 앎에 체험의 충만을 선사해 주셔서 신적 어둠을 도리어 하느님과 교제할 수 있는, 빛으로 변형시켜 주시는 성령에 대한 끊임없는 증언이다.

인식 불가능한 하느님이 삼위일체로 계시되고 또 그분의 인식불가능성이 세 위격과 하나의 본질이라는 신비로 나타나는 것은, 성령이 신적 존재의 충만을 우리의 관상에 열어주시기 때문이다. 이런 까닭에 동방교회의 전례에서는 오순절 성령 강림절이 삼위일체 축일(祝日)로 불린다. 삼위일체 하느님은 모든 관상과 모든 고양의 종국인 동시에 모든 신학의 원리이고 첫째가는 진리이며, 모든 사고와 존재의 시작을 가능케 하는 시초다. 신학자 그레고리오스 성인, 폰투스의 에바그리오스, 막시모스 성인, 그 밖의 많은 교부들은 삼위일체 하느님에 대한 완전한 지식을 모든 피조물이 참여하도록 부름 받은 최종적 완전으로서의 하느님 나라와 동일시했다. 동방교회의 신비 신학은 언제나 삼위일체 중심적인 신학으로 주창될 것이다. 하느님에 대한 지식은 삼위일체에 대한 지식일 것이며, 세 신적 위격이 단일한 생명을 누리는 신비적 연합이 될 것이다. 한 본질과 세 위격의 신비로운 통일성이라는 삼위일체 하느님 교리의 모순(antinomie)은 동방의 아포파시스 정신 안에서 집요하게 보존될 것이다. 그것은 "단 하나의 권세(Domination)와 신성(Divinité) 안에 연합되신 거룩한 세 위격"[01]의 위격적 충만을 헤치면서까지 본질의 단일성에 강조점을 두는 것을 피하기 위한 것이며, 그래서 결국은 '둘 모두로부터의(ab utroque) 발생'이라는 서방 교회의 정식과 대립되게 될 것이다. 그 안에서 한 본질이 무한한 풍요를 누리는 위격들은 성부를 유일한 위격적 원천으로 가질 것이라는 성부의 '단일 기원'(monarchie)은 언제나 주장될 것이다.

보다 웅대한 충만을 인식하려고 또 신적 존재를 이성적으로 규정하는 모든 개념적 제한성을 뛰어 넘으려 노력함으

---

01 St. Grégoire le Théologien, *In Theophaniam, Or.* XXXVII, 9, *P.G.*, t. 36, col. 320 BC.

써, 동방 교회 신학은 신적 본질에 폐쇄성을 부여하려 하지 않는다. '세 위격 안의 한 본질'이신 하느님은 본질보다 더 크시다. 본질로서는 교제할 수 없는 분이시지만, 하느님은 자신의 본질을 흘러넘치게 하셔서 자기 밖으로 자신을 드러내시고 자신과 교제케 하신다. 하느님이 성령을 통해 신성의 충만을 그것을 받아들일 수 있는 모든 사람에게 부어주실 때, 본질 밖으로의 이러한 신성의 발현, 신적 충만의 이러한 흘러넘침은, 하느님의 고유한 존재 방식으로서의 에너지들이다. 성령강림절 성가(聖歌)가 성령을 "성부로부터 성자를 통해 흘러나오는 신성의 강물"이라 부르는 것도 이 때문이다.

충만을 향한 동일한 열망이 창조 교리에서도 나타난다. 만약 피조된 세상의 실존이 어떠한 필연성도 가지지 않고 또 창조가 우연적인 것이라면, 피조된 우주는 오직 신적 의지의 절대적 자유 안에서만 자신의 완전을 발견한다. 하느님은 하나의 완전히 새로운 주체, 하느님에 대한 불완전한 복사가 아니라 '신적인 협의'가 원하고 '고안한' 하나의 작품으로서의 코스모스를 무(無)로부터 창조하셨기 때문이다. 이미 살펴보았듯이, 실제로, 동방 신학에서 신적 사유는 힘들, 의지들, 창조적 말씀들 등과 같은 역동적인 측면에서 제시된다. 그것들은 외적 원인으로서 피조세계를 결정한다. 그러나 동시에 그것들은 피조물을 완전에로, 하느님과의 연합 안에 있는 '완전한 존재'로 향하게 한다. 이렇게 창조된 우주는 미래의 충만을 향해 나아가며, 항상 하느님을 위해 현존하는 하나의 역동적인 현실로 나타난다. 무로부터 창조된 세상을 확고부동하게 떠받치는 토대는 미래의 목표인 세상의 완성이다. 그런데 완성시키고 모든 피조물에게 충만을 선사해 주시는 분은 바로 성령이시다. 그 자체로 생각하면, 피조물은 언제나 비충만일 것이지만, 성령 안에서 생각하면, 그것은 신화(神化)된 피조물의 충만으로 나타나게 될 것이다. 피조된 세상은 역사의 두 극 사이에 놓이게 될 것이다. 그리고 우리는 결코 '순수 본질'(자연)과 은총을 하나가 다른 하나에 추가되는 방식으로 병렬된 두 현실로 인식할 수 없을 것이다. 동방교회의 전통은 피조물을 은총 안에서 끊임없이 자신을 뛰어넘음으로써 신화(神化)를 향해 나아가는 것으로 인식한다. 또한 동방 전통은, 하느님으로부터 떨어져 나온 죄와 죽음이라는 새로운 실존의 차원으로 추락한 타락한 피조물을 역시 알고 있다. 그러나 동방 전통은 결코 피조된 본질에 정태적인 완전을 귀속시키려 하지 않을 것이다. 실상 그것은 하느님과의 연합 안에서 자신의 충만을 발견하도록 창조된 존재에게 오히려 제한된 충만, 자연적 충족만을 귀속시키는 것이 될 것이기 때문이다.

그로부터 흘러나오는 인간론과 금욕주의의 전망에서 볼 때, 초월되어야 할 제한성은, 인격과 본질 사이의 혼동으로부터 귀결된 특수 존재로서의 '개인'(individu)이라는 제한성이다. 본질의 충만은 인류의 완전한 통일성, 즉 교회 안에서 실현되는 하나의 유일한 몸을 요구한다. 인격들의 잠재적 충만은 모든 본질적 규정과 모든 개인적 특징으로부터의 자유, 즉 그들 각각을 어디서도 유사를 가지지 않는 하나의 유일한 존재로, 단 하나의 유일한 본질을 소유하는 수많은 인간 휘포스타시스들로 만들어 주는 자유 안에서 표현된다. 공통된 본질의 통일성에서, 인격들은 부분들이 아니라 각자가 하느님과의 연합 안에서 자신의 충만의 완성을 발견하는 하나의 전체다. 파괴할 수 없는 하느님의 형상으로서의 인격은 언제나 이 충만을 향해 나아간다. 비록 인격이 그것을 종종 하느님 밖에서 찾기도 하지만 말이다. 인격은 죄가 흐려놓은 본성, 그래서 더 이상 하느님과의 닮음(ressemblance)을 가지고 있지 않는 본성을 통해서 인식하고 원하고 행동하기 때문이다. 본질과 위격들의 구별에서 찾아지는 하느님 존재의 신비는 이렇게 삼위일체 하느님의 생명에 참여하도록 부름 받은 인류 안에도 새겨져 있다. 본성과 인격이라는 인간 존재의 두 극은 전자는 통일성 안에서 후자는 절대적 다양성 안에서 - 각 인격은 각자 유일하고 고유한 방식으로 하느님과 연합하기 때문이다 - 자신들의 충만을 발견한다. 정화된 본성의 통일성은 그리스도에 의해 재창조될 것이고 또 '총괄'될 것이다. 위격들의 다양성은 그리스도의 몸의 각 지체와 교제하실 성령에 의해 확인될 것이다. 골고다의 죽음과 부활과 오순절 성령 강림 이후 우주 안에 도입된 이 새로운 충만, 이 새로운 실존의 차원은 교회라고 불릴 것이다.

　동방의 영성은 오직 교회 안에서, 교회의 눈을 통해서 그리스도를 볼 것이다. 달리 말해, 교회는 성령을 통해서 그리스도를 알게 될 것이다. 그리스도는 언제나 수난과 무덤에서조차 영화롭게 되시고 승리하신 그 신성의 충만으로 교회에 현존하실 것이다. 케노시스(κένωσις)는 언제나 신성의 광채로 보충될 것이다. 죽으셔서 무덤에 안장되신 그리스도는 승리자로 지옥에 내려가셔서 적들의 권력을 영원히 멸하신다. 부활하셔서 하늘에 오르신 그리스도는 죽음을 짓밟으신 후 승천하시어 성부의 우편에 앉아 계신 성 삼위 하느님의 한 위격으로 교회에 알려지신다. '역사적' 그리스도, 이방인들의 눈에 비친 '나사렛 예수', 교회 바깥의 그리스도 등은 참 증인들과 성령에 의해 조명된 교회의 자녀들에게 주어진 계시의 충만 안에서 언제나 초월되었다. 그리스도의 인성 예찬은 동방 전통에 낯설다. 아니 오히려 동방 신학에서 그리스도의 신화(神化)된 인성은 제자들이 다볼산에서 보았던 것과 동일한 영광스러운 모습을 덧입는다. 다시 말해 성자의 인성은 성자가 성부와 성령과 함께 공유하는 공통의 신성을 가시적인 것으로 만들어 준다. '그리스도를 본받아'라는 모방의 길은 동방교회의 영적 삶에서 결코 실천되지 않았다. 실제로 동방교회에서 그것은 확실히 그리스도에 대해 외적인 태도를 가지는 충만하지 못한 길로 보였다. 동방의 영성에서 우리를 그리스도에 합당하게 만들어 주는 유일한 길은 성령이 선사하시는 은총을 획득하는 것이다. 서방의 몇몇 대(大) 성인과 대 신비가를 고통 받는 그리스도와 닮게 해준 성흔(聖痕, stigmate)들 혹은 그 밖의 외적인 표시는 동방교회의 성인들에게서는 나타나지 않는다. 반대로 동방의 성인들은 아주 자주 '창조되지 않은 은총의 내적인 빛'에 의해 변모되었고, 다볼 산 변모 때의 그리스도처럼 눈부시게 빛나 보이곤 했다.

모든 제한성을 뛰어넘게 해주는 이 충만의 원천은 교회의 교리와 체험과 삶에 있다. 그리고 이 풍요와 자유의 기원은 성령이다. 완전하게 한 위격, 한 휘포스타시스이신 성령은 결코 성부와 성자의 '사랑의 관계'나 성 삼위 하느님 안에 있는 통일성의 기능으로 간주되지 않는다. 사실 성 삼위 하느님 안에는 기능적 규정이 자리 잡을 곳이 없다. 성령은 성부로부터 발생하고 그래서 성령의 휘포스타시스는 성자에 의존하지 않는다고 고백함으로써 동방교회 전통은 세상에 오신 보혜사(위로자, Palaclet)의 사역이 가지는 위격적 충만을 확인한다. 성령은 성자가 그 신비한 몸의 지체들에게 주시는 일치의 능력으로만 이해돼선 안 된다. 성령은 성자와는 독립된 위격으로 성자를 증언한다. 다시 말해, 성령은 '창조된 인격들'을 활짝 꽃 피우고 또 성령 안에서 그리스도의 신성을 깨닫고 자유롭고도 자발적으로 고백하는 교회의 각 지체들, 즉 각각의 인간 휘포스타시스와 교제하는 신적 위격의 자격으로 성자를 증언한다. "주님의 성령이 계신 곳에는 자유가 있다"(II고린토 3:17)고 할 때, 이 자유는 인격들의 자유, 다시 말해 그리스도의 몸의 통일성 안에 있는 맹목적인 지체들이 아니라 연합 안에서도 결코 없어지지 않고 반대로 인격적 충만을 획득하는 인격들의 자유다. 각 인격은 교회의 부분이 아니라 그 자체로 교회 전체가 된다. 성령은 각각의 인간 휘포스타시스들 위에 구별되게 임하시기 때문이다. 성자가 자신의 휘포스타시스를 갱신된 인간 본질에 내어 주셔서 새로운 몸의 머리가 되신다면, 성자의 이름으로 오시는 성령은 이 몸의 각 지체, 각 인간 인격에게 신성을 선사해 주신다. 지상에 오신 성자의 케노시스 안에서, 성자의 위격은 분명하게 현현되었지만 그 본질은 '종의 모습' 아래 숨겨져 있었다. 반면 성령의 강림에서는, 성령의 신성이 은사의 형태로 계시되지만 그것을 주시는 성령의 위격은 모습을 드러내시지 않는다. 위격으로서는 스스로 없어지고 사라짐으로써 성령은 '창조되지 않은 은총'을 인간 인격들의 것으로 만들어 주신다. 사람은 그 인격의 심층부에서 활짝 개화되는 존재의 충만에 적합하게 되어감으로써 하느님과 연합한다. 상승의 길에서 신적 의지와 협력하려는 끊임없는 노력들 안에서, 피조된 본질은 하느님 나라에서 충만하게 드러나게 될 최종적 신화(神化)에 이를 때까지 은총을 통해 점차적으로 변모될 것이다.

이와 같은 성령의 충만, 그리고 모든 장애와 제한을 극복해 가면서 최종적 완성을 향해 나아가는 이 도약은 동방 교회 교회론 안에서 승인된다. 시간과 공간 속에 제한된 구체적이고 역사적 교회는 하늘과 땅, 사람들과 천사들, 산 자들과 죽은 자들, 죄인들과 성인들, 창조된 것과 창조되지 않은 것을 자신 안에 결합시킨다. 교회의 역사적 실존이 보여주는 잘못들과 나약함에도 불구하고 어떻게 교회를 "티나 주름이나 그 밖의 어떤 추한 점도 없는"(에페소 5:27) 그리스도의 영광스러운 신부의 모습으로 인정할 수 있을까? 성령이 인간적 실패를 끊임없이 보완해 주시지 않는다면, 역사적 한계가 그때마다 극복되지 못했다면, 가나의 혼인 잔치에서 물이 포도주로 변모된 것처럼 충만치 못함이 충만함으로 변화되지 않았다면, 우리가 어떻게 이러한 시험, 이러한 의심으로부터 달아날 수 있겠는가? 겸손과 낮아짐의 모습에 숨겨진 영원한 영광의 광선을 알아보지 못한 채, 교회를 스쳐 지나간 사람이 얼마나 많았던가? '십자가에서 고통 받는 사람' 안에서 하느님의 아들을 승인했던 사람은 또 얼마나 있었는가? 외부의 시선이 한계와 실패만 발견하는 바로 그 지점에서 충만을 깨달을 수 있으려면 성령 안에서 볼 눈과 열린 감각을 가져야만 한다. 꼭 '위대한 시대'여야만 교회에 항상 현존하는 이 신적 생명의 충만을 주장할 수 있는 것은 아니다. 사도 시대에도, 박해 시대에도, 위대한 공의회 시대에도, 하느님의 성령이 교회에 현존하신다는 이 명백한 사실 앞에서 눈먼 소경이 되어 살았던 '세속의 영'들이 있었다. 우리는 최근의 한 예를 인용할 수 있다. 겨우 20년 전 러시아 교회는 초기 몇 세기 동안에 있었던 것에 조금도 뒤지지 않는 수천의 순교자와 고백자를 만들어냈다. 신앙이 시련을 겪은 여기저기서, 은총의 발산과 유례없이 놀라운 기적이 일어났다. 이콘은 경탄해 마지않는 관객 앞에서 다시 회생되었고, 교회의 둥근 지붕은 이 세상 것이 아닌 빛으로 눈부시게 빛났다. 그 중 가장 놀랍고 위대한 기적은 교회가 그 모든 난관으로부터 승리하였고, 날로 새로워지고 강화되는 여러 시련으로부터 탈출할 수 있었다는 것이다. 그럼에도 불구하고 이 모든 것은 겨우 몇몇 사람의 시선을 모았을 뿐이다. 러시아에서 경험된 사건들의 이 영광은 대부분의 사람에게는 아무런 관심거리도 되지 못했다. 단지 사람들은 특별히 박해에 항의하면서 러시아 교회가 너무 세속적이고 정치적인 권력처럼 행동하지는 않았는지 유감을 표하기도 했다. 그리고 그것을 '인간적 연약함'으로 덮어주었다. 부활의 빛을 알지 못하는 눈먼 사람에게는 십자가에 달리시고 장사되신 그리스도가 이렇게 밖에는 판단될 수 없었을 것이다. 실패의 모습 속에 감춰진 승리와, 연약함 속에 있는 하느님의 능력을 깨달을 수 있으려면, 또 바울로 사도의 말대로, "하느님께서 우리에게 은총으로 주신 것들을 알기 위해서는 세상의 영이 아니라 하느님으로부터 온 영"(I 고린토 2:12)을 받아야만 한다.

마지막으로 동방 교회 신비 신학에 고유한 아포파시스 정신은 우리에게 알려지지 않지만 만물을 채우시고 또 그것을 종국적 완성을 향해 나가도록 이끄시는 신적 위격이신 성령의 충만을 증거한다고 볼 수 있다. 신화(神化)되도록 창조된 세상, 하느님과의 연합에로 부름 받은 인간 인격들, 이 연합이 실현되는 교회, 이 모든 것은 성령 안에서 충만에 이르게 된다. 마지막으로 하느님은 성령을 통해 그 존재의 충만을 누리시는 삼위일체 하느님으로 알려지신다. 이 충만의 불가해한 의미로서의 신앙은 하느님과의 연합으로 나아가는 인격들 안에서 결코 맹목적이지 않다. 성령은 인격들 안에서 신적 현실의 완전에 조금씩 더 열려져 가는 인격적 의식의 원천 그 자체다. 앞의 마지막 두 장에서 이미 살펴본 것처럼, 동방의 금욕적 저술가들에 따르면, 영적 삶이란 결코 무의식적인 것이 아니다. 은총과 우리 안에 현존하시는 하느님에 대한 이러한 의식은 보통 '지식' 혹은 '영적 지식'(γνῶσις πνευματική)이라 불린다. 시리아의 이삭 성인은 이 영적 지식을 "영원한 생명의 의미"

혹은 "비밀스런 현실들의 의미"라고 정의한다.[02] 영적 지식은 의식에서 모든 제한성과 무의식을 제거한다. 무의식의 궁극은 결국 칠흑 같은 지옥이다. 반대로 영적 지식의 완전은 성삼위 하느님의 신성한 빛에 대한 관상, 즉 그 자체가 파루시아, 심판, 영생으로의 도입인 의식의 충만이다. 신신학자 시메온 성인에 따르면, 하느님과의 끊임없는 교제 안에서 살아간 성인들 안에서, 그것은 죽음과 부활 이전에 이미 이곳 지상에서부터 실현된다.

성령의 충만에 대한 의식은 교회의 각 지체에게 각자의 인격적 상승의 정도에 따라 주어지며, 그들의 시선을 오직 영광으로 오시는 주님께만 향하도록 이끌어 줌으로써 죽음의 어둠들, 심판에 대한 공포, 지옥의 수렁을 잠재워 버린다. 부활과 영원한 생명의 이 기쁨은 부활대축일 철야예배를 '신앙의 축제'로 만들어 주고, 그 속에서 각자는, 비록 아주 미미하고 잠시 동안일지라도 결코 끝이 없는 '제8일'의 충만에 참여하게 된다. 요한 크리소스토모스의 것으로 인정되는 한 설교[03]가 매년 부활대축일 조과 때마다 낭독되는데, 이 설교는 동방 그리스도교가 열망하는 이 종말론적 충만의 의미를 완벽하게 표현해준다. 우리는 동방교회의 신비 신학에 대한 이 연구를 마

---

02 Ed. Theotoki, XLIII et LXIX ; Wensinck, *hom.* LXII, p.289 et *hom.* LXVII, p.316 s.
03 St. Jean Chrysostome, *Homélie pascale*, *P.G.*, t.59, col.721-724 (spuria)

치기에 이 설교보다 더 호소력 있는 다른 말을 찾을 수 없을 것이다.

> 하느님을 깊이 사랑하는 자 누구나
> 이 밝고 아름다운 축제를 즐기십시오.
> 감사하는 자는 누구나 주님의 기쁨에 참여하여 즐기십시오.
> 단식으로 지친 자가 있으면 이제 보상을 받으십시오.
> 맨 처음부터 수고한 자는 응분의 보상을 받으십시오.
> 세 시 이후에 온 자도 응당 축제에 참여하십시오.
> 여섯 시 이후 온 자도 손해 보는 일 없을 것이니
> 의심하지 마십시오.
> 아홉 시까지 지체한 이도 주저하지 말고 오십시오.
> 겨우 열 한 시에 당도한 이도 늦었다고 염려하지 마십시오.
> 주님은 은혜로우시니 맨 나중 온 자도 처음 온 자처럼 받아
> 주십니다. 주님은 열 한 시에 온 이에게도
> 맨 처음부터 수고한 이만큼 안식을 주십니다.
> 나중 온 자에게도 주시고 처음 온 자에게도 베푸십니다.
>
> 주님은 노력을 좋게 보시며 성취된 일들을 받아주십니다.
> 행실을 소중히 여기시며 의향에 마음을 쓰십니다.
> 그러므로 모두 다 우리 주님의 기쁨에 참여하십시오.
> 첫째도 마지막도 다 같이 보상받고, 부자도 가난한 이들도
> 함께 기뻐하십시오.
> 착실한 이들도 나태한 이들도 이 날을 경축하십시오.
> 단식한 이들도 단식하지 않은 이들도 오늘을 즐기십시오.

식탁은 풍성하게 차려져 있습니다.
여러분은 당당히 식탁에 앉아 음식을 드십시오.
살찐 송아지가 장만되었으니
아무도 주린 배로 돌아가지 마십시오.
모두 믿음의 잔을 같이 드십시오.
모두 주님의 선의 풍요함을 맛보십시오.
아무도 자신의 가난을 슬퍼하지 마십시오.
만민의 왕국이 도래하였습니다.

용서가 무덤에서 찬란하게 빛나니,
아무도 자신의 잘못 때문에 눈물흘리지 마십시오.
우리 구세주의 죽음이 우리를 해방하였으니,
아무도 죽음을 두려워 마십시오.
주님께서 죽음을 이겨내심으로써 그 죽음을 쳐부수셨습니다.
주님께서 저승에 내려가시어 그곳을 멸하셨습니다.
저승이 그분의 살을 맛봄으로써 괴로움을 겪게 하셨습니다.

이사야는 이 일을 미리 알고
'오, 너 저승이여, 지하에서 그분을 뵙고 몸부림을 쳤노라'
하고 외쳤습니다.
저승이 거세되니 괴로워합니다.
저승이 놀림당하니 괴로워합니다.
저승이 파괴되니 괴로워합니다.
저승이 폐허가 되니 괴로워합니다.

저승이 포로가 되니 괴로워합니다.
저승이 육신 한 구를 손에 넣었지만,
놀랍게도 그분은 하느님이십니다.
저승이 땅을 붙잡았는데, 보십시오,
실상은 하늘과 겨루고 있지 않습니까?
제 눈으로 본 것을 손에 넣었는데,
그만 보이지 않는 것에 정복되고 말았습니다.

죽음아, 네 고통이 어디에 있느냐?
저승아, 네 승리가 어디로 갔느냐?
그리스도께서 부활하시니 너는 폐허가 되고 말았도다.
그리스도께서 부활하시니 악들이 쓰러지고 마는도다.
그리스도께서 부활하시니 천사들이 기뻐 용약하는도다.
그리스도께서 부활하시니 생명이 해방되는도다.
그리스도께서 부활하시니 죽은 자들의 무덤이 텅 비는도다.

이는 죽은 자들로부터 부활하신 그리스도께서
잠에 빠진 자들의 첫 열매가 되신 까닭입니다.

주님께 영광과 권세가 영원히 있나이다. 아멘.

▪ **역자 후기**

 이 책과의 인연은 벌써 20년이나 지난 1999년 파리에서 유학할 때로 거슬러 올라간다. 당시 나는 파리 상트르 세브르 예수회 신학교에서 공부하고 있었는데, 봄학기에 선택과목으로 지금은 안식에 드신 프랑스의 저명한 평신도 정교회 신학자인 올리비에 끌레망 교수의 강의를 듣게 되었다. 그의 강의는 정교회의 우주론에 관한 것이지만 창조론, 삼위일체론, 그리스도론, 성령론, 종말론을 두루 섭렵하는 하나의 신학적 서사시와 같은 감동적인 강의였다. 이 강의에서 끌레망 교수는 특별히 블라디미르 로스키를 자주 인용했고, 나는 로스키의 저서들을 구해 읽게 되었다. 그중에서도 로스키의 주요 저서인 이 책은 나의 인생을 뒤바꿔 놓을 만큼 큰 영향을 주었다. 신학과 영성의 괴리에 질식하고 있었던 나에게 신학과 신비가 떨어질 수 없는 것이라는 로스키의, 아니 정교회 신학의 통찰은 나를 이 무거운 영혼의 짐으로부터 자유롭게 해주었다. 그 후 나는 예수회 신학교를 그만두고 파리의 쌩 세르즈(성 세르기오스) 정교회 신학교에 입학하여 또 하나의 영적인 모험을 감행하게 되었다.

로스키의 주요 저서이며 현대 정교회 신학 저술의 고전으로 불리는 이 책은 원래 1944년 파리에서 열두 번에 걸쳐 행해진 강연 원고였다. 당신 가톨릭 신학자들에 의한 정교회 연구가 적지 않았지만 그것들은 어느 정도 정교회를 곡해하거나 가톨릭교회의 지적 우월성을 자랑하려는 듯한 태도에 빠져 있었다. 이에 만족할 수 없었던 프랑스의 신학 지성들은 정교회의 입으로 들려지는 정교회 신학에 대해 듣고 싶어 했고, 당시 소르본느 대학에서 에티엔느 질송의 제자가 되어 동·서방 신학을 두루 연구하고 있었던 로스키에게 강연을 의뢰했다. 러시아 공산혁명으로 조국을 떠나야 했던 가난하지만 자부심에 가득차고 또 학문적 엄밀성에 있어서도 결코 뒤지지 않았던 로스키는 하느님과의 연합이라는 구원론의 핵심을 축으로 해서 삼위일체론, 창조론, 신학적 인간론, 그리스도론, 성령론, 교회론, 종말론 등 신학의 전 영역을 부정신학의 틀을 가지고 거침없이 다루어 나갔다. 이를 통해서 로스키는 거대한 신학적 체계화에 열을 올렸던 서방의 신학 전통과 부정신학을 근본으로 하는 동방의 경험적이고 신비적인 신학 전통을 대비시키면서 참된 신학이 무엇인지를 보여주었다.

이 책을 통해서 알 수 있듯이 정교회에서 전통은 과거의 화석이 아니다. 전통은 교회 안에 언제나 살아있는 성령의 현존이며, 그래서 이 전통 안에 있다면 시대와 지역을 초월하여 언제나 동일한 신앙과 경험으로 초대된다. 로스키가 다양한 시대와 지역의 교부들을 거침없이 인용해 가면서도 훈고학적 반복에 빠지지 않고 우리 시대의 신학적, 영적 문제에 대한 깊은 통찰을 빚어내는 모습을 보면서, 나는 그를 우리 시대의 교부라고 생각하곤 했다. 교부학에 대한 그의 집념은 정교회에서는 아주 보편적인 것인데도 불구하고 서방 신학계, 특별히 프랑스의 신학 지성들에게 적지 않은 영향을 주었다. 교부들의 우물에서 길어 올린 신학적 통찰이 아니었다면 발타자르, 칼 라너, 쟝 다니엘루, 이브 꽁가르와 같은 현대 카톨릭 신학자뿐만 아니라 칼 바르트 또한 그러한 신학적 업적을 이룰 수 없었을 것이다. 이 모든 이들이 로스키와 동시대를 살았고 또한 동일한 신학적, 지적 분위기에서 신학했다는 것은 매우 의미심장하다. 이들 선각자들의 연구와 노력으로 지금 교부학은 모든 신학의 기본적인 항목이 되었다. 이와 같은 연유로 로스키는 서방에 뿌리내린 디아스포라 정교회와 전통적인 정교회 국가에서는 물론이고 서방 신학계에서도 의심의 여지가 없는 권위를 누린다. 다만 로스키의 때 이른 죽음이 안타까울 뿐이다. 쌩 세르즈 신학교 시절 은사였던 로스키의 아들 니콜라 로스키 교수와 전례신학을 가르쳤던 로스키의 손자 앙드

레 로스키의 육성을 통해 전해들은 로스키의 신앙과 인품은 그의 신학적 통찰이 단지 지적 탁월함에 기인한 것이 아니라 무엇보다도 그의 신앙과 실천에 근거를 두고 있다는 확신을 더해 주었다. 로스키 자신이 말했듯이 신학은 하느님과의 연합을 향한 끊임없는 영적 투쟁과 결코 떨어질 수 없는 것이기 때문이다.

이 책은 먼저는 한국장로교출판사에서 출판되었었고, 이번에 몇 가지 수정을 거쳐 다시 정교회출판사에서 출판하게 되었다. 동·서방 교회의 가교였던 영원히 기억되실 블라디미르 로스키의 이 책이 한국 그리스도인들의 영적인 깊이를 심화시켜주고 신앙의 폭을 확장시켜 줄 수 있기를 기대한다.

역자 박노양 그레고리오스

교부 참고문헌

이 참고 문헌은 저자의 자료로 구성되었는데, 불어 번역본이 없을 경우, 원저작을 적시했고 때때로 다른 현대어본으로 언급했다. 이 참고문헌은 15세기까지의 저작을 대상으로 했다.

ACO - *Acta Conciliorum Œcumenicorum*, Berlin-Leipzig
CSCO - *Corpus 5criptorum Chrstianorum Orielltaliülm*, Louvain
PDF - *Pères dans la foi*, Migne
PG - *Patrologie grecque*, Migne
PL - *Patrologie latine*, Migne
PTS - *Patristische Texte und Studien*, Berlin
SC - *Sources Chrétiennes*, Paris
SO - *Spiritualité Orientale*, Bégrolles-en-Mauges, 벨페르슈 수도원

성 대 안토니오스 Antoine le Grand, *Lettres*, A. Louf의 서론, 몽 데 까(Mont des Cats) 수도원 번역, (SO 19), Bégrolles-en-Mauges, 벨페르슈 수도원, 1976. Matta El-Maskine, *Saint Antoine, ascete selon l'Evangile*, suivi de *Les Vingt Lettres de saint Antoine selon la tradition arabe*, (SO 57), Bégrolles-en-Mauges, 벨페르슈 수도원, 1993. G. GARIΠE, *Lettres de saint Antoine. Version georgienne et Jragments coptes*, edition et traduction (CSCO 148-149), Louvain, 1955.

알렉산드리아의 성 아타나시오스 Athanase d'Alexandrie, *Apologia contra Arianos*, PG 25, 248-409. *Athanasius Werke. Band I. Teil 1. Die Dogmatischen Schriften. Liefrung 2. Orations I et II contra Arianos*, éd. K. Metzler, K. Savvidis, W. de Gruyter, Berlin/New-York, 1998.

—, *De sententia Dionysii*, PG 25, 480-521. *Athanasius von Alexander* :

De sententia Dionysii, éd. U. Heil (*PTS* 52), W. de Gruyter, Berlin/New-York, 1999.

—, *Discours contre les Ariens*, 슬라브어 그리고 A.Vaillant의 불어 번역, Sofia, 불가리아 과학 아카데미, 1954.

—, *Discours contre les païens*, 희랍어 원문, P.-Th Camelot의 번역, 서문과 주석 (*SC* 18 bis), Paris, Cerf 출판사, 1977.

—, *Lettres α Sérapion*, introduction et traduction par J. Lebon (*SC* 15), Paris, Cerf 출판사, 1947.

—, *Sur l'Incarnation du Verbe*, Ch. Kannengiesser의 서문, 비평, 번역과 주석, 색인(*SC* 199), Paris, Cerf 출판사, 2000.

—, *Traités contre les Ariens I-III*, *PG* 26, 12-468. B. Sesboüé와 B. Meunier의 부분 번역, *Dieu peut-il avoir un Fils? Le débat trinitaire du IVe siècle*, 전집 « Textes en main », Paris, Cerf 출판사, 1993, p.45-130.

아테나고라스 Athénagore, *Supplique au sujet des chrétiens. Sur la résurrection des morts*, B. Pouderon의 서문과 번역(*SC* 379), Paris, Cerf 출판사, 1992.

케사리아의 바실리오스 Basile de Césarée, *Contre Eunome*의 부록 *Eunome, Apologie*, 2권, B. Sesboüé, G.-M. de Durand et L. Doutreleau의 서문, 번역과 주석, (*SC* 299와 305), Paris, Cerf 출판사, 1982-1983.

—, *Homélies sur l'Hexaéméron*, 희랍어 원문, St. Giet의 서문과 번역 (*SC* 26 bis), Paris, Cerf 출판사, 1968.

—, *Lettres*, 3권, Y. Courtonne의 편집과 번역, Paris, Les Belles Lettres 출판사, 2003.

—, *Eucharistie dans l'antiquité chrétienne* 중 « *L'Anaphore de saint Basile* », textes recueillis et présentés par A. Hamman, (전집 « Ichtus

»/*PDF*), Paris, DDB 출판사, 1981, p.73-78.

—, *Grand Euchologe et Arkhiératikon* 중 « Liturgie de saint Basile le Grand », Parma, éd. Diaconie apostolique, 1992, p.631- 659

—, *Les Règles monastiques*, L. Lèbe의 서문과 번역, Maredsous 출판사, 1969.

—, *Sur le Saint-Esprit*, B. Pruche의 서문, 발췌, 번역과 주석(*SC* 17 bis) Paris, Cerf 출판사, 2002.

클레르보의 베르나르 Bernard of Clairvaux, *Sermons sur le Cantique*, 4권, *S. Bernardi Opera* 라틴어 원문, P.Verdeyen와 R. Fassetta의 서문, 번역과 주석(*SC* 414, 431, 452, 472), Paris, Cerf 출판사, 1996, 1998, 2000, 2004.

칼리스토스와 이그나티오스 산토풀로스 Calliste et Ignace Xanthopouloi, *La Philocalie* 중 *Centurie spirituelle ou Méthodes et règles précises, avec l'aide de Dieu, et confirmées par le témoignage des saints, pour ceux qui ont choisi de vivre dans l'hésychia et la solitude*, II, présentée par O. Clément, J. Touraille의 서문과 번역, Paris, DDB 출판사/J.-C. Lattès 출판사, 1995, p.546-643.

알렉산드리아의 클레멘스 Clément d'Alexandrie, *Le Protreptique*, Cl. Mondésert의 서문, 번역과 주석, s.j., A. Plassart의 2차 개정 증보, (*SC* 2 bis), Paris, Cerf 출판사, 2004.

—, *Stromate I*, Cl. Mondésert와 M. Caster의 서문, 번역과 주석, (*SC* 30), Paris, Cerf 출판사, 1951.

—, *Stromate II*, P.-Th. Camelot와 Cl. Mondésert의 서문, 번역과 주석, (*SC* 38), Paris, Cerf 출판사, 1954.

—, *Stromate IV*, A.Van Den Hoeck와 Cl. Mondésert의 서문, 번역과 주석, (*SC* 463), Paris, Cerf 출판사, 2001.

—, *Stromate V*, 2권, A. Le Boulluec의 서문, 발췌, 해설, 참고문헌, 색인, P.Voulet의 번역, (*SC* 278 et 279), Paris, Cerf 출판사, 1981.

—, *Stromate VI*, P. Descourtieux의 서문, 번역과 주석, (*SC* 446), Paris, Cerf 출판사, 1999.

—, *Stromate VII*, A. Le Boulluec의 서문, 번역과 주석, (*SC* 428), Paris, Cerf 출판사, 1997.

알렉산드리아의 끼릴로스 Cyrille d'Alexandrie, *Adversus Nestorium, libri I-V*, *PG* 76, 9-248 ; *ACO* I, 1, 6, p.13-106.

—, *Apologeticus pro duedecim capitibus adversus Orientales episcopos*, *PG* 76, 315-386 ; *ACO* I, 1, 7, p.33-65.

—, *Apologeticus pro duedecim capitibus contra Theodoretum*, *PG* 76,391- 452 ; *ACO* I, 1,6, p.110-146.

—, *Commentarii in Ioannem*, *PG* 73, 9-1056와 *PG* 74, 9-756. *Eucharistie dans l'antiquité chrétienne* 중 부분 번역, textes recueillis et presentes par A. Hamman, (전집 « Ichtus »/*PDF*), Paris, DDB 출판사, 1981, p.145-177.

—, *Commentarii in Isaiam Prophetam*, *PG* 70, 9-1449.

—, *De recta fide ad Reginas*, *PG* 76, 1201-1336 ; *ACO* I, 1, 5, p.68-118.

—, *Deux dialogues christologiques*, G.-M. de Durand의 서문, 발췌, 비평, 번역과 주석, (*SC* 97), Paris, Cerf 출판사, 1964.

—, *Dialogues sur la Trinité, Dialogues I-VII*, 3권, G.-M. de Durand의 서문, 발췌, 비평, 번역과 주석, (*SC* 231, 237,246), Paris, Cerf 출판사, 1976-1977-1978.

—, *Homiliae Paschales*, *PG* 77, 391-982.

예루살렘의 끼릴로스 Cyrille de Jérusalem, *Catécheses mystagogiques*, A. Piedagnel의 서문, 발췌, 비평, 주석, P. Paris의 번역, (*SC* 126 bis), Paris, Cerf 출판사, 2004.

―, *Les 24 catéchèses*, (*PDF* 53-54), Paris, Migne 출판사, 1993.

아레아파고의 디오니시오스 혹은 위(僞) 디오니시오스 Denys l'Aréopagite ou Pseudo-Denys, *La Hiérarchie céleste*, M. de Gandillac의 편집, (*SC* 58 bis), Paris, Cerf 출판사, 1970.

―, Corpus Dionysiacum I : Pseudo-Dionysius Areopagita 중 *Les Noms divins*, B. R. Suchla의 편집(*PTS* 33), Berlin, 1990.

―, *Œuvres complètes*, M. de Gandillac의 번역과 주석. 전집 « Bibliothèque philosophique », Paris, Aubier-Montaigne 출판사, 1980.

―, *La Théologie mystique. Lettres*, presentation par Dom A. Gozier, M. Cassingena의 번역(*PDF* 42), Paris, Migne 출판사, 1991.

덴징거 Denzinger, H., *Enchiridion Symbolorum - Symboles et définitions de la foi catholique*, Paris, Cerf 출판사, 1996.

포티키의 디아도코스 Diadoque de Photicé, *La Philocalie* 중 *Discours ascétique en cent chapitre*, I, presentee par O. Clement, J.Touraille의 번역과 주석, Paris, DDB 출판사/J.-C. Lattes 출판사, 1995, p.274-309.

―, *Œuvres spirituelles*, Ed. des Places의 서문, 발췌, 비평, 번역과 주석, (*SC* 5 bis), Paris, Cerf 출판사, 1997.

가자의 도로테오스 Dorothée de Gaza, *Œuvres spirituelles*, L. Regnault와 J. de Preville의 번역과 주석, (*SC* 92), Paris, Cerf 출판사, 2001.

시리아의 에프렘 Éphrem le Syrien ou Éphrem de Nisibe, *Célébrons la Paque. Hymnes sur les Azymes, sur la Crucifixion, sur la Résurrection*, D. Cerbelaud의 서문, 시리아어 번역, (*PDF* 58), Paris, Migne 출판사, 1995.

—, *Hymnes sur l'Épiphanie: Hymnes baptismales de l'Orient chrétien*, F. Cassingena Trevedy의 서문, 시리아어 번역과 주석, (*SO* 70), Begrolles-en-Mauges, 벨페르슈 수도원, 1997.

—, *Hymnes sur le jeûne*, D. Cerbelaud의 서문, 시리아어 번역, (*SO* 69), Begrolles-en-Mauges, 벨페르슈 수도원, 1974.

—, *Hymnes sur la Nativité*, F. Cassingena Trevedy의 시리아어 번역, F. Graffin의 서문과 주석, (*SC* 459), Paris, Cerf 출판사, 2001.

—, *Hymnes sur la Paradis*, R. Lavenant의 시리아어 번역, F. Graffin의 서문과 주석, (*SC* 137), Paris, Cerf 출판사, 1968.

에프티미오스 Euthyme Zigabène, *Panoplia dogmatica ad Alexium Comnenum, PG* 130, 9-1362.

폰투스의 에바그리오스 Évagre le Pontique, *Traité pratique ou le Moine*, 2권, A. et CI. Guillaumont의 서문, 비평, 번역과 해설, (*SC* 170-171), Paris, Cerf 출판사,1971.

—, *La Philocalie I* 중 *Sur la prière*, presentee par O. Clement, J. Touraille의 주석, 번역, Paris, DDB 출판사/J.-C. Lattes 출판사, 1995, p.98-111. I. Hausherr, *Les leçons d'un contemplatif, Le Traité de l'Oraison d'Evagre le Pontique*, Paris, Beauchesne 출판사,1960. (이 작품은 시나이의 닐루스 성인의 것이다.)

교황 그레고리오스 Grégoire le Grand, *Dialogues*, I 권, A. de Vogüé의 서문, 참고문헌, cartes, (*SC* 251), Paris, Cerf 출판사,1978.

—, *Dialogues*, II 권, livres I-III, A. de Vogüé의 비평과 주석, P. Antin의 번역, (*SC* 260), Paris, Cerf 출판사, 1979.

—, *Dialogues*s, III 권, livre IV, A. de Vogüé의 비평과 주석, P. Antin의 번역, (*SC* 265), Paris, Cerf 출판사, 1980.

니싸의 그레고리오스 Grégoire de Nysse, W. Jaeger, *Gregorii Nysseni opera*, III, 1 중 *Adversus Macedonianos, De Spiritu Sancto*, 레이던, 1958, p.89-115.

—, *La Creation de l'homme*, J. Laplace의 서문과 번역, J. Danielou의 주석, (*SC* 6), Paris, Cerf 출판사, 2002.

—, W. JAEGER, *Gregorii Nysseni opera*, I 과 II 중 *Contra Eunomium*, 레이던, 1960.

—, W.JAEGER, *Gregorii Nysseni opera*, VIII, 1, *Opuscula ascetica*, 중 *De instituto christiano*, 레이던, 1952, p.40-89.

—, W.JAEGER, *Gregorii Nysseni opera*, VIII, 1, *Opuscula ascetica*, 중 *De professione christiana ad Harmonium*, Leiden, 1952, p.129-142.

—, *Discours catéchétique*, E. Mühlenberg의 희랍어 원문, R. Wmling의 서문, 번역과 주석, (*SC* 453), Paris, Cerf 출판사, 2000.

—, *Écrits spirituels : La Profession chrétienne, Traité de la perfection, Enseignement sur la vie chrétienne (De instituto christiano)*, presentation de M. Canevet, J. Millet, M. Devailly, Ch. Bou chet의 번역, (*PDF* 40), Paris, Migne 출판사, 1990.

—, *In Hexaemeron explicatio apologetica*, PG 44, 61-124.

—, *Sur l'âme et la résurrection*, presentation et traduction par J.Terrieux, 전집 « Sagesses chretiennes », Paris, Cerf 출판사, 1995.

—, *Sur le Cantique des Cantiques*, presentation H. U. von Bathasar, Ch. Bouchet와 M. Devailly의 번역, (*PDF* 49-50), Paris, Migne 출판사, 1992; *La Colombe et la Ténèbre*, « Homelies sur le Cantique des Cantiques »에서 발췌, J. Danielou의 발췌, 서문, 주석, M.Canévet의 번역, Paris, l'Orante 출판사, 1967.

—, *Sur les titres des Psaumes*, J. Reynard의 서문, 비평, 번역과 주석, (*SC* 466), Paris, Cerf 출판사, 2002.

—, *La Vie de Moïse ou Traité de la perfection en matière de vertu*, J. Danielou의 서문, 비평, 번역 (*SC* 1 bis), Paris, Cerf 출판사, 2000.

나지안주스의 그레고리오스 Grégoire de Nazianze, *Carmina moralia, PG* 37, 521-968.

—, *Discours 20-23*, J. Mossay의 서문, 비평, 번역과 주석, (*SC* 270), Paris, Cerf 출판사, 1980.

—, *Discours 27-31*, P. Gallay의 서문, 비평, 번역과 주석, (*SC* 250), Paris, Cerf 출판사, 1978.

—, *Discours 32-37*, P. Gallay와 C. Moreschini의 서문, 비평, 번역과 주석, (SC 318), Paris, Cerf 출판사, 1985.

—, *Discours 38-41*, P. Gallay et C. Moreschini의 서문, 비평, 번역과 주석, (SC 358), Paris, Cerf 출판사, 1989.

—, *Discours 42-43*, J. Bernardi의 서문, 비평, 번역과 주석, (SC 384), Paris, Cerf 출판사, 1992.

—, *Le Dit de sa vie*, Geneve, Ad Solem, 1997.

—, *Lettres théologiques*, P. Gallay et M. Jourjon의 서문, 비평, 번역과 주석,, (SC 208), Paris, Cerf 출판사, 1974.

—, *Œuvres poétiques. Tome I, 1" partie. Poèmes personnels, II, 1, 1-11*, texte etabli par A. Tuillier et G. Bady, J. Bernardi의 번역, 역주, Paris, Les Belles Lettres 출판사, 2004.

—, *Poemata dogmatica, PG* 37, 397-521.

그레고리오스 팔라마스 Grégoire Palamas, *Douze Homélies pour les Fêtes*, J. Cler의 서문, 번역, Paris, YMCA-Press 출판사/O.E.I.L.출판사, 1987.

—, *Traités apodictiques sur la procession du Saint-Esprit*, J.-Cl. Larchet의 서문, E. Ponsoye의 번역과 주석, Paris/Suresnes, 1' Ancre 출판사, 1995.

—, *De la déification de l'être humain*, Lausanne, L'A.ge d'homme 출판사, 1990.

—, *La Philocalie*, II 중 *Cent dnquante chapitres physiques, théologiques, éthiques et pratiques*, dans La Philocalie, II, presentee par O. Clement, J. Touraille의 번역과 주석, Paris, DDB 출판사/J.-C. Lattes 출판사, 1995, p.482-535.

—, *La Philocalie*, II 중 *Sur la prière et la pureté de cœur*, (PG 150, 117-1121), presentee par O. Clement, J. Touraille의 번역과 주석, Paris, DDB 출판사/J.-C. Lattes 출판사, 1995, p.480-481.

—, *Prosopopoiai, dialogues de l'âme et du corps*, Michel Choniatès를 보라.

—, *Sept discours contre Akindynos*, PG 150, 809-827. J. Meyendorff의 *Introduction à l'étude de Grégoire Palamas*를 보라. Paris, Seuil 출판사, 1959, p.361-363.

—, *Théophanès*, PG 150, 909-960.

시나이의 헤시키오스 Hésychios le Sinaïte ou Hésychios de Batos, *Capita asceticae, ad Theodolum de temperentia et uirtute*, PG 93,1479-1544 (parmi les œuvres de Hésychius de Jérusalem). M. Waegeman, *Sacris Erudiri* 중 « Les 24 chapitres "De temperantia et uirtute" d'Hésychius le Sinaïte. Édition critique », 1977, p.195-285. Trad. franç;aise dans La Philocalie, I, presentee par O. Clement, J. Touraille의 번역과 주석, Paris, DDB 출판사/J.-C. Lattes 출판사, 1995, p.192-224.

리옹의 이리네오스 Irénée de Lyon, *Contre les hérésies. Dénonciation et réfutation de la gnose au nom menteur*, A. Rousseau의 번역, 전집 « Sagesses chretiennes », Paris, Cerf 출판사, 2001; *Contre les hérésie*, 5권, A. Rousseau, L. Doutreleau, B. Hemmerdinger, C. Mercier의 서문, 발췌, 번역, 해설과 주석, (SC 100, 152-153, 210-211, 263-264, 293-294), Paris, Cerf 출판사, 각각 1965, 1969, 2002, 1979, 1982.

시리아의 이삭 Isaac le Syrien ou Isaac de Ninive, *De perfectione religiosa*, P. Bedjan의 편집, Leipzig, 1909.

―, *Œuvres spirituelles. Les 86 Discours ascétiques. Les Lettres*, J. Touraille의 번역과 주석, 전집 « Theophanie », Paris, DDB 출판사, 1981.

―, *Œuvres spirituelles - II. 41 Discours recemment decouverts*, presentation, Dom A. Louf의 번역과 주석, (*SO* 81), Begrolles-en Mauges, 벨페르슈 수도원, 2003.

요한 카시안 Jean Cassien, *Conférences*, 3권, E. Pichery의 편집, (*SC* 42, 54 et 64), Paris, Cerf 출판사, 1966, 1967, 1999.

―, *Institutions cénobitiques*, J.-C. Guy의 서문, 발췌, 번역과 주석 (SC 109) Paris, Cerf 출판사, 2001.

요한 크리소스토모스 Jean Chrysostome, *Eucharistie dans l' antiquité chrétienne* 중 « Homélie 46 sur saint Jean », dans , textes recueillis et presentes par . A. Hamman, (전집 « Ichtus »/PDF), Paris, DDB 출판사, 1981, p.121-131.

―, *Homélie 61, PG* 59, 335-342.

―, *Sur l'égalite du Père et du Fils contre les anoméens homélies VII-XII*, A.-M. Malingrey의 서문, 비평, 번역과 주석 (SC 396), Paris, Cerf 출판사, 1994.

위(僞) 크리소스토모스 Pseudo Chrysostome, *Homélie pascale*, M. Aubineau의 서문, 번역과 주석 (SC 187), Paris, Cerf 출판사, 1972.

요한 클리막스 Jean Climaque, *L'Échelle sainte*, le P. Placide Deseille의 번역 (50 24), Begrolles-en-Mauges, 벨페르슈 수도원, 1987.

다마스쿠스의 요한 Jean Damascène, B. Kotter, *Die Schriften des Johannes von Damaskos IV. Liber de haeresibus. Opera polemic* (P'TS 22) 중

Contra Iacobitas, Berlin, W. De Gruyter 출판사, 1981, p.99-153.

—, B. Kotter, *Die Schriften des Johannes von Damaskos. I. Institutio elementaris, Capita philosophica (Diaectica), Dialectica*, (P'TS 7), Berlin, W. De Gruyter 출판사, 1969.

—, *La Foi orthodoxe*, 부록 *Défense des icônes*, E. Ponsoye의 번역, 서문과 주석, Paris/Suresnes, l'Ancre 출판사, 1992.

—, *Le Visage de l'invisible. Discours apologétique contre ceux qui rejettent les images saintes. Florilège*, (PDF 57), Paris, Migne 출판사, 1994.

레온티오스 Léonce de Byzance, *Contra nestorianos et eutychianos*, PG 86, 1267-1396. Brian E. DALEY, *Leontius of Byzantium : a critical edition of his works with prolegomena*, Dissertation, Oxford, 1978 (microfilm). Trad. italienne dans Leozio di Bizanzio, *Le opere*, C. Dell'Osso의 서문, 번역과 주석, (전집 «Testi patristici»), Roma, Citta Nuova 출판사, 2001, p.57-85.

이집트의 마카리오스(Macaire de Égypteou Pseudo-Macaire, *Les Homélies spirituelles de saint Macaire. Le Saint-Esprit et le chrétien*, Placide Deseille의 서문, 불어 번역 (50 40), Begrolles-enMauges, 벨페르슈 수도원, 1984.

—, *Œuvres spirituelles. I. Homélies propres à la Collection III.*, V. Desprez의 서문, 번역과 주석 (*SC* 275), Paris, Cerf 출판사, 1980.

—, *Die 50 Geistlichen Homilien des Makarios*, H. Dorries, E. Klostermann, M. Kroeger의 편집 (P'T5 4), Berlin, 1964.

마이스터 에크하르트 Maître Eckhart, *Traités et sermons*, traduction et presentation par A. de Libera, Paris, GF-Flammarion 출판사, 1995. 특히 *Sermons* 2 et 52를 보라.

에페소의 마르코 Marc Eugénikos ou d'Éphèse, W. GASS, *Die Mystik des N. Cabasilas,* Geiswald 중 *Chapitres syllogistiques de l'hérésie des Acindynistes,* 1849, append, II, p.217.

은자 마르코 Marc l'Ermite ou Marc l' Ascète, *La Philocalie,* I 중 *Deux cents chapitres sur la loi spirituelle,* presentee par O. Clement, J. Touraille 의 번역과 주석, Paris, DDB 출판사/J.-C. Lattes 출판사, 1995, p.146-158.

—, *La Philocalie,* I 중 *Lettre au moine Ni*전집*s,* presentee par O. Clement, J. Touraille의 번역과 주석, Paris, DDB 출판사/J.-C. Lattes 출판사, 1995, p.177-188.

—, *Traités,* 2권, G.-M. de Durand의 서문, 비평, 번역과 주석, Paris (*SC* 445 et 455), Paris, Cerf 출판사, 1999 et 2000.

—, *Traités spirituels et théologiques,* Mgr Kallistos Ware의 서문, sreur C.-A. Zirnheld의 번역과 주석, (SO 41), Begrolles-en-Mauges, 벨페르슈 수도원, 1985.

고백자 막심 Maxime le Confesseur, *Ambigua,* J.-Cl. Larchet의 서문, E. Ponsoye의 번역, Paris/Suresnes, l' Ancre 출판사, 1994.

—, *Philocalie des peres neptiques,* vol. 6 중 *Centuries sur la théologie et l'économie de l'incarnation du Fils de Dieu,* Begrollesen-Mauges, 벨페르슈 수도원, 1985, p.91-245, repris dans *La Philocalie,* I, presentee par O. Clement, J. Touraille의 번역과 주석, Paris, DDB 출판사/J.-C. Lattes 출판사, 1995, p.421-459. 이 책은 종종 *Centuries gnostiques*로 잘못 불린다. J.-C. LARCHET, *Saint Maxime le Confesseur*을 보라, (전집 « Initiations aux Pères de l'Église »), Paris, Cerf 출판사, 2003, p.43.

—, Disputatio cum Pyrrho, *PG* 91, 288-353. M. DoucET, Dispute de Maxime le Confesseur avec Pyrrhus, Dissertation, Montréal, 1972, p.542-610.

—, *Lettres*, J.-Cl. Larchet의 서문, E. Ponsoye의 번역과 주석, (전집 « Sagesses chretiennes »), Paris, Cerf 출판사, 1996.

—, *Irenikon*, 13, 중 *Mystagogie*, M. Lot-Borodine (1936) p.466-472, 595-597, 717-720; 14 (1937) p.66-69, 182-185, 282-284, 444-448; 15 (1938) p.71-74, 185-186, 276-278, 390-391, 488-492. C. Boudignon, *La « Mystagogie » ou traité sur les symboles de la liturgie de Maxime le Confesseur. Édition critique, traduction, commentaire,* 소논문, 엑스 마르세유 대학교, 2000을 보라,

—, *Opuscules théologiques et polémiques*, J.-Cl. Larchet의 서문, E. Ponsoye의 번역과 주석, (전집 « Sagesses chretiennes »), Paris, Cerf 출판사, 1996.

—, *Questions à Thalassios*, J.-Cl. Larchet의 서문, E. Ponsoye의 번역, Paris/Suresnes, l' Ancre 출판사, 1992.

—, *Scholies sur l'œuvre de Denys l'Aréopagite, PG* 4, 15-432, 527-576

미카엘 코니아테스 Michel Choniatès, *Prosopopoiai, dialogues de l'âme et du corps*, texte grec *PG* 150, 1347-1372, 라틴어 *PG* 150, 959-988. 이 작품은 그레고리오스 팔라마스의 것으로 잘못 알려져 있다.

니콜라스 카바질라스 Ni집s Cabasilas, *La Vie en Christ*, 2권, M.-H. Congourdeau의 서문, 번역과 주석 (*SC* 355 et 361), Paris, Cerf 출판사, 1989 et 1990.

—, *La Mère de Dieu : homelies sur la Nativité, sur l'Annonciation et sur la Dormition de la Très-Sainte Mère de Dieu*, par J.-L. Palierne의 번역, Lausanne, L'A.ge d'homme 출판사, 1992.

시나이의 닐로스 Nil du Sinaï ou Nil l' Ascète, Évagre le Pontique를 보라.

오리겐 Origène, *Traité des principes*, 5권, H. Crouzel과 M. Simonetti의

서문, 비평, 번역과 주석 (*SC* 252-253, 268-269 et 312), Paris, Cerf 출판사, 1978, 1980 et 1984.

—, *Traité des principes : Peri archôn*, M. Harl, G. Doriva, A. Le Boulluec의 Rufin 라틴어본 번역과 부속 자료, Paris, Etudes Augustiniennes 학사원, 1976.

필로테오스 1세 콘스탄티노플 총대주교 Philothée Kokkinos patriarche de Constantinople, *Trois discours d'interprétation du livres des Proverbes, à l'évêque Ignace*, PG 151. 러시아 번역 *Trois discours sur la sagesse, à l'évêque Ignace*, Mgr Arsène Iva enko의 번역, 희랍어 원문, Novgorod, 1898.

신신학자 시메온 Syméon le Nouveau Théologien, *Catéchèses*, 3권, ed. B. Krivochein, J. Paramelle의 편집 (*SC* 96, 104와 113), Paris, Cerf 출판사, 1963, 1964 et 1965.

—, *Hymnes*, 3권, J. Koder, J. Paramelle, L. Neyrand의 편집 (*SC* 156, 174 와 196), Paris, Cerf 출판사, 1969, 1971 et 1973.

불가리아의 필락테오투스 Théophile(Théophylacte) de Bulgarie, *Enarratio in Evangelium Ioannis, PG* 123, 1127-1348.

테오도레트 Théodoret de Cyr, *Immutabilis, Dialogus I, PG* 83, 31-106.

토마스 아퀴나스 Thomas d'Aquin, *La Somme de théologie*, 4권, Paris, Cerf 출판사, 1984-1986.

—, *Quaestiones disputatae*, t. 2, ed. P. Bazzi, Rome, Mańetti, 1965 (특히 *Q. disp.De Potentia*, qu. VII : De divinae essentiae simplicitate, a. 5 : *Utrum praedicta nomina significent divinam substantiam*를 보라.). 불어 번역본은 없다.

―, *La Philocalie*, II 중 *Tome hagioritique sur les saints hésychastes*, presentee par O. Clement, J. Touraille의 번역과 주석, Paris, DDB 출판사/J.-C. Lattes 출판사, 1995, p.536-541.